面向21世纪本科应用型经管规划教材·物流管理系列

物流管理概论

柳　健　主　编

孟素艳　刘怡娟　副主编

王智利　主　审

電子工業出版社
Publishing House of Electronics Industry
北京·BEIJING

内容简介

本书在编写过程中广泛吸收了当代物流发展的最新研究成果，以介绍物流管理基础知识为目的，高度概括地介绍了物流与物流管理概述、物流服务、第三方物流、物流功能、物流信息系统与信息技术、仓储与库存管理、运输与配送管理、供应链管理和国际物流等内容。

本书注重理论与实际相结合，资料丰富，内容深浅适度，案例新颖精炼、语言通俗易懂。每章均由引导案例、学习目标开始，让学生立足于基本理论和基本知识的掌握，通过职业知识检测和职业技能训练让学生着眼于基本技能的运用。

本书既可作为高等院校物流及相关专业的教材，也可作为物流从业人员的参考资料。

图书在版编目（CIP）数据

物流管理概论/柳健主编. —北京：电子工业出版社，2017.7

面向21世纪本科应用型经管规划教材. 物流管理系列

ISBN 978-7-121-31904-4

Ⅰ. ①物… Ⅱ. ①柳… Ⅲ. ①物流管理－高等学校－教材 Ⅳ. ①F252

中国版本图书馆CIP数据核字（2017）第133693号

策划编辑：姜淑晶
责任编辑：王凌燕
印　　刷：北京虎彩文化传播有限公司
装　　订：北京虎彩文化传播有限公司
出版发行：电子工业出版社
　　　　　北京市海淀区万寿路173信箱　邮编　100036
开　　本：787×1 092　1/16　印张：16.75　字数：429千字
版　　次：2017年7月第1版
印　　次：2018年8月第2次印刷
定　　价：47.00元

凡所购买电子工业出版社图书有缺损问题，请向购买书店调换。若书店售缺，请与本社发行部联系，联系及邮购电话：（010）88254888。

质量投诉请发邮件至 zlts@phei.com.cn，盗版侵权举报请发邮件至 dbqq@phei.com.cn。

本书咨询联系方式：（010）88254199，sjb@phei.com.cn。

前　言

2016年3月16日，十二届全国人大四次会议表决通过了《关于国民经济和社会发展第十三个五年规划纲要》的决议。“十三五”期间我国将按照引领经济新常态、贯彻发展新理念的要求，进一步把物流业降本增效和服务国家重大战略作为改革的重点任务，着力推动物流业创新发展。未来几年，物流业的发展方向将更加明确，产业结构将进一步优化，基础设施更加完善，服务能力也将不断提升。按照“十三五”规划的精神，在今后乃至更长时期内，我国对物流人才的需求必将持续增长。

加快我国经济发展，使全社会物流水平得到广泛提高，就需要加大对应用型和技术型物流人才的培养力度，提高物流人才的培养质量，为国家经济建设输送合格的、高素质的专业化物流人才。为此，我们编写了这本《物流管理概论》教材，力求在内容上能反映当代物流的发展方向，达到内容新颖、重点突出、概念准确，更好地适合课堂教学的要求。

本书以普通高等专科学校、职业技术学院、成人高等院校的学生为主要对象，在编写时尽量简化理论，突出应用能力的培养，在编写体例上以案例带动教学。每章包括5部分：①引导案例——引导学生进入本章的学习内容，并激发他们的学习兴趣，为理论学习做好准备；②学习目标——学习本章必须达到的能力要求；③理论综述——包括本章任务涉及的基本概念、基本理论及在本课程学习中的重要作用；④职业知识检测——针对学习目标设置的各种练习题与检测题，帮助学生巩固基本概念，领悟核心内容；⑤职业技能训练——通过典型案例的分析，帮助学生理解本章中的基本理论，熟悉这些知识在实际中的应用，并利用所学的基本理论与方法分析案例，以提高分析和解决问题的能力。

本书具有体系完整、实用性强、便于自学三大特点。

（1）体系完整。全书共9章，内容不仅涵盖了物流的基本理论、物流管理的基本要求、物流服务和第三方物流，还介绍了物流的各种功能及其相关管理知识，如物流信息、仓储管理、库存管理、运输管理、配送管理，最后还就供应链管理和国际物流进行了简要介绍。

（2）实用性强。本书在编写过程中广泛吸收了当代物流发展的最新研究成果，试图从新的视角重新审视物流管理的本质，通过及时追踪国际、国内物流产业发展的新动向，揭示当代物流管理的发展规律、特点和管理模式。本书选用大量能够反映物流产业发展的数据和案例，注重理论教学与实践案例教学相结合，理论浅显易懂，内容紧密联系实际，突出了教材的针对性和实用性，既方便在校师生学习，又有利于实际工作者参考使用。

（3）便于自学。本书是在编者从事多年本科、专科教学和物流企业调研的基础上编写而成的，编写时力求通俗易懂、深浅适度。每章开始都有“引导案例”和“学习目标”，最后都有“职业知识检测”和“职业技能训练”等内容，能够加深学生对课程内容的理解，有助于培养学生认识问题、分析问题和解决问题的能力。

本书由柳健副教授任主编，刘怡娟副教授和孟素艳副教授任副主编，王智利教授任主审。其中，第1、4~7章由柳健编写，第2、8章由刘怡娟编写，第3、9章由孟素艳、柳健编写。柳健负责全书的策划和统稿工作。本书在编写过程中，借鉴和参考了许多相关教材和著作，在此对这些教材和著作的作者表示感谢。

限于编者水平，书中难免出现错漏之处，希望各位专家学者批评指正，并希望广大师生提出宝贵意见。

编　者

目　录

第1章 物流与物流管理概述

引导案例

中国“十二五”物流业发展的新篇章

“十二五”对中国来讲是改变经济发展方式与深化改革攻坚的五年。在这五年里，中国物流业取得了十足的进步，获得了举世瞩目的成绩。从2013年开始，中国成为世界第二大经济体，第一大货物进出口国，也是物流总量第一大国，按美国供应链调研与咨询公司统计分析，2015年中国物流市场占全球物流市场的18.6%，超过美国15.8%的水平。从物流宏观统计来看，2015年中国社会物流总额2 134 534亿人民币，物流总费用105 944亿人民币，货运总量4 381 089万吨，货运周转量158 398亿吨千米，物流业产值比2011年增加3.5万亿元，约占GDP的5.6%，占服务业的11.6%。中国已成为全球最大、最具潜力的物流市场。

“十二五”期间，我国物流领域凡可以开放的，特别是向WTO承诺的，均已向民营和外资开放。不少物流企业通过资本融资、股份收购、股权投资、重组等方式做大做强自己，第三方物流企业集中度有所提升，功能有所强化，中国物流业市场化程度进一步提高。

“十二五”期间，我国物流基础设施总体水平有较大提升。到2015年年底，全国铁路营业里程11.18万千米，其中高速铁路1.6万千米；公路里程446.39万千米，其中高速公路11.19万千米；内河航道里程12.63万千米；定期航班航线里程463.70万千米；管道输油（气）里程10.63万千米。在此期间，国家对交通、邮政、物流园、物流中心、配送中心及冷库等基础设施也加大了投入。

人才是中国经济社会发展的第一资源，人才短缺一直是物流业发展的瓶颈，经过“中国物流人才教育工程”实施10年，到2015年年底，全国已有443所本科院校、954所高职高专院校、900多所中职学校，开设了物流专业，在校学生超过100余万人。十余年我国共培养本科生50多万人，大专生170多万人，中专生30多万人。这为“十二五”物流发展打下了坚实的人才基础，为物流企业中高级管理人员做了大量补充，人才红利得到有效释放。在“十二五”期间，根据物流业发展的新要求，物流教育又有了新的创新，特别是产学研结合进一步推进，受到企业的欢迎。

然而，中国物流业存在的许多重大问题并没有根本解决，如物流业粗放发展、物流总费用与GDP比率过高、综合运输体系不完善、物流规划目标不落实、物流企业集中度偏低、法规标准滞后、物流市场不规范、区域发展不平衡、对供应链管理重要性认识不到位、国际物流竞力不足等，均影响了中国物流业发展的可持续性。在“十三五”，随着物流发展内外部环境的进一步改善，物流业经过自身的转型升级，会对国民经济的发展做出更大的贡献。

（资料来源：第一物流网，www.cn156.com）

讨论：

1.结合案例，试说明物流业对国民经济发展的作用体现在哪些方面？

2.我国物流业还存在哪些不足？应如何改进？

学习目标

① 了解物流的概念；

② 了解物流活动的构成；

③ 了解物流的性质和作用；

④ 了解物流管理的内容；

⑤ 了解现代物流管理理念。

1.1 物流概述

1.1.1 物流的概念、性质和作用

1. 物流的概念

由国家标准化管理委员会、国家质量监督检验检疫总局2006年12月22日批准颁布的《中华人民共和国国家标准物流术语》（GB/T 18354—2006）对物流的定义为“物品从供应地向接收地的实体流动过程。根据实际需要，将运输、储存、装卸、搬运、包装、流通加工、配送、信息处理等基本功能实施有机结合”。

物流概念的形成和发展经历了一个漫长而曲折的过程。回顾物流的发展历程并理解历史上经典的物流概念，不仅有利于人们了解物流的发展规律，更有利于全面、深入地理解物流的内涵。

以詹姆斯·约翰逊和唐纳德·伍德为代表的学者认为“物流一词首先用于军事”。1905年美国少校琼斯·贝克认为“那个与军备的移动和供应相关的战争艺术的分支就叫做物流（Logistics）”。

英国克兰菲尔德物流与运输中心主任、资深物流与市场营销专家马丁·克里斯多夫教授认为，阿奇·萧是最早提出物流概念并进行实际探讨的学者。阿奇·萧在1915年出版的《市场流通中的若干问题》一书中指出：“创造需求与实物供给的各种活动之间的关系说明存在平衡性和依赖性两个原则，物流是与创造需求不同的问题……流通活动中的重大失误都是因为创造需求与物流之间缺乏协调造成的。”

1916年，韦尔达在《农产品的市场营销》中指出，市场营销的效用包括时间效用、场所效用、所有权效用和营销渠道的概念，从而肯定了物流在创造产品的市场价值中的

时间价值及场所价值的重要作用。

1922 年，克拉克在《市场营销原理》中将市场营销定义为：影响商品所有权转移的活动和包括物流的活动。

1935 年，美国销售协会对物流进行了定义：物流是包含于销售之中的物质资料和服务从生产地点到消费地点的流动过程中伴随的种种经济活动。

美国《韦勒斯特词典》在 1963 年把后勤定义为“军事装备物资、设施与人员的获取、供给和运输”。

1970 年，美国空军在一份技术报告中对后勤学下的定义是“计划和从事部队的输送、补给和维修的科学”。日本将引进的后勤学译为“兵站学”，并将其含义表述为“除了军需资料的订购、生产计划、采买、库存管理、配给、输送、通用外，还包括规格化、品质管理等军事作战行动所必需的资料管理”。

美国学者鲍尔索克斯在 1974 年出版的《后勤管理》一书中，将后勤管理定义为“以卖主为起点将原材料、零部件与制成品在各个企业间有策略地加以流转，最后达到用户其间所需要的一切活动的管理过程”。这时后勤一词已经不仅仅是军事上的含义了。

1981 年在美国出版的《后勤工程与管理》是用于大学生和研究生课堂教学的教科书，书中引用了美国工程师学会（The Society of Logistics Engineers，SOLE）对后勤学的定义，即“对于保障的目标、计划及其设计和实施的各项要求，以及资源的供应和保持等有关的管理、工程与技术业务的艺术与科学”。

物流概念传入我国主要有两条途径。一条途径是 20 世纪 70 年代末直接从日本引入“物流”这个名词，并沿用“PD”（Physical Distribution）这一英文称谓；另一条途径是 20 世纪 80 年代初，物流随着欧美的市场营销理论传入我国。使我国的营销领域逐渐开始接受物流观念。20 世纪 80 年代后期，当西方企业用 Logistics 取代 PD 之后，我国和日本仍把 Logistics 翻译为“物流”，有时也直译为“后勤”。1988 年中国台湾地区开始使用“物流”这一称谓，1989 年 4 月，第八届国际物流会议在北京召开，“物流”一词的使用日益普遍。

虽然“物流”称谓来自英语的 Physical Distribution，但目前人们所说的物流一般都是指 Logistics。我国在引进物流概念的过程中，为了将 Logistics 与 Physical Distribution 区分开来，也曾有人将前者称为“现代物流”，将后者称为“传统物流”。

2．物流的性质

物流自始至终构成流通的物质内容，没有物流，也就不存在实际的物资流通过程，物资的价值和使用价值就不能实现，社会再生产就无法进行。

（1）生产属性

从事物资包装、装卸搬运、运输、储存、流通加工等活动的物流企业与从事物质资料生产的工业企业，虽然在生产内容和形式上有所不同，但都具有生产性。无论生产企业的物流，还是流通领域的物流都是相同的。

1）物流是社会再生产中的必要环节。物流虽然不能使物资的使用价值增加，但是能够保持已创造的使用价值不受损失，解决产品的生产和消费在时间上和空间上的矛盾，从而为物资使用价值的最后实现创造条件。从这个意义上说，物流活动同物资的生产一样能够创造价值。正因为物流活动所付出的劳动与实现物资的使用价值直接联系，所以它也是社会必要劳动。

2）物流活动同样具备生产力的三要素，即劳动力、劳动资料和劳动对象。为保证物流活动的正常进行，就必须具备各种机械设备和劳动工具，这是物流的劳动资料要素；物流的劳动对象是流动着的各种实物；从事物流工作的人是物流生产的劳动者。从这个意义上说，物流活动是具有一定物流工作技能的劳动者通过各种物流设施、物流设备或劳动工具对物质资料进行时间和空间转移的一种社会经济活动。

（2）社会属性

物流的社会性是由一定的社会生产关系决定的。物流活动除受到其自身运动规律的影响之外，也经常受到不同社会经济形态中物资所有者和物流组织者个人意志的影响。这种由社会形式和生产关系所决定的物流的社会属性，提醒人们在研究物流时应注重社会形态的研究，要使物流能够满足我国社会主义市场经济的需要，能反映出我国社会主义市场经济的交换关系，并为从事物流活动的主体提供相应的经济效益。

（3）服务属性

如同军事后勤为部队和战争服务、工业后勤为制造业的生产和经营服务、商业后勤为商业运行和顾客服务，企业物流是企业生产和经营的基础，国民经济物流是国民经济的命脉，国际物流既是国际贸易最终的实现手段，也是经济全球化的基石。总之，物流是为社会经济中的各种活动提供后勤保障的服务性活动，物流的核心是服务。

3．物流的作用

（1）物流是国民经济的动脉，是连接国民经济各个部分的纽带

任何一个国家的经济，都是由众多的产业、部门和企业组成的整体，企业之间相互依赖而又相互竞争，形成了极其复杂的关系，物流是维系这种复杂关系的纽带。科学技术的发展和新技术革命的兴起，带来了我国国民经济发展中经济结构、产业结构、消费结构的一系列变化。物流把国民经济中众多的企业、复杂多变的产业及成千上万种产品连接起来形成一个整体。

（2）物流是生产过程不断进行的前提，是实现商品流通的物质基础

国民经济是一个不断生产、不断消费、连续不断的循环过程。一个企业的生产要不间断地进行，一方面，必须按照生产所需要的数量、质量、品种、规格和时间不间断地供给原材料、燃料、工具和设备等生产资料；另一方面，它又必须把自己生产的产品供应给其他企业。这就是说物流既是保证物质资料不间断地流入生产企业的条件，又是生产企业生产的产品不间断地流向国民经济各部门的保证。

商品流通是商流与物流的有机结合，没有物流就无法完成商品的流通过程。物流能

力的大小包括运输、装卸搬运、包装、储存等能力的大小强弱，直接决定着商品流通的规模和速度，也影响着流通的深度和广度。企业要达到“货畅其流”，物流是其坚实的基础。

（3）物流是实现商品价值和使用价值的条件

无论生产资料商品还是生活资料商品，在进入生产和消费之前，其价值和使用价值都是潜在的。为了把这种潜在变为现实，物资必须通过其实物的运动，即物流才能得以实现。物流是实现商品价值和使用价值的条件。

从生产资料的物流看，物流具有将生产资料按质、按量、及时、完备、均衡地供应给生产单位的功能。生产资料物流的畅通与否将直接决定生产能否顺利进行。物流的合理组织能按照生产的需要及时为生产提供劳动资料和劳动对象，从而促进生产的迅速发展。

从生活资料的物流看，国民收入中的消费基金能否实现，最终还需要取决于物流的畅通，消费基金最终都要转化为实物。物流一方面能有效地促进资金的周转、货币的回笼，另一方面又能不断地满足消费者对生活资料的需求。

（4）物流是决定国民经济生产规模和产业结构变化的重要因素

市场经济和商品生产的发展要求生产社会化、专业化、规范化。但是，如果没有物流的进步和发展，这些要求是很难实现的。例如，煤炭、石油、钢铁、水泥的大量生产和大量消费，要求运输产业的高速发展与之相适应。物流发展从根本上改变了产品的生产和消费条件，为经济的发展提供了重要前提。而且，随着现代科学技术的发展，物流对生产发展的这种制约作用也越来越明显。

（5）物流是改善社会经济效益的有效手段

经济效益一般是指对社会实践活动中的各种劳动占用和物质消耗有效性的评价。合理的物流不仅能够节约大量的物质资料，节约运力，而且对于消除迂回运输、对流运输、过远运输等不合理运输具有重要的作用。合理的物流还可以减少库存，加速周转，更充分地发挥现有物资的效用。

1.1.2　物流活动的对象和构成

1．物流活动的对象

（1）物资

物资泛指物质资料，较多指工业品生产资料。物资是“物流”中“物”的组成部分之一。

（2）物料

物料是生产领域中的一个专门概念。生产企业中除最终产品之外，在生产领域流转的一切材料（不论是生产资料还是生活资料），如燃料、零部件、半成品、外协件，以及生产过程中必然产生的边、角、余料、废料及各种废物等统称为“物料”，它是物流中“物”

的一部分。

（3）货物

货物是交通运输领域中的一个专门概念。交通运输领域经营的对象分为“物”和“人”两大类，除“人”之外，“物”统称为货物。货物是物流中“物”的主要部分。

（4）商品

商品和物流的“物”是互相包含的。商品中的一切可发生物理性位移的物质实体都是物流研究的“物”（不包括无形商品和“不动品”）。物流的“物”有可能是商品，也有可能是非商品。

（5）物品

物品是有形物的通称。我国物流标准术语将其定义为“经济与社会活动中实体流动的物质资料”。

总之，物流中的“物”是指物质世界中同时具备物质实体特点和可以进行物理性位移的那部分物质资料；物流中的“流”是指物理性运动，这种运动也称为“位移”。而诸如建筑物、未砍伐的森林、矿山等因不能发生物理性运动，就不会在物流的研究范畴之内。

2．物流活动的构成

根据我国标准物流术语，物流活动由物品的包装、装卸搬运、运输、储存、流通加工、配送、物流信息等工作内容构成，这些内容也常被称为“物流的基本功能要素”。

（1）包装活动

包装大体可以分为工业包装和商业包装两大类，具体包括产品的出厂包装，生产过程中制成品、半成品的包装及在物流过程中的换装、分装和再包装等。工业包装纯属物流的范畴，它是为了便于物资的运输、保管，提高装卸效率和装载率而进行的。商业包装则是把商品分装成方便顾客购买和易于消费的商品单位，属于销售学研究的内容，商业包装的目的是向消费者展示商品的内容和特征。包装与物流的其他功能要素有着密切的联系，对物流合理化进程有着极为重要的推动作用。

（2）装卸搬运活动

装卸搬运活动是指为衔接物资的运输、储存、包装、流通加工等作业环节而进行的，以改变“物”的存放地点、支承状态或空间位置为目的的机械或人工作业过程。运输、保管等物流环节的两端都离不开装卸搬运活动，在全部物流活动中只有装卸搬运伴随着物流全过程的始终，其具体内容包括物品的装上卸下、移送、拣选、分类等。对装卸搬运活动的管理包括选择适当的装卸搬运方式、合理配置和使用装卸搬运机械、减少装卸搬运事故和损失等。

（3）运输活动

运输活动的目的是改变物品的空间移动。物流组织者依靠运输克服生产地与需求地之间存在的空间距离问题，创造商品的空间效用。运输是物流的核心，在许多场合，人们甚至把它作为整个物流的代名词。对运输活动进行管理时，组织者应该选择技术、经济效果最好的运输方式或联运组合，合理地确定运输路线，以满足运输的安全、迅速、准时和低成本要求。

（4）储存活动

储存活动也称保管活动，是为了克服生产和消费在时间上的不一致所进行的物流活动。物品通过储存活动以满足用户的需要，从而产生了时间效用。储存活动借助各种仓库、堆场、货棚等，完成物资的保管、养护、堆存等作业，以便最大限度地减少物品使用价值的下降。储存管理要求组织者确定仓库的合理库存量，建立各种物资的保管制度，确定仓储作业流程，改进保管设施和提高储存技术等。储存的目的是以“与最低的总成本相一致的最低限度的存货”来实现所期望的顾客服务。储存活动也是物流的核心，与运输活动具有同等重要的地位。

（5）流通加工活动

流通加工又称流通过程中的辅助加工。流通加工是在物品从生产者向消费者流动的过程中，为了促进销售、维护产品质量、实现物流的高效率所采取的使物品发生物理或化学变化的功能。商业企业或物流企业为了弥补生产过程中的加工不足，更有效地满足消费者的需要，更好地衔接产需，往往需要进行各种不同形式的流通加工活动。

（6）配送活动

配送活动是按用户的订货要求，在物流据点完成分货和配货等作业后，将配好的货物送交收货人的物流过程。配送活动大多以配送中心为始点，而配送中心本身又具备储存的功能。配送活动中的分货和配货作业是为了满足用户要求而进行的，所以经常要开展拣选、改包装等组合性工作，必要的情况下还要对货物进行流通加工。配送的最终实现离不开运输，因而人们经常把面向城市或特定区域范围内的运输也称为“配送”。

（7）物流信息活动

物流活动中大量信息的产生、传送和处理为合理地组织物流提供了可能。物流信息对上述各种物流活动的相互联系起着协调作用。物流信息包括与上述各种活动有关的计划、预测、动态信息，以及相关联的费用情况、生产信息、市场信息等。对物流信息的管理，要求组织者建立有效的情报系统和情报渠道，正确选定情报科目，合理进行情报收集、汇总和统计，以保证物流活动的可靠性和及时性。现代物流信息管理以网络和计算机技术为手段，为实现物流的系统化、合理化、高效率化提供了技术保证。

1.1.3　物流的分类

物流是社会经济活动的重要组成部分，它贯穿于社会再生产的全过程，存在于国民经济的各个领域，在社会经济领域中存在不同的分类方法。

1. 按物流活动的空间范围分类

（1）部门物流

部门物流是指国民经济各部门之间物资资料的流转，它反映了国民经济产业结构中的各企业部门相互联系、相互影响的关系。随着社会生产力的发展和科学技术的进步，社会生产的专业化程度不断提高，部门和企业之间的分工日益细化，这使得国民经济各部门之间，企业之间的物流活动越来越复杂。为实现各个部门在生产上相互衔接、紧密配合，以实现国民经济顺利运行，就要求工业品生产、消费品生产、中间产品生产及生产和生活服务的部门，依据它们在生产和供应上的相互衔接性，形成相互适应、相互促进的物流系统。物流不畅必然影响一些部门的发展，造成国民经济部门发展的失衡。

部门物流还关系到生产资源在各个部门之间的合理分配和使用。在一定时间和一定的技术条件下，供应生产发展的各种资源是有限的，而且是不平衡的。有的生产资源供应相对充裕，有的则相对稀缺。部门之间物流能力不足和流向不合理会造成资源闲置，得不到有效的利用，从而影响生产资源供给与需求的平衡，制约产业结构的合理配置，造成宏观经济效益低下。

（2）区域物流

区域物流包括一定区域范围内的物流和不同区域之间的物流。任何生产都是在一定的区域内进行的。由于自然、技术、经济、社会等因素的制约，客观上形成了一定的生产和经济协作区域，这些区域又构成国民经济产业结构的地区和空间布局。经济区域是以城市为中心的，一般来讲，一个城市就是一个经济中心。城市的经济活动以物流为依托，其发展对物流有很强的依赖性，区域内的发展规划，如工厂、仓库、住宅、商业及道路、桥梁、车站、机场等都要以物流为约束条件。

城市具有经济活动高度集中的特点，对周边地区有着强大的吸引力和辐射力，大城市特别是中心城市的经济联系范围更加广泛，它作为工业中心、贸易中心、交通运输中心等，既是物资资料的集散地，又是各个地区经济交流的枢纽。各个大的经济中心之间的经济活动相互联结、相互依存，共同组成了国民经济的有机整体。然而，我国地区之间经济发展严重不平衡，沿海中心城市一般具有资金、技术和管理上的优势，却缺乏原材料和自然资源；而中西部地区在资金、技术、人才和管理等方面处于劣势，但有着丰富的自然资源。资源从内地流向沿海，产成品从沿海流往内地，是我国区域之间物资流动的显著特点。因此，沿海和内地之间的经济联合，各个地区之间的经济往来和平衡发展，一定程度上依赖顺畅的物流。

（3）国际物流

国际物流是不同国家或地区之间经济交往、贸易活动的物资流转。国际物流是伴随着国际贸易的发展而发展的。第二次世界大战以后，科学技术进步与社会化大生产的发展，使国际分工日益深化，世界经济联系日趋密切，生产国际化已成为世界经济发展的基本趋势。发达国家之间的经济联系全面强化，跨国公司内部的交换成为国际贸易的重要组成部分，国际分工从不同产业部门深入到同一行业不同产品之间，出现了若干国家协作生产的“国际产品”。世界经济的发展变化使国际贸易迅速增长，各国之间经济发展对国际贸易的依赖性大幅度提高。

国际贸易的发展对国际物流的要求也越来越高，从 20 世纪 60 年代开始形成了国际间数量巨大的物流，出现了超大型的运输工具。20 世纪 70 年代国际集装箱及集装箱船的普及，使散杂货的物流水平迅速提高。20 世纪 80 年代以后，国际物流开始向“小批量、高频度、多品种”的方向发展。同时，伴随国际联运物流的发展而建立的国际化物流信息系统，进一步促进了国际物流向更高的水平发展。

2．按企业中物流作用的不同分类

（1）供应物流

供应物流是指企业为保证生产所需要的原材料、零部件、燃料、辅助材料等物品，在供应商与企业需求方之间进行的物流活动。供应物流具体包括采购、装卸、运输、检验、入库等环节。供应物流对企业生产有着直接的影响，生产所需物资供应的时间、数量和质量，在很大程度上决定着企业的生产节奏和生产成本，从而影响企业的经济效益。供应物流因市场条件不同而有很大的不同：在物资资料供不应求的市场条件下，采购人员要想尽一切办法保证物资供应的时间、数量和质量；然而，现在市场条件已经发生了根本性的变化，供大于求成为常态，供应数量的保证已经相当容易，在这种条件下，如何选择最优的供应商，降低成本，减少库存，以适当的品质、适当的数量、适当的时间、适当的场所、适当的价格供应生产所需的物资资料，配合企业总体战略目标的实现，就成为供应物流追求的目标。在这一方面物资供应者的配合和努力是不可缺少的。

（2）生产物流

生产物流是指伴随着企业生产工艺过程的物流活动。生产物流一般从企业物资供应仓库开始，按照生产进度和要求，对物资进行分类，然后向各个生产环节和作业场所配送。在供应商服务水平较高的情况下，往往是在指定的时间把指定数量的生产物资直接送到指定的作业场所，形成生产物流的起点。经过加工制成的半产品进入半成品仓库，或者继续按照生产工艺和流程不断流转，直至成品产出，然后经过检验、分类、包装、装卸搬运等作业环节，最后进入成品仓库。生产物流主要取决于生产工艺流程，配合生产计划的物流计划是否科学，对于生产工艺各个环节的衔接和缩短生产周期有着直接影响。而工厂相关车间、仓库的配置，以及车间内流水线、作业点的布置，都会影响生产物流的路线距离和装卸搬运的作业次数，从而影响生产物流的效率。

（3）销售物流

销售物流是指伴随企业的销售活动，将产品转移给客户的物流活动。销售物流具体包括仓储、分类、包装、装卸、运输和售后服务。产品在销售之前，都需要储存起来，储存货物可以在工厂或附近，也可以在各个销售地点分散储存。按照客户订单或供货合同，对储存的货物进行分类、包装、运达客户指定的地点，并进行必要的服务，是销售物流的全过程。销售物流是企业营销活动的重要组成部分，只有当产品送达客户并经过售后服务，伴随商流的物流过程才算结束。现代市场经济的特征是买方市场，企业销售已经从推销发展到以客户为中心的市场营销。因此，销售物流不仅要求以最低的成本送货上门，而且要为客户提供更佳的服务，以赢得客户信赖，最终提高企业竞争力。

（4）回收物流

回收物流是指企业在供应、生产、销售过程中产生的可再利用物资的回收活动。回收物流具体包括供应物流过程和销售物流过程产生的可再利用的包装物、衬垫物等的回收；生产过程产生的可再利用的边角余料的回收；各种报废的生产工具、设备及失去部分使用价值的辅助材料和低值易耗品的回收。可再利用物资的回收物流不仅有利于企业降低成本，提高企业生产效率，而且有利于社会环境的改善。

（5）废弃物物流

废弃物物流是指企业供应、生产、销售过程中产生的废弃物品的收集、处理和再制造的物流活动。在生产过程中不可避免地会产生废水、废气、废油、废渣等各种废弃物，随着工业化的发展，废弃物将严重污染环境，危及人类的生活环境和人身健康，在世界各国都成为不可忽视的社会问题。随着各国对环境保护的重视和关注经济的可持续发展，如何将废弃物进行再循环处理，将废弃物通过分拣、分解再加工等过程，变废弃物为可持续利用的新材料也是最近开始研究的课题。这类物流有时也称“环保物流”或“绿色物流”。在我国，废弃物对环境的污染已经引起政府及社会的广泛关注，但环境污染的趋势并没有明显的改善。因此，从长远利益和社会利益出发，建立废弃物物流系统，已成为刻不容缓的重大课题。

3．按物流活动的作用领域分类

（1）生产领域的物流

生产领域的物流贯穿生产的整个过程。生产的全过程从原材料的采购开始，便要求有相应的供应物流活动，即采购生产所需的材料；在生产的各工艺流程之间，需要原材料、半成品的物流过程，即生产物流；部分余料、可重复利用的物资的回收，即回收物流；废弃物的处理则需要废弃物物流。

（2）流通领域的物流

流通领域的物流主要是指销售物流。在当今买方市场条件下，销售物流活动带有极强的服务性，它可以满足买方的需求，最终实现销售。在这种市场前提下，销售往往以送达用户并经过售后服务才算终止，因此企业销售物流的特点便是通过包装、送货、配送等一系列物流实现销售。

4．按物流发展的历史进程分类

（1）传统物流

传统物流主要关注物资的储存和运输等最基本的物流效用，考虑的是如何弥补需求在时间和空间上的差异。

（2）综合物流

综合物流不仅提供仓储和运输服务，还涉及许多协调工作，如对一些供应商和分销商的管理（包括采购和订单处理等内容），是对整个供应链的管理。综合物流由于很多精力放在供应链管理上，责任更大、管理也更复杂，这是它与传统物流的区别。

（3）现代物流

现代物流是为了满足消费者需要而进行的从起点到终点的原材料、半成品、最终产品和相关信息有效流动及储存计划、运输计划的实现和控制的过程。它强调了从起点到终点的过程，提高了物流的标准和要求，是各国物流的发展方向。国际上大型物流公司认为现代物流有两个重要功能：能够管理不同货物的流通质量；开发信息和通信系统，通过网络建立商务联系，直接从客户处获得订单。

5．按提供物流服务的主体不同分类

（1）代理物流

代理物流也叫第三方物流（Third Party Logistics，3PL），是指由物流劳务的供方、需方之外的第三方去完成物流服务的运作模式。第三方就是提供物流交易双方的部分或全部物流功能的外部服务提供者。

（2）生产企业内部物流

生产企业内部物流是指一个生产企业从原材料进厂后，经过多道工序加工成零件，然后将零件组装成部件，最后组装成成品出厂的物流过程。企业内部物流是具体、微观的物流活动，这种物流活动伴随整个生产工艺过程，实际上已构成了生产工艺过程的一部分。企业生产所需要的原材料、零部件、燃料等辅助材料从企业仓库或企业的“门口”开始，进入到生产线的开始端，再进一步随生产加工过程一步一步地“流动”。在“流动”的过程中，材料本身被加工，同时产生一些废料、余料。直到生产加工终结，再“流动”至制成品仓库便终结了企业生产物流过程。

过去，人们在研究生产活动时，只注重产品的生产加工过程，而忽视了将每个生产加工过程串在一起的，并且与每个生产加工过程同时出现的物流活动。例如，不断地离开上一工序，进入下一工序，便会不断发生装卸搬运、暂时停滞等物流活动。实际上，一个生产周期，物流活动所用的时间远多于实际生产加工的时间。

6．按物流的流向不同分类

（1）内向物流

内向物流是企业从生产资料供应商进货所引发的产品流动，即企业从市场采购的过程。

（2）外向物流

外向物流是从企业到消费者之间的产品流动，即企业将产品送达市场并完成与消费者交换的过程。

1.2 物流管理概述

1.2.1 物流管理的概念与内容

1．物流管理的概念

《中华人民共和国国家标准物流术语》（GB/T 18354—2006）中对物流管理的定义为“为以合适的物流成本达到用户满意的服务水平，对正向及反向的物流过程及相关信息进行的计划、组织、协调与控制”。物流管理过程就是对物料的包装、装卸搬运、运输、储存、流通加工、物流信息等环节，根据它们之间客观存在的有机联系，进行综合、系统的管理，以取得全面的经济效益的过程。

2．物流管理的内容

（1）物流战略管理

物流战略管理是指站在企业长远发展的立场上，就企业物流的发展目标、物流在企业经营中的战略定位及物流服务水准和服务内容等问题做出整体规划。

（2）物流系统设计与运营管理

企业物流战略确定以后，为了实施战略，必须有一个得力的实施手段或工具，即物流运作系统。作为物流战略制定后的下一个实施阶段，物流管理的任务是设计物流系统和物流能力，对系统运营进行监控并根据需要调整系统。

（3）物流作业管理

物流作业管理就是根据业务的需要，制订物流作业计划，按照计划对物流作业进行现场监督和指导，对物流作业的质量进行监控。

（4）物流业务管理

物流业务管理是指对有关物流业务活动进行的管理。物流业务管理主要包括物流的计划管理、调整物流关系、物流经济活动管理、物流的系统管理、物流的组织和人才管理。

（5）物流技术管理

物流技术管理是指对物流活动中技术方面的科学研究、应用的管理。物流技术在发展过程中形成了物流硬技术和物流软技术这样互相关联、互相区别的两大技术领域。

（6）物流成本管理

物流成本管理是对物流相关费用进行的计划、协调与控制。物流成本管理是通过成本去管理物流，即管理的对象是物流而不是成本。物流成本管理可以说是以成本为手段的物流管理方法。

（7）物流服务管理

一般来讲，物流服务水平提高，物流成本就会上升，两者之间的关系适用于收益递减法则。物流服务管理就是要以适当的成本实现高质量的客户服务。

1.2.2　物流管理的三个阶段

1．物流计划阶段的管理

计划是作为行动基础的事先规划。物流计划是为了实现物流预想达到的目标所做的准备性工作。

首先，物流计划要确定物流所要达到的目标，以及为实现这个目标所进行的各项工作的先后次序。

其次，要分析研究在物流目标实现的过程中可能发生的任何外界影响，尤其是不利因素，并确定应对这些不利因素的对策。

最后，做出贯彻和实现物流目标的人力、物力、财力的具体措施。

2．物流实施阶段的管理

物流实施阶段的管理就是对正在进行的各项物流活动进行管理，它在物流各阶段的管理中具有最突出的地位。在这个阶段中各项计划将通过具体的执行而受到检验。同时，它也把物流管理和物流各项具体活动进行紧密的结合。

（1）对物流活动的组织和指挥

物流的组织是指在物流活动中把各个相互关联的环节合理地结合起来，形成一个有机的整体，以便充分发挥物流系统中每个部门、每个物流工作者的作用。物流的指挥是指在物流过程中对各个物流环节、部门、机构进行的统一调度。

（2）对物流活动的监督和检查

通过监督和检查可以了解物流的实施情况，揭露物流活动中的矛盾，找出存在的问题，分析问题发生的原因，找到解决方法。

（3）对物流活动的调节

在执行物流计划的过程中，物流的各部门、各环节总会出现不平衡的情况。如遇到上述问题，就需要根据物流的影响因素，对物流各部门、各个环节的能力做出新的综合平衡，重新布置实现物流目标的力量，这就是对物流活动的调节。

3．物流评价阶段的管理

在一段物流活动结束后，要对物流实施的结果与原计划的物流目标进行对照、分析，这便是物流的评价。通过对物流活动的全面剖析，可以判别物流计划的科学性、合理性如何，确认物流实施阶段的成果与不足，从而为今后制订新的计划、组织新的物流提供宝贵的经验和资料。

按照对物流评价的范围不同，物流评价可分为专门性评价和综合性评价。按照物流各部门之间的关系，物流评价又可分为物流纵向评价和横向评价。无论采取什么样的评价方法，其评价手段都要借助于具体的评价指标，这种指标通常表示为实物指标和综合指标。

1.2.3 现代物流管理理念

1. 物流系统化理念

物流系统是指在特定的社会经济大环境中，由运输、储存、包装、装卸搬运等物流设施设备与物流商品所构成的，具有特定功能的有机整体。

物流活动中广泛存在“二律背反”关系（也称“效益背反”关系）。“二律背反”是指物流各功能要素之间或物流成本与服务水平之间的此消彼长关系，即追求其中的一方，必须舍弃另一方。研究物流活动中的“二律背反”关系，实质上是研究物流的经营管理问题。“二律背反”现象是物流领域中很普遍的现象，是这一领域中内部矛盾的反映和表现。物流管理就是要调整各个活动之间的矛盾，以成本和服务为核心，按最低成本、最好服务的要求，把它们有机地联系起来使之成为一个整体，使成本变为最小。整个物流系统的合理化，需要从总成本的角度去评价，这也反映了物流整体观念的重要性。

2. 精益物流理念

精益思想（Lean Thinking）是起源于日本丰田汽车公司的一种管理思想，其核心是力图消灭包括库存在内的一切浪费，并围绕此目标发展了一系列具体方法。物流管理学家从物流管理的角度进行了大量的借鉴工作，并与供应链管理的思想密切融合起来，提出了精益物流的新概念。

精益物流（Lean Logistics）是指消除物流过程中的无效和不增值作业，用尽量少的投入满足客户需求，以实现客户的最大价值，并获得高效率、高效益的物流。精益物流的实质就是运用精益思想对企业物流活动进行管理，其基本原则是：

1）从顾客的角度而不是企业或职能部门的角度来研究什么可以产生价值。

2）根据整个价值流的需要来确定供应、生产和配送产品活动中所必需的步骤和活动。

3）创造无中断、无绕道、无等待、无回流的增值活动流。

4）及时创造仅由顾客拉动的价值。

5）不断消除浪费，追求完善。

精益物流的目标可概括为：企业在提供令人满意的顾客服务的同时，把浪费降到最低限度。

3. 物流一体化理念

企业内物流一体化管理是根据商品的市场销售动向决定商品的生产和采购，从而保证生产、采购和销售的一致性。企业内物流一体化管理受到关注的背景来自市场的不透明化，这导致企业的生产和市场销售状况不一致。

物流常被看作企业与顾客和供应商建立相互联系的能力，这个能力的强弱将直接影响企业的发展水平。当来自顾客的订单或产品需求信息，通过销售、预测或其他形式传遍整个企业后，这种信息将被提炼成具体的制造计划和采购计划。从企业内部作业来看，将所有涉及物流的功能和活动结合起来，就形成了企业内部的物流一体化作业方式。

虽然内部物流一体化是企业取得成功的必要条件，但它并不足以保证企业实现其经营目标。要在今天的竞争中立于不败之地，企业必须将其物流活动扩大到顾客和供应商，这种通过外部物流一体化的延伸被称为供应链一体化，即通过在产品生产和流通过程中所涉及的供应商、生产企业、批发商、零售商和最终用户之间的密切合作，实现以最小的成本为用户提供最优质的服务，最终实现最大的价值。

4．物流联盟与合作理念

物流联盟是指两个或两个以上的经济组织为实现特定的物流目标而采取的长期联合与合作。20 世纪八九十年代，美国为了物流产业的复兴，大力推行“基于物流的联盟”。发展物流联盟和广泛开展合作的思想已经成为美国物流实践的基础。在过去的几十年里，企业间业务关系的特点是互为对手的博弈。而今，发展有效的组织间联合作业，形成多种形式的业务伙伴关系已成为主流。这种形式一方面能促使企业从外部寻求物流资源以提高服务效率，降低服务成本；另一方面也可促使两个或两个以上的物流供应者或需求者联合起来，组成物流联盟体。下面是同物流联盟与合作理念有关的主体或形式。

（1）物流企业

物流企业是指从事物流基本功能范围内的物流业务设计及系统运作，具有与自身业务相适应的信息管理系统，实行独立核算、独立承担民事责任的经济组织。物流产业则是物流企业的集合。在商品流通中商流与物流已实现分离，物流已经成为相对独立的组织化、系统化、规模化的新兴产业。物流企业是物流联盟的主体，我国目前物流企业的主要类型有由传统运输企业或仓储企业演变而来的物流企业、新兴内资跨区域的物流企业和大型外资跨区域物流企业等。

（2）第三方物流

第三方物流是指独立于供、需双方，为客户提供专项或全面的物流系统设计或系统运营的物流服务模式。第三方就是提供买卖交易双方全部或部分物流服务需求的外部提供者。现代第三方物流企业主要是指能够提供现代化、系统化的物流服务，处于第三方地位的物流活动组织者。

（3）物流业务外包

业务外包可以使企业将主要精力放在关键业务上，在充分发挥自身核心竞争力的同时，与其他企业建立较稳定的合作伙伴关系，而将企业的非核心业务交由合作伙伴来完成。

物流业务外包是由物流企业作为承包方，由物流需求企业作为发包方的物流联盟形式。20 世纪 80 年代以来，物流业务外包已逐渐成为各国企业物流管理的主流模式。

（4）全球化物流

经济全球化对企业的运作方式产生了巨大影响。跨国企业从全球市场获取原材料，在世界各地的工厂组织生产，然后将产品运送到世界各地的用户手中。这种在不同国家建立生产基地，并将这些全球化产品销往国际市场的运作方式，必然导致物流的全球化。全球化物流是企业全球化战略的支持与保证，是在世界范围内进行的物流联盟与合作。

5．绿色物流理念

绿色物流是指在物流活动中，组织者应尽量防止物流对环境造成危害，同时还要对物流环境进行净化，以使物流资源得到最充分的利用。环境共生型的物流管理就是要改变原来经济发展与物流、消费生活与物流的单向作用关系，在抑制物流对环境造成危害的同时，形成一种能促进经济发展和人类健康发展的物流系统，即向绿色物流、循环型物流转变。

职业知识检测

1. 判断题

1）尽管物流是社会再生产中的必要环节，但是物流活动不能够同物资的生产一样创造价值。（　　）

2）物流活动同样具备生产力的三要素，即劳动力、劳动资料和劳动对象。（　　）

3）区域物流是指一定区域内的物流，不同区域之间的物流不属于区域物流。（　　）

4）回收物流和废弃物物流有时也称“环保物流”或“绿色物流”。（　　）

5）现代物流管理的根本任务就是以最低的物流成本实现最大的经济效益。（　　）

2. 单选题

1）下列不属于物流活动中存在的“二律背反”关系的两类要素是（　　）。

A. 某物资年需求量固定，其运输成本与仓储费用

B. 物流服务与物流成本

C. 运输速度与运输费用

D. 仓库数量与储存成本

2）物流是为社会经济中的各种活动提供后勤保障，其核心是（　　）。

A. 效益最大化

B. 仓储与运输

C. 成本最低化

D. 服务

3）在物流的所有活动中，体现物流的时间价值的是（　　）活动。

A. 储存

B. 运输

C. 配送

D. 包装

4）在物流的所有活动中，体现物流的空间价值的是（　　）活动。

A. 储存

B. 运输

C. 配送

D. 包装

5)（　　）是指一个生产企业从原材料进厂后，经过多道工序加工成零件，然后将零件组装成部件，最后组装成成品出厂的物流过程。

A. 生产领域的物流

B. 流通领域的物流

C. 生产企业内部物流

D. 部门物流

3. 多选题

1）物流活动是由物品的包装、运输、储存及（　　）活动构成。

A. 生产

B. 配送

C. 装卸搬运

D. 流通加工

E. 物流信息管理

2）供应物流一般包括（　　）环节。

A. 采购

B. 装卸

C. 运输

D. 检验

E. 入库

3）废弃物物流是指企业供应、生产、销售过程中产生的（　　）等活动。

A. 废弃物品的收集

B. 废弃物品的丢弃

C. 废弃物品的处理

D. 废弃物品的采购

E. 废弃物品的再制造

4）在物流管理的三个阶段中，属于物流计划阶段的管理有（　　）。

A. 物流战略管理

B. 物流系统设计与运营管理

C. 物流作业管理

D. 物流业务管理

E. 物流成本管理

5）精益物流的内容包括（　　）。

A. 强调对各个物流环节的成本控制

B. 消除物流过程中的无效或不增值的作业

C. 用尽量少的投入满足客户需求

D. 实现客户的最大价值

E. 努力获得高效率、高效益的物流

4. 简答题

1）简述物流的作用和物流在国民经济中的地位。

2）物流管理包含哪三个阶段?

3）怎样认识物流成本和“二律背反”的关系?

4）请谈一谈我国物流产业的发展趋势及前景。

职业技能训练

案例 1

德国物流发展案例

德国位于欧洲中部，是世界物流业最发达的国家之一，德国物流业的发展是随着高速公路的快速发展和经济全球化的加快而发展的。其物流业发展经验值得许多国家借鉴。

一是充分发挥德国居于“欧洲心脏”的区位优势，打造欧洲物流中心，把区位优势变成交通优势，把交通优势变成物流优势，把物流优势变成经济优势，物流生产力发挥到最大化。

二是联邦政府制定全国物流业发展规划并负责实施，为物流业发展创造了统一、高效、透明、有序的宏观环境。所有公路、铁路、 港口、机场等运输基础设施均由政府投资建设，联邦政府确定全国大的物流园区布局，各州政府和地方政府围绕规划项目做好选址、征地工作，并负责连通物流中心的道路、铁路的建设，没有联邦政府驱动的重复建设。

三是十分注重政府、企业、高校、协会等的合作，港口、机场等重要基础设施都由政府控股或参股，很多项目是政府、企业、大学共同合作完成，形成优势互补的协同效应和联合作战的强大力量。

四是强调多种运输方式组合，实现无缝衔接。在港口、机场、物流园区等普遍建设两种以上运输方式连接和转运设施，将传统分散、独立的公、铁、水等运输资源有效整合成有机联系的系统，为提高企业供应链管理的灵活性创造了条件。

五是高度重视人才培养，注重自主研发。很多高等专科大学开设了物流专业，还为物流企业在职人员提供物流培训。很多物流公司都有自主研发的技术软件，研发人员又是高级管理人员，技术先进而且适用。

（资料来源：柳健. 新编物流管理案例及解析［M］. 北京：北京大学出版社，2013）

问题

1. 德国物流发展对我国物流业发展有何启示？

2. 相对于德国物流而言，我国物流业发展的机遇在哪里？

案例 2

站在物流的角度看晋商

晋商雄居中华，饮誉欧亚，辉煌业绩中外瞩目。特别值得指出的是在晋商“纵横欧亚九千里、称雄商场五百年”过程中，树立起了三座伟大的丰碑，那就是驼帮、船帮和票号。驼帮就是以骆驼、马运输为主，从事经贸流通活动的重要商帮，当时就有南来“烟糖布茶”，北往“牛羊骆驼马”，这就是现代物流业中陆地运输方式之一；船帮就是海运；更多的人只知晋商创办的票号“汇通天下”，却不知晋商先做货物流通而使茶盐等物品“货通天下”，由此可见，晋商开辟了物流业的先河。

（资料来源：柳健. 新编物流管理案例及解析［M］. 北京：北京大学出版社，2013）

问题：

1. 晋商的成功对现代物流企业的发展有何启示？

2. 试分析当前的社会经济环境，是否存在近似当年晋商形成和发展所处的机遇？

案例 3

海尔物流的发展

中国著名的家电企业海尔集团从 1999 年开始物流改革，改革目标定位在增强企业竞争优势的战略高度，希望通过物流改革有力地推动海尔的发展。鉴于零部件库存管理水平落后，库存资金占用比较大，甚至有些呆滞，海尔集团首先选择零部件库存作为首要的突破点，通过开发库存管理软件，建立现代化的立体仓库，改善库存管理手段，终于使零部件库存管理摆脱了困境。立体仓库的建立带动了机械化搬运和标准化包装进程，海尔通过采用符合国际标准的托盘和塑料周转箱，使大小不一、种类繁多的零部件的搬运更加便捷。随后，海尔发现检验是一个薄弱环节，检验时间长，造成大量的库存积压。于是又把检验集中起来，分散到供应商和第三方仓储企业去检验。将检验这一环节从海尔物流中剥离出去，从而减少了大量的库存，库存资金也随之大大减少。

海尔自 1999 年开始实施物流发展计划，历经十余年，已取得了非常明显的效果。当然，在实施过程中，海尔也遇到了一些困难，其中最主要的就是各部门独自存在的物流业务问题。为解决这个问题，海尔成立了物流事业部，专门从事物流改革的推进工作，由集团见习总裁亲自负责。该事业部下属采购、配送、运输三个事业部，专业从事海尔全集团的物流活动，使得采购、生产、物资配送从战略上走向了一体化。

如今的海尔，已经创立了独特的物流体系，建立了一套独具特色的物流管理模式。海尔的物流事业部门在为海尔集团服务的基础上，最终走向国际，成为一些国际知名企业的物流服务商。

（资料来源：华人物流网 www.wuliu800.com）

问题：

1. 根据案例分析海尔发展自身物流的目的是什么。
2. 海尔在实施物流的过程中是如何面对并解决遇到的困难的？

第2章 物流服务

引导案例

UPS——美国“联合包裹运送服务公司”的物流服务工作

美国UPS始建于1907年，从事信函、文件及包裹快速传递业务。历经百年的发展，UPS目前在全球建立了18个空运中转中心，每天开出1 600个航班，使用机场610个。UPS业务量巨大，每日上门取件的固定客户已逾130万家，其业务和经济效益在全球快递业中独占鳌头。UPS之所以取得巨大的经营成功，与其富有特色的物流服务是密切相关的。

（1）货物传递快捷

UPS规定国际快件3个工作日内送达；国内快件保证在翌日上午8时半送达。在美国国内，公司接到客户电话后即可在1小时内上门取件，并当场办妥托运手续。UPS开设的24小时服务的“下一航班送达”，以其“快递、可靠”的服务准则获得了“物有所值的最佳服务”的声誉。

（2）报关代理和信息服务

早在20世纪80年代末，UPS就已投资数亿美元建立了全球网络和技术基础设施，为客户提供报关代理。UPS建立的“报关代理自动化系统”，录入了其承运的国际包裹的所有资料。这样，清关手续在货物到达海关之前即已办完。UPS的计算机化清关为企业节省了时间，提高了效益。

（3）货物及时追踪服务

UPS的及时追踪系统是目前世界快递业中最大、最先进的信息追踪系统。所有交付货物都能获得一个追踪条形码，货物走到哪里，这个系统就跟到哪里，每天都有1.4万人次通过网络查寻其包裹的行踪。非计算机网络客户通过电话询问“客户服务中心”，路易斯维尔德服务中心昼夜服务，200多名职员每天用11种语言回答世界各地的客户大约2万次电话询问。

（4）先进的包裹管理服务

UPS建立的美国亚特兰大“信息数据中心”，可将UPS系统包裹的档案资料从世界各地汇总到这里。包裹送达时，员工借助“信息数据中心”投递，实现了无纸化操作。

（5）包装检验与设计服务

UPS设在美国芝加哥的“服务中心”数据库中，抗震的、抗挤压的、防泄漏的等各种包装案例应有尽有。服务中心还曾设计水晶隔热层的包装方式，为糖果、巧克力的运输提供恒温保护；用坚韧织袋包装，为16万台转换器提供了经得起双程磨损的材料。这类服务为企业节省了材料和运费，被誉为“超值服务”。

（资料来源：中国企业培训网 www.qjl.com）

讨论：

1. UPS的物流服务工作主要包含哪些内容？其物流服务的特色体现在哪些方面？

2. 谈谈你对UPS“超值服务”的认识。

学习目标

① 了解物流服务的特征；

② 了解影响物流服务的因素；

③ 掌握物流服务内容的设计；

④ 掌握物流服务的实施过程。

2.1 物流服务概述

2.1.1 物流服务的定义、本质和特征

1. 物流服务的定义

物流服务的定义是随企业而变化的，不同的企业对物流服务这一概念往往有不同的理解。例如，供应商及其顾客对物流服务的理解就有很大的不同。一般来说，物流服务可以理解为衡量物流系统为某种商品或服务创造时间和空间效用的好坏的尺度，这包括从接收顾客订单开始到商品送到顾客手中为止而发生的所有服务活动。

对大多数企业来说，物流服务可以用一种或几种方式来定义：

1）一项管理活动或职能，如订货处理等。

2）特定参数的实际业务绩效，如在24小时内实现98%的订单送货率。

3）企业整体经营理念或经营哲学的一部分，而非简单的活动或绩效评价尺度。

综合概括物流服务的定义，物流服务是发生在买方、卖方的一个过程，这个过程使交易中的产品或服务实现增值。这种发生在交易过程中的增值，对单次交易来说是短期的，当各方形成较为稳定的合同关系时，增值则是长期持久的。同时，这种增值意味着通过交易，各方都得到了价值的增加。因而，从过程管理的观点看，物流服务是通过节省成本费用为供应链提供重要的附加价值的过程。

成功的市场营销要求不断争取到顾客并留住他们，从而实现企业长期赢利和获得投资回报的目标。然而，许多企业仅仅注重赢得新顾客，片面地通过产品、价格、促销等

要素来创造需求，忽视了市场组合中的地点要素及与之相联系的物流服务。物流服务对市场需求有重要的影响，它决定着企业能否留住顾客。企业以赢利为目标，但在获得赢利之前，企业必须确定服务策略和计划方案以满足顾客的需要，并且以节省费用的方式来实现，这就是物流服务。

2．物流服务的本质

由于流通业与一般制造业和销售业不同，它有运输、仓储等公共职能，是为生产、销售提供物流服务的产业，所以物流服务就是流通业为他人的物流需要提供的一切物流活动。它是以顾客的委托为基础，按照货主的要求，为克服货物在空间和时间上的间隔而进行的物流业务活动。物流服务的内容是满足货主需求，保障供给，即在适量性、多批次、广泛性的基础上，安全、准确、迅速、经济地满足货主的要求。

物流服务的本质是达到客户满意，服务作为物流的核心功能，其直接使物流与营销相联系，为用户提供物流的时空效用，因而其衡量标准只能看客户是否满意。

3．物流服务的特征

（1）无形性

商品是一种有某种具体特性和用途的物品，是由某种材料制成的，具有一定的重量、体积、颜色、形色和轮廓的实物，而物流服务主要表现在活动形式，顾客在购买服务之前，无法看见、听见、触摸、嗅闻物流服务。物流服务之后，客户并未获得服务的物质所有权，而只是获得一种消费经历。

（2）不可储存性

物流服务容易消失，不可储存。物流企业在为客户服务之后，服务就立即消失。因此，购买劣质服务的客户通常无货可退，无法要求企业退款，而且企业也不可能像产品生产者那样，将淡季生产的产品储存起来在旺季时出售，而必须保持足够的生产能力，以便随时为客户服务。如果某个时期市场需求量低，物流企业的生产能力就无法得到充分利用，而在市场需求量超过生产能力时，物流企业就无法接待一部分客户，从而丧失一部分营业收入。当然，尽管物流服务容易消失，但物流企业可反复利用其服务设施，因此，要保持持久的销售量，物流企业最好的方法是保持现有的老客户。

（3）差异性

差异性是指物流服务的构成成分及其质量水平经常变化，很难统一界定。物流企业提供的服务不可能完全相同，由于人类个性的存在，同一位第一线的员工提供的服务也不可能始终如一，与产品生产相比较，物流企业往往不易制订和执行服务质量标准，不易保证服务质量，物流企业可以在工作手册中明确规定员工在某种服务场合的行为标准，但管理人员却很难预料有各种不同经历、性格特点、工作态度的员工在这一服务场合的实际行为方式，而且服务质量不仅与员工的服务态度和服务能力有关，也和客户有关，同样的服务对一部分客户是优质服务，对另一部分客户却可能是劣质服务。

（4）不可分离性

有形产品可在生产和消费之间的一段时间内存在，并可作为产品在这段时间内流通。而物流服务却与之不同，它具有不可分离性的特征，即物流服务的生产过程与消费过程同时进行，也就是说，企业员工向顾客提供物流服务时，也正是客户消费服务的时刻，二者在时间上不可分离。由于物流服务本身不是一个具体的物品，而是一系列的活动或过程，所以物流服务的过程也就是客户对服务的消费过程。正因为物流服务的不可分离性，不须像产品一样要经过分销渠道才能送到客户手中，物流企业往往将生产、消费场所融为一体，客户必须到服务场所，才能接受服务，或者物流企业必须将服务送到顾客手中，因此各个物流服务网点只能为某一个地区的消费者服务，所以物流网络的建设是物流企业必须做好的一项重要工作。

（5）从属性

货主企业的物流需要是伴随商流的发生而发生，是以商流为基础的，所以物流服务必须从属于货主企业物流系统。这种从属关系表现在流通货物的种类、流通时间、流通方式、提货配送方式都是由货主选择决定的，流通企业只是按照货主的需求处于被动的地位来提供服务。

（6）移动性和分散性

物流服务是以分布广泛、大多数时候不固定的客户为对象的，所以有移动性、面广、分散的特性，这会使产业局部的供需不平衡，也会给经营管理带来一定的难度。

（7）较强的需求波动性

物流服务是以数量多而又不固定的客户为对象的，他们的需求在方式和数量上是多变的，有较强的波动性，容易造成供需失衡。

（8）可替代性

一般企业都可能具有自营运输和储存等物流能力，使得物流服务从供给力方面来看有替代性，这种自营物流的普遍性使物流经营者从数量和质量上调整物流服务的供给能力变得相当困难。

2.1.2 影响物流服务的因素

1. 缺货水平

缺货水平是对企业产品可供性的衡量尺度。对每次缺货情况要根据具体产品和顾客做完备记录，以便发现潜在的问题。当缺货发生时，企业要为顾客提供合适的替代产品，或者尽可能从其他地方调运，或者向顾客承诺一旦有货立即安排运送，这样做的目的在于尽可能保持顾客的忠诚度，留住顾客。

2. 订货信息

订货信息是向顾客快速准确地提供所购商品的库存信息、预计的运送日期。对顾客的购买需求，企业有时难以一次完全满足，这种订单需通过延期订货、分批运送来完成。

延期订货发生的次数及相应的订货周期是评估物流系统运作优劣的重要指标。延期订货处理不当则容易造成失销，对此，企业要给予高度重视。

3．信息的准确性

顾客不仅希望快速获得广泛的信息，同时也要求这些关于订货和库存的信息是准确无误的。企业对不准确的信息应当注明并尽快更正。对经常发生的信息失真要特别关注并努力改进。

4．订货周期的稳定性

订货周期是从顾客下订单到收货为止所跨越的时间。订货周期包括下订单，订单汇总与处理，货物拣选、包装与配送。顾客往往更加关心订货周期的稳定性而非绝对的天数。当然，随着对时间竞争的日益关注，企业也越发重视缩短整个订货周期。

5．特殊货运

有些订单的送货不能通过常规的运送体系来进行，而要借助特殊的货运方式。例如，有的货物需快速运送或需要特殊的运送条件。企业提供特殊货运的成本要高于正常运送方式，但失去顾客的代价可能更加高昂。

6．交叉多点运输

企业为避免失销，有时需要从多个生产点或配送中心向顾客运送货物，这也是应对延期订货的策略之一。

7．订货的便利性

订货的便利性是指顾客下订单的便利程度。顾客总是喜欢同便利和友好的卖方打交道。如果单据格式不正规、用语含糊不清，或者在电话中等待过久，顾客都有可能产生不满，从而影响顾客与企业的关系。对于这方面可能存在的问题，企业可以通过与顾客的直接交谈来获悉，并要予以详细记录和改进。

8．替代产品

顾客所订购的某种产品暂时缺货时，不同规格的同种产品或其他品牌的类似产品可能也能够满足顾客的需要，这种情况在现实中时有发生。如果一种产品当前可供率为70%，该企业还生产一种替代产品，其当前可供率也为 70%，则该产品的可供率就可相应提升。为顾客提供可接受的替代产品可以大大提升企业的服务水平。企业在制定产品替代策略时要广泛征求顾客的意见，并及时将有关的政策和信息通知顾客。在有必要向顾客提供替代产品时，应征询顾客的意见并取得其认可。

2.1.3　物流服务对赢得竞争优势的重要性

物流服务是企业物流系统的产出，换句话说，从顾客角度看到的是企业提供的物流服务而不是抽象的物流管理。物流服务是支撑市场组合的地点要素，更重要的是，良好的物流服务有助于发展和保持顾客的忠诚与持久的满意，物流服务的诸要素在顾客心目中的重要程度甚至高过产品价格、质量及其他有关的要素。

对于市场组合四要素而言，产品和价格较容易被竞争对手模仿，促销的努力也可能被竞争者赶上。提供令顾客满意的服务，或者处理顾客抱怨的高明手法则是企业区别于竞争对手、吸引顾客的重要途径。在短期内，企业物流服务不容易被对手模仿。根据有关统计，企业65%的销售来自老顾客，而发展一个新顾客的费用平均是保留一个老顾客所需费用的6倍；从财务角度分析，用于物流服务的投资回报率要大大高于投资于促销和其他发展新顾客的活动。

物流在降低成本方面起着重要的作用，而降低物流成本必须在一定服务水平的前提下考虑。从这个意义上来说，物流服务水平是降低物流成本的依据。物流服务起着连接企业、批发商和零售商的纽带作用。

2.1.4 物流服务中的问题及对策

1）只是把物流服务水平看作一种销售竞争手段而不做出清晰的规定，批发商和零售商的要求必将升级，以致使企业无法应付。现在，批发商或零售商或是由于销售情况不稳定，或是由于没有存放货物的地方，或是为了避免商品过时，都在极力减少库存。如果它们无节制地要求多批次、小批量配送，或者进行多批次地库存补充，物流工作量将大大增加，物流成本必然提高。为防止这种服务水平的升级，必须建立新的物流服务机制，进行物流服务决策。

2）许多企业还在用同一水平的物流服务对待不同的顾客或不同的商品。企业应把服务当做有限的经营资源，在决定分配时要调查顾客的需求，根据对公司销售贡献的大小将顾客分成不同层次，按顾客的不同层次决定不同的服务和不同的服务水平。

3）物流部门应定期对物流服务进行评估。检查销售部门或顾客有没有索赔，有没有误配、晚配、事故、破损等。通过征求顾客意见等办法了解服务水平是否已经达到标准；成本的合理化达到何种程度，是否有更合理的办法等。

4）物流服务水平依据市场形势、竞争对手情况、商品特性和季节等时时刻刻都有变化。作为物流服务来说，今后提供新信息的服务将日益重要。过去主要是提供交货日期、库存、再进货、到货日期、脱销等情况和运输中的商品信息与追踪信息，今后为适应特约商店、零售商店简化业务手续的需要，提供传票样式的统一商品接收总计表等信息服务将更为重要。物流部门应有掌握这种变化的情报系统。

5）销售部门大多认为为了扩大销售，应该无限制地接受顾客对物流的要求。这是物流系统无法承受的，应该形成一种从盈亏的角度考虑是否合算的范围。

6）现在的物流服务要放在社会系统的大范围内来处理。企业需要认真考虑环保、节能、节约资源乃至废弃物回收等问题。现阶段企业要认真进行废弃物回收服务，而不能再将废弃物交给政府来处理。为减少交通混乱、道路拥挤等交通公害，企业冲破互相竞争的壁垒，推进共同配送的时刻也即将到来。

7）物流服务水平的确定应属于企业的重要决策。物流服务将作为社会系统的一环受到人们的评判。物流服务是向顾客服务的重要因素，是与顾客进行交易的条件之一。如何确定物流服务水平，在销售战略上具有重要意义。因此，物流服务水平的确定应属于企业的重要决策。

2.2 物流服务水平的确定

确定物流服务水平的一个流行方法是将竞争对手的服务水平作为标杆。但仅仅参照竞争对手的水平是不够的，因为很难断定对方是否很好地把握了顾客的需求并集中力量于正确的物流服务要素。这种不足可以通过结合详尽的顾客调查来弥补，后者能够揭示各种物流服务要素的重要性，有助于消除顾客需求与企业运营状况之间的差距。

确定物流服务水平有多种方法，以下 4 种最具参考价值：

① 顾客对暂时缺货的反应。

② 成本与收益的权衡。

③ ABC 分析与帕累托定律。

④ 物流服务审计。

2.2.1 顾客对暂时缺货的反应

生产商的顾客包括各种中间商和产品的最终用户，而产品通常是从零售商处转销到顾客手中。因此，生产商往往难以判断缺货对最终顾客的影响有多大。例如，生产商的成品仓库中某种产品缺货并不一定意味着零售商也同时缺货。零售环节的物流服务水平对销售影响很大，为此，必须明确最终顾客对缺货的反应模式。某种产品缺货时，顾客可能购买同种品牌不同规格的产品，也可能购买另一品牌的同类产品，或者干脆换一家商店看看。在产品同质化倾向日益明显的今天，顾客“非买它不可”的现象已经越来越罕见，除非顾客坚定地认为该种产品在质量或价格上明显优于其替代品。

生产商的物流服务战略重要的一点是保证最终顾客能方便、及时地了解和购买到所需的商品。对零售环节的关注使生产商调整订货周期、供货满足率、运输方式等，尽量避免零售环节缺货现象的发生。

顾客对不同产品的购买在时间要求上也有所不同。对绝大多数产品，顾客希望在做出购买决策时就能够获得，但也有特殊的情况，如选购大型家具时，顾客在展示厅选中样品并订购以后，往往愿意等待一段时间在家中收货。美国的西尔斯百货公司与惠尔浦家电公司进行的一项顾客调查发现，顾客对大型家电并不要求在订货的当天就将商品运回家，除非有特别紧急的情况，他们愿意等 5～7 天。这一调查结果对西尔斯与惠尔浦的物流系统影响很大。西尔斯公司只需在营业厅里摆放样品供顾客挑选，其配送中心里的存货也不多。惠尔浦公司的产成品被运至位于俄亥俄州马利恩的大型仓库；西尔斯公司将收到的顾客订单发送给惠尔浦公司，相应的产品随即从马利恩仓库分送到西尔斯位于各地的配送中心，然后从配送中心直接用卡车分送到顾客家中；从顾客下订单到送货上门的时间控制在 48～72 小时。

2.2.2 成本与收益的权衡

物流总费用如库存维持费用、运输费用、信息费用、订货处理费用等，可以视为企业在物流服务上的开支。实施集成的物流管理时的成本权衡，其目标是在市场组合 4 要素之间合理分配资源以获得最大的长期收益，即以最低的物流总成本实现给定的物流服务水平。例如，一个百货连锁集团希望将零售供货率提高到 98%的水平，需要获取每个商店及每种商品的实时销售数据。为此，需在各分店配置条形码扫描器及其他软、硬件设施；同时，为尽可能地利用这些数据，集团还希望投资建设电子数据交换（Electronic Data Interchange，EDI）系统，以便与供应商进行快速双向的信息交流。估计平均每家分店需投入 20 万元。于是，管理层面临着成本与收益的权衡，对信息技术的投入能提高物流服务水平，但同时也会增加成本。假设该公司的销售毛利是 20%，每家分店为收回 20 万元的新增投资，至少要增加 100 万元的销售额。如果实际的销售增长超过了 100 万元，则企业在提高物流服务水平的同时也增加了净收益。对这一决策的评估还需考虑各分店当前的销售额水平。若各分店当前的年销售额是 1 000 万元，则收回这笔投资比年销售额只有 400 万元要快得多。

尽管存在成本与收益的权衡和费用的预算分配问题，但这种权衡只是短时期内发生的问题。在较长时期内，仍有可能在多个环节同时得到改善，企业在降低总成本的同时也能提高物流服务水平。

2.2.3 ABC 分析与帕累托定律

1. ABC 分析

ABC 分析是物流管理中常用的工具，在本节中通过 ABC 分析将各种产品和顾客按其相对重要性进行分类。对企业来说，某些顾客和产品相比其他顾客和产品而言更有利可图，因而应受到特别的关注。以利润率指标为例，利润率最高的顾客和产品组合应配以最高的物流服务水平。

2. 帕累托定律

与 ABC 分析相类似，帕累托定律指出：样本总体中的大多数事件的发生源于为数不多的几个关键因素。例如，80%的物流系统中的瓶颈现象可能仅仅是由一辆送货汽车的不良运作造成的。这一概念通常也被称作 80/20 定律。

【例 2-1】表 2-1 所示的顾客—产品贡献矩阵（其中：A、B、C、D 表示不同类型的产品；Ⅰ、Ⅱ、Ⅲ、Ⅳ、Ⅴ表示不同类型的顾客），将不同顾客的重要性与不同产品的重要性联系起来考虑，以确定能给企业带来最大收益的物流服务水平。为了便于理解，这里将赢利能力（利润率）作为度量顾客和产品重要性的指标，但应当注意，这一指标并不是绝对的。

表 2-1　顾客—产品贡献矩阵

顾　客	产　品			
	A	B	C	D
Ⅰ	1	3	5	10
Ⅱ	2	4	7	13
Ⅲ	6	9	12	16
Ⅳ	8	14	15	19
Ⅴ	11	17	18	20

表 2-1 中 A 类产品利润率最高，其次为 B、C、D 类。在整个产品线中，A 类产品通常只占很小的比例，而利润率最低的 D 类产品在产品总数中则可能占 80%。I 类顾客对企业来说最为有利可图，他们能产生较为稳定的需求，对价格不太敏感，交易中发生的费用也较少，但这类顾客数量通常很少，可能只有 5～10 个；V 类顾客为企业创造的利润最少，但在数量上占了企业顾客的大多数。对企业最有价值的顾客—产品组合是I—A，即 I 类顾客购买 A 类产品，以下是Ⅱ—A 或Ⅰ—B，依次类推。管理人员可以使用这种方法对顾客—产品组合排序或打分。

表 2-2 提供了在制定物流服务战略时如何使用表 2-1 中数据的例子。例如，排序在 1～5 的顾客—产品组合应给予 100%的存货可供率，低于 48 小时的订货周期，以及 99%的按订单送货完备率。

表 2-2　顾客—产品贡献矩阵实用举例

优先等级	存货可供率标准（%）	订货周期时间标准（小时）	按订单送货完备率（%）
1～5	100	48	99
6～10	95	72	97
11～15	90	96	95
16～20	85	120	93

值得注意的是，表 2-2 中较低的服务水平并不意味着所提供的服务缺乏稳定性。企业无论提供什么水平的服务，都要尽可能保持 100%的稳定性，这是顾客所期望的；而且，企业以高稳定性提供较低水平的物流服务（如送货时间），其费用通常低于以低稳定性提供高水平的物流服务。例如，高度稳定的 72 小时订货周期比不稳定的 48 小时订货周期更节省费用，也更令顾客满意。编制能良好反映顾客与企业真实情况的顾客—产品贡献矩阵的关键，在于切实了解顾客对服务的要求，并从中识别出最为重要的服务要素及确定要提供多高的服务水平。

2.2.4 物流服务审计

物流服务审计是评估企业物流服务水平的一种方法，也是企业对其物流服务策略做调整时产生的影响的评价标尺。审计的目标是识别关键的物流服务要素；识别这些要素的控制机制；评估内部信息系统的质量和能力。物流服务审计包括 4 个阶段：外部物流服务审计、内部物流服务审计、识别潜在的改进方法和机会、确定物流服务水平。

1. 外部物流服务审计

外部物流服务审计是整个物流服务审计的起点，其主要目标是识别顾客在做购买决策时认为重要的物流服务要素，确定本企业与主要的竞争对手为顾客提供服务的市场比例。

（1）确定顾客关心的物流服务要素

确定顾客关心的物流服务要素的主要工作是对顾客进行调查与访谈。例如，某种普通消费品的零售商在衡量其供应商服务时主要考虑订货周期的稳定性，订货周期的绝对时间，是否使用 EDI，订单满足率，延期订货策略，单据处理程序，回收政策等物流服务要素。

在外部物流服务审计阶段邀请市场部门的人员参与工作有三方面的益处。

1）物流服务从属于整个市场组合，而市场部门在市场组合的费用预算决策中是最有权威和发言权的部门。

2）市场营销部门的研究人员是调查问卷设计和分析的专家，而问卷工作是外部物流服务审计的重要一环。

3）可以提高调查结果的可信度，从而有利于物流服务战略的成功实施。

（2）对企业有代表性的和统计有效的顾客群体进行问卷调查

确定了重要的物流服务因素之后，下一步就是对企业有代表性的和统计有效的顾客群体进行问卷调查。问卷调查可以确定物流服务要素及其他市场组合要素的相对重要性，评估顾客对本企业及主要竞争对手各方面服务绩效的满意程度及顾客的购买倾向。

依据调查的结果，企业加强顾客重视的服务要素。在考虑竞争对手的强势和不足的同时，发展相应于顾客分类的战略。此外，问卷还能反映出顾客对关键服务要素的服务水平的期望值。

2. 内部物流服务审计

内部物流服务审计是审查企业当前的服务业务的运作状况，为评估物流服务水平发生变化时所产生的影响确立一个衡量标尺。内部物流服务审计的主要目的是检查企业的服务现状与顾客需求之间的差距。顾客实际接收到的企业物流服务水平也有必要测定，因为顾客的评价有时会偏离企业的实际运作状况。如果企业确实已经做得很出色，则应当注意通过引导和沟通来改变顾客的看法，而不是进一步调整企业的服务水平。

内部物流服务审计的另一个重要内容是考察顾客与企业和企业内部的沟通渠道，包括服务业绩的评估和报告体系。沟通是理解与物流服务有关问题的重要基础，缺乏良好的沟通，物流服务就会流于事后的控制和不断地处理随时发生的问题，而难以实现良好的事前控制。

3．识别潜在的改进方法和机会

外部物流服务审计明确了企业在物流服务和市场营销战略方面的问题，结合内部审计，可以帮助管理层针对各个服务要素和细分市场调整上述战略，提高企业的赢利能力。管理层在借助内、外部物流服务审计提供的信息制定新的物流服务和市场营销战略时，需针对竞争对手做详细的对比分析。

当顾客对本企业和各主要竞争者的服务业绩评价相比较并相互交流时，这时竞争性的标尺显得更为重要了。

4．确定物流服务水平

物流服务审计的最后一步是制定服务业绩标准和考核方法。管理层必须为各个细分领域如不同的顾客类型、不同的地理区域、不同的分销渠道及产品详细制定目标服务水平，并将其切实传达到所有的相关部门及员工，同时辅之以必要的激励政策以激励员工努力实现企业的物流服务目标。此外，还要有一套正式的业务报告文本格式。

管理层必须定期地按上述步骤进行物流服务审计，以确保企业的物流服务政策与运作满足当前顾客的需求。

2.3　物流服务的内容设计

物流是实现销售过程的最终环节，但由于采用不同形式，使一部分特殊服务变得格外重要，因此，企业在设计物流服务内容时应反映这一特点。

2.3.1　传统物流服务内容

1．运输服务

无论自营物流还是由第三方提供物流服务，都必须将消费者的订货送到消费者指定的地点。第三方一般自己拥有一定规模的运输工具，具有竞争优势的第三方物流经营者的物流设施不仅仅在一个点上，而是一个覆盖全国或一个大的区域的网络。因此，第三方物流服务提供商首先要为客户设计最合适的物流系统，选择满足客户需要的运输方式，然后具体组织网络内部的运输作业，在规定的时间内将客户的商品运抵目的地。除了在交货点交货需要客户配合外，整个运输过程，包括最后的市内配送都应由第三方物流经营者完成，以尽可能方便客户。

2．储存服务

物流中心的主要设施之一就是仓库及附属设备。需要注意的是，物流服务提供商的目的不是要在物流中心的仓库中储存商品，而是要通过仓储保证物流服务业务的开展，同时尽可能降低库存占压的资金，减少储存成本。因此，提供社会化物流服务的公共型物流中心需要配备高效率的分拣、传送、储存、拣选设备，尽量减少实物库存水平但并不降低供货服务水平。

3．装卸搬运服务

无论传统的商务活动还是电子商务活动，物流服务都必须具备一定的装卸搬运能力。物流服务提供商应该提供更加专业化的装载、卸载、提升、运送、码垛等装卸搬运机械，以提高装卸搬运作业效率，降低订货周期，减少作业对商品造成的破损。

4．包装服务

物流的包装作业目的不是要改变商品的销售包装，而是在于通过对销售包装进行组合、拼配、加固，形成适于物流和配送的组合包装单元。

5．流通加工服务

流通加工的主要目的是方便生产或销售，专业化的物流中心常常与固定的制造商或分销进行长期合作，为制造商或分销商完成一定的加工作业如贴标签、制作并粘贴条形码等。

6．物流信息处理服务

由于现代物流系统的运作已经离不开计算机，因此将各个物流环节、各种物流作业的信息进行实时采集、分析、传递，并向货主提供各种作业明细信息及咨询信息就变得十分重要。

2.3.2 电子商务下的增值性物流服务

除了传统的物流服务外，电子商务还需要具有增值性的物流服务。

1．增加便利性的服务

一切能够简化手续、简化操作的服务都是增值性服务。在提供电子商务的物流服务时，推行一条龙的门到门服务、提供完备的操作或作业提示、免培训、免维护、省力化设计或安装、代办业务、一张面孔接待客户、24 小时营业、自动订货、传递信息和转账、物流全过程追踪等都是对电子商务销售有用的增值性服务。

2．加快反应速度的服务

快速反应（Quick Response）已经成为物流发展的动力之一。传统观点和做法将加快反应速度变成单纯对快速运输的一种要求，但在需求方对速度的要求越来越高的情况下，它也变成了一种约束。因此，必须用具有重大推广价值的增值性物流服务方案来提高速度，即优化电子商务系统的配送中心、物流中心网络，重新设计适合电子商务的流通渠道，以此来减少物流环节、简化物流过程，提高物流系统的快速反应性能。

3．降低成本的服务

在电子商务发展的前期，物流成本将会高居不下，有些企业可能会因为根本承受不了这种高成本而退出电子商务领域，或者是选择性地将电子商务的物流服务外包出去。

发展电子商务，一开始就应该寻找能够降低物流成本的物流方案。企业可以考虑联合其他电子商务企业采取协作式联合配送、衔接式联合配送和集中配送等方式，提高物流的效率和效益，降低物流成本。

4．延伸服务

延伸服务向上可以延伸到市场调查与预测、采购及订单处理；向下可以延伸到配送、物流咨询、物流方案的选择与规划、库存控制决策建议、货款回收与结算、教育与培训、物流系统设计与规划方案的制作等。

（1）结算功能

物流的结算不仅仅只是物流费用的结算，在从事代理、配送的情况下，物流服务商还要替货主向收货人结算货款等。

（2）需求预测功能

物流服务商应该负责根据物流中心商品进货、出货信息来预测未来一段时间内的商品进出库量，进而预测市场对商品的需求，从而指导订货。

（3）物流系统设计咨询功能

第三方物流服务商要充当电子商务经营者的物流专家，因而必须为电子商务经营者设计物流系统，代替它选择和评价运输商、仓储商及其他物流服务供应商。国内有些专业物流公司正在进行这项尝试。

（4）物流教育与培训功能

物流系统的运作需要电子商务经营者的支持与理解，通过向电子商务经营者提供培训服务，培养他与物流中心经营管理者的认同感，提高电子商务经营者的物流管理水平，将物流中心经营管理者的要求传达给电子商务经营者，也便于确立物流作业标准。

以上的延伸服务是最具有增值性，但也是最难提供的服务，能否提供此类增值服务已成为衡量一个物流企业是否真正具有竞争力的标准。

2.4　物流服务的实施

物流服务作为竞争手段，不应是防御型的物流服务，即不能只是与别的公司处在同一水平线上；而应是进攻型的物流服务，即超越其他公司水平的物流服务。

2.4.1　物流服务的基本要素

1）明确服务项目。

2）通过问卷调查、专访和座谈，收集有关物流服务的信息。了解顾客提出的服务要素是否重要、他们是否满意，自身的服务水平与竞争对手相比是否具有优势等。

3）根据顾客不同的需求，归纳出不同的服务类型。由于顾客特点不同，需要也不同，进行分类时以什么样的特点做基准十分重要。首先要找出那些影响核心服务的特点，并要考虑能否做得到，而且还必须考虑对本公司效益的贡献程度，以及顾客的潜在能力等企业经济原则。

4）分析物流服务的满意程度。分析顾客对各个不同的服务项目是否满意。

5）分析与相互竞争的其他公司相比本公司的情况如何。了解本公司和竞争对手在物流需要上的满意程度一般称基准点分析。基准点分析就是把本公司产品、服务及这些产品和服务在市场上的供给活动，与最强的竞争对手或一流公司的活动与成绩连续地进行比较评估。

6）按顾客的类型确定物流服务形式。首先应依据顾客的不同类型，制定基本方针。在制定方针时首先要对那些重要的顾客重点地给予照顾，同时要做盈亏分析及在物流服务水平变更时成本会发生怎样变化的分析。

7）建立物流机制，建立为实现上述整套物流服务项目的机制。

8）对物流机制进行追踪调查。定期检查已实施的物流服务的效果。

总之，要周而复始地进行了解物流服务现状、对物流服务进行评估、确定物流服务形式、重新构筑物流系统、定期征求客户意见等多项工作。

2.4.2 制定物流服务标准

在明确了最重要的物流服务要素以后，管理层须制定服务业务标准，员工也应经常向上级汇报工作情况。物流服务绩效可以从以下 4 方面来评价和控制：

1）制定每一服务要素的绩效量化标准。

2）评估每一服务要素的实际绩效。

3）分析实际绩效与目标之间的差异。

4）采取必要的纠正措施将实际绩效纳入目标水平。

企业所重视的服务要素同时也应当是其顾客所认为的重要因素。存货可供率、送货日期、订货处理状态、订单跟踪，以及延期订货状态等要素需要企业与顾客之间良好的沟通。由于许多企业在订货处理过程方面的技术落后，提高物流服务水平在这一领域大有潜力可挖。通过与顾客的计算机联网可以大大改进信息传递与交换的效率，顾客可以获取动态即时的库存信息，在缺货时可自主安排产品替代组合，还可得知较为准确的送货时间与收货日期。

2.4.3 提高物流服务绩效

企业通常可以通过 4 个活动来提高物流服务绩效：

1）彻底研究顾客的需求。

2）在认真权衡成本与收益的基础上确定最优的物流服务水平。

3）在订货处理系统中采用最先进的技术手段。

4）考核和评价物流管理各环节的绩效。

有效的物流服务战略立足于深刻理解顾客对服务的需求。物流服务审计和调查研究必不可少，一旦明确了顾客对服务的需求，管理层必须制定合适的物流服务战略，以实现企业长期赢利和收回投资的目标。最优的物流服务水平能以最低的服务成本为企业留住最有价值的顾客群。

2.4.4　实施物流服务战略的阻碍因素

由于许多企业都缺乏有效的或稳定的物流服务战略，即使是那些管理十分出色的企业在实施物流服务战略时也会碰到棘手的阻碍因素。

例如，销售人员有时为得到一张订单而向顾客承诺不切实际的送货时间，结果使企业不得不缩短这张订单的订货周期。为此要加快服务，打乱原本稳定的订货处理程序，导致产品的拣选、配送与运输成本上升，甚至还可能因“多米诺”效应引发整个物流系统的混乱。销售人员往往容易在送货日期、提前期、送货地点、运输方式、购买量等方面背离物流服务政策，而这样做的结果就是为了某一顾客而排斥其他顾客，并增加了物流成本。

企业的物流服务标准和绩效期望在很大程度上受到竞争环境及行业传统的影响。管理层要深刻理解本行业的特点、规则、顾客的期望，以及提供高水平物流服务所需的成本费用。许多企业在实践中没有评估物流服务水平的成本与收益，也缺乏有效的手段来确定有竞争力的服务水平。引导决策的反馈信息往往来自希望无限度提高服务水平的销售部门，或者来自行业的传统观点及某些过于强烈的顾客抱怨，这些信息会导致企业的过度反应。

企业在产品研究与开发，以及广告促销上往往投入巨大，但是，要获得长期的赢利与发展，同样离不开对物流服务水平的充分研究和正确决策。

职业知识检测

1. 判断题

1）从过程管理的观点看，物流服务是通过提高物流效率为供应链提供重要的附加价值的过程。（　　）

2）客户通过享受物流服务，既获得了物流服务的物质所有权，又获得了一种消费经历。（　　）

3）物流服务的不可储存性是指物流企业在为客户服务之后，服务就立即消失。（　　）

4）物流在降低成本方面起着重要的作用，并且在提高物流服务水平的同时，物流成本也会随之大大降低。（　　）

5）物流服务是企业物流系统的产出，从顾客角度看到的是企业抽象的物流管理。（　　）

2. 单选题

1）物流服务的生产过程与消费过程是同时进行的。这说明物流服务具有（　　）特征。

A. 无形性

B. 从属性

C. 不可储存性

D. 不可分离性

2）物流服务的构成成分及其质量水平经常变化，很难统一界定。这说明物流服务具有（　）特征。

A. 无形性

B. 差异性

C. 移动性和分散性

D. 可替代性

3）物流服务就是以顾客的委托为基础，按照货主的要求，为克服货物在空间和时间上的间隔而进行的物流业务活动，其本质是（　　）。

A. 以盈利为目的

B. 达到客户满意

C. 为客户提供物流服务

D. 为发展区域经济服务

4）物流在降低成本方面起着重要的作用，降低物流成本必须在（　　）的前提下考虑。

A. 实现最低盈利目标

B. 实现最大盈利目标

C. 满足客户服务需求

D. 一定服务水平

5）用 ABC 分析法确定物流服务水平，其核心是将各种产品和顾客按（　　）进行分类。

A. 关系的好坏

B. 相对重要性

C. 是否盈利

D. 服务的难易程度

3. 多选题

1）物流企业以盈利为目标，但在获得盈利之前，必须确定（　　）以满足顾客的需要，并且以节省费用的方式来实现，这就是物流服务。

A. 服务内容

B. 服务目标

C. 服务策略

D. 盈利目标

E. 计划方案

2）物流服务水平应依据（　　）情况做出相应的变化。

A. 任何情况

B. 市场形势

C. 竞争对手

D. 商品特性

E. 季节变化

3）确定物流服务水平的方法一般包括（　　）。

A. 顾客对暂时缺货的反应

B. 成本与收益的权衡

C. 顾客对物流服务的要求

D. ABC 分析与帕累托定律

E. 物流服务审计

4）物流服务审计一般包括的内容有（　　）。

A. 竞争对手的服务内容和服务水平

B. 外部物流服务审计

C. 内部物流服务审计

D. 识别潜在的改进方法和机会

E. 确定物流服务水平

5）物流服务绩效可以从以下（　　）方面来评价和控制。

A. 制定每一服务要素的绩效量化标准

B. 评估每一服务要素的实际绩效

C. 分析实际绩效与目标之间的差异

D. 采取必要的纠正措施将实际绩效纳入目标水平

E. 是否实现企业预期的利润目标

4. 简答题

1）简述物流服务的特征。

2）试分析影响物流服务的因素是什么？

3）简述物流服务的内容。

4）试述物流服务的实施过程。

职业技能训练

案例 1

美国通用汽车公司物流方案

美国通用汽车在美国的 14 个州中，大约有 400 个供应商负责把各自的产品送到 30 个装配工厂进行组装。由于卡车满载率很低，使得库存和配送成本急剧上升，为了降低成本，改进内部物流管理，提高信息处理能力，通用公司委托潘世奇（Penske）专业物流公司为它提供第三方物流服务。

在调查了解了通用公司半成品的配送路线之后，潘世奇公司建议通用汽车公司在克利夫兰使用一家有战略意义的配送中心。配送中心负责接受、处理、组配半成品，由潘世奇派员工管理，同时潘世奇公司也提供 60 辆卡车和 72 辆拖车。除此之外，潘世奇公司还通过 ERP 系统帮助通用汽车公司调度供应商的运输车辆，以便实现 JIT 送货。为此，潘世奇公司设计了一套最优送货路线，增加供应商的送货频率，减少库存水平，改进外部物流活动，运用全球卫星定位技术，使供应商随时了解行驶中的送货车辆的方位。与此同时，潘世奇公司通过在配送中心组配半成品、对装配工厂实施共同配送的方式，既降低了卡车的空载率，也减少了通用汽车公司的运输车辆，而只保留了一些对潘世奇所提供的车队有必要补充作用的车辆，这样也减少了通用汽车公司的运输单据处理费用。

另外，美国通用汽车公司选择目前国际上最大的第三方物流公司莱德（Ryder）物流公司负责其土星和凯迪拉克两个事业部的全部物流业务，选择马士基公司（Maersk Line）负责北美陆上车辆运输任务，选择 APL 公司、WWL 公司负责洲际运输。

（资料来源：中国企业培训网 www.qjl.com）

问题：

1. 通用汽车公司如此选择物流服务商的目的是什么？
2. 潘世奇公司是如何为通用公司提供物流服务的？

案例 2

佛山物流公司的物流服务

佛山物流是佛山市的第一家物流企业，每年以 50%的速度发展，近几年的年平均营业收入达 1.2 亿元，资产总额达 4.5 亿元，已成为佛山物流业的旗帜企业。多年来，佛山物流把食品物流作为主营业务，为多家企事业单位提供一流的物流一体化服务，积累了丰富的经验。其中最为成功的就是为海天调味品公司提供的仓储配送业务。

佛山物流是海天调味品公司唯一提供物流一体化服务的合作伙伴。海天调味品公司的产成品从生产线下来，直接通过大型拖车进入佛山物流仓库。海天调味品公司通过信息系统跟踪货物的库存信息、出入库管理、业务过程管理、运输监控，并能自动生成各种数据报表。佛山物流与海天调味品公司实行实时信息共享，满足了海天公司“安全、及时、准确”的配送要求。通过佛山物流仓储配送服务，海天公司可以将精力集中于生产主业上，增强了企业在该行业中的核心竞争力。通过佛山物流先进的物流信息管理系统，海天调味品公司可以快速、正确、简便地下单，确保配送计划、库存计划等的顺利完成。

佛山物流公司在产品逐渐趋向无差异化的情形下，大胆选择了差异性服务的经营方向。物流服务对于物流公司来说至关重要，这正是佛山物流安身立命的要诀。“优质的管理，优质的服务，优质的服务态度”，这是佛山物流公司对客户的承诺。佛山物流公司有一套很完整的管理细则和操作规范，并根据每个客户个性化的要求，制定服务方针。有时候因客户原因造成的责任，他们也会主动去解决问题，不会去推卸找理由。他们不但关注直接客户的服务，而且也关注客户的客户，这对客户的业务会起到很关键的作用。因此，客户都对佛山物流非常满意，他们的业务量也随之增加了。

（资料来源：搜狐财经网 bussiness.sohu.com）

问题：

1. 佛山物流公司是如何为海天调味品公司提供一体化物流服务的？

2. 佛山物流公司安身立命的法宝是什么？

第3章 第三方物流

引导案例

冠生园集团的第三方物流

冠生园集团是国内唯一一家拥有“冠生园”、“大白兔”两个驰名商标的老字号食品企业。随着市场需求逐步增加，冠生园集团生产的食品总计达到了2 000多个品种，其中糖果销售近4亿元。市场需求增大了，但运输配送却跟不上，集团拥有近100辆货运车辆，不仅要承担上海市3 000多家大小超市和门店的配送，还要承担北京、太原、深圳等地的货物运输。由于长期计划经济体制造成运输配送效率低下，冠生园经常出现淡季运力闲置，旺季忙不过来的现象，加上车辆的维修更新，冠生园每年维持车队运行的成本要花费上百万元。面对产品规格品种多、市场辐射面大，自营物流成本高的困境，集团专门召开会议，研究如何改革运输体制，降低企业成本。

2002年年初，冠生园集团下属合资企业达能饼干公司率先做出探索，将公司产品的配送运输业务全部交给第三方物流公司。采用物流外包后，不仅配送准时准点，而且费用也大大降低了。达能公司把节约下来的资金投入到开发新产品和改进包装上，使企业又上了一个新台阶。为此，集团专门组织各下属企业到达能公司去学习，决定在集团系统推广他们的做法。经过选择比较，集团委托上海虹鑫物流有限公司作为第三方物流合作伙伴。

虹鑫物流与冠生园签约后，通过集约化配送，极大地提高了效率。每天一早，他们在计算机上输入冠生园相关的配送数据，制定出货最佳搭配装车作业图，安排准时、合理的配送路线。此外，虹鑫物流还与冠生园签订了物流货物损坏赔偿协议。

在委托第三方物流以前，冠生园集团经由铁路运输发往北京的货物需要7天时间，现在依靠虹鑫物流只需2天左右，而且实行的是“门到门”的运输。由于虹鑫物流及时周到、保质保量的服务，5个月就为冠生园节约了近40万元的费用，不仅如此，由于商品的流通速度加快了，集团的销售额也有了较大增长。更关键的是，第三方物流使集团从非生产性的后道工序——运输、配送中解脱出来，集中精力抓好生产，开发新产品、提高产品质量。

第三方物流能为企业节约物流成本，提高物流效率，这已经被越来越多的企业所共识。据美国波士顿东北大学供应链管理系统调查，登上《财富》500 强中的企业有将近七成都使用了第三方物流服务。在欧洲，很多仓储和运输业务也都是由第三方物流来完成的。

按照供应链的理论，当今企业之间的竞争实际上是供应链之间的竞争，谁的成本低、流通速度快，谁就能更快赢得市场，因此，物流外包充分利用外部资源，也是当今增强企业核心竞争力的一个有效的举措。

（资料来源：中华考试网 www.examw.com）

讨论：

1. 冠生园集团早期物流模式的特点是什么？有什么弊病？

2. 冠生园集团是如何采用第三方物流的？他们运用第三方物流获得了哪些优势？

学习目标

① 了解第三方物流的概念、特点和种类；
② 了解第三方物流的价值；
③ 掌握第三方物流的优势；
④ 掌握企业自营物流的利弊；
⑤ 了解第四方物流的优势。

3.1　第三方物流概述

3.1.1　第三方物流的特点、性质和种类

一般而言，人们将供应方提供的物流称为第一方物流，将需求方提供的物流称为第二方物流，《中华人民共和国国家标准物流术语》（GB/T 18354—2006）中对第三方物流的定义为“独立于供需双方为客户提供专项或全面的物流系统设计或系统运营的物流服务模式”。第三方就是指提供物流交易双方的部分或全部物流功能的外部服务提供者，在某种意义上可以说，它是物流专业化的一种形式。

1．第三方物流的特点

1）第三方物流属于“合同物流”，即第三方物流提供者在特定的时间段内向客户提供个性化的系列物流服务。

2）第三方物流是提供全部或部分物流业务服务。

3）第三方物流是由物资供方、需方之外的第三方去完成物流服务的物流运作方式，是提供交易双方的部分或全部物流功能的外部服务提供者。

2．第三方物流的性质

长期以来，社会中有关第三方物流的讨论主要集中在第三方物流究竟是提供全程物

流服务还是提供用户所需要的物流服务。如果说只提供全过程的物流服务，这个领域标准就比较高，同时这个范畴就比较狭窄，但是概念比较清晰。如果仅是提供用户所要求的某一部分物流服务，那么这种物流服务形式并没有跨越传统物流服务形式，而且这个概念所包含的内容非常广泛，例如，托运行业算不算第三方物流，货代行业算不算第三方物流，营业仓库算不算第三方物流等。物流学术界统一的观点认为，第三方物流就是向货主企业提供专业物流服务的物流活动，和社会经济领域许多经济概念一样，第三方物流有广义和狭义的理解，因而在不同的领域涵盖的范围也就不同。

广义的第三方物流是相对于自营物流而言，凡是由社会化的专业物流企业按照货主的要求，所从事的物流活动都可以包含在第三方物流范围之内。至于第三物流是从事的哪个阶段的物流，物流服务的深度和服务的水平，这要看货主的要求。

狭义的第三方物流主要是指能够提供现代的、系统的物流服务的第三方的物流活动。其具体标志是：

① 有提供现代化、系统物流服务的企业素质。

② 可以向货主提供包括供应链物流在内的全程物流服务和特定的、定制化服务的物流活动。

③ 不是货主向物流服务商偶然的、一次性的物流服务购销活动，而是采取委托承包形式的业务外包的长期物流活动。

④ 不是向货主提供的一般性物流服务，而是提供增值服务的现代物流活动。

一般而言，在研究和建立现代物流系统时，第三方物流不是按照自营物流与否来进行区分。尤其在我国，小生产式的物流服务活动还相当多，并且还不能在很短的时间内解决这个问题，如果把这些企业都包括在第三方物流企业之中，显然会混淆人们对第三方物流的认识。所以，应当从狭义的角度来理解第三方物流，把它看作一种高水平、现代化的社会物流服务方式，看作网络经济时代社会物流服务的发展方向。

3．第三方物流的种类

（1）资产型第三方物流

1）资产型第三方物流的资产分类。

资产型第三方物流的资产有以下两种类型：① 第一种类型是指拥有机械装备、运输工具、仓库、港口、车站等具有实物物流功能的资产。

② 第二种类型是指信息资产，包括信息系统硬件、软件、网络及相关人才等。

传统物流和现代物流的区别在于，传统物流企业只依靠第一种类型的资产，而现代物流企业则两种类型的资产都具备。

2）资产型第三方物流的特点。

① 资产型第三方物流以自有的资产作为为客户服务的重要手段，它拥有从事专业物流活动或约定物流活动的装备、设施、运营机构、人才等生产力条件，并且以此作为本身的核心竞争能力。在发达国家，拥有货运机场、货运包机、专线铁路、货运车皮、物

流中心、仓库等生产力手段的大型第三方物流，可以说是资产型第三方物流代表。

② 资产型第三方物流的主要特点是可以向客户提供稳定、可靠的物流服务，由于资产的可见性，这种物流企业的资信程度比较高，对客户来讲，也具有很强的吸引力。

③ 资产型第三方物流需要投巨资建立一套物流工程系统，而且维持和运营这一套系统需要经常性的投入，另外一方面，这一套工程系统一旦形成，虽然可以有效地提供高效率的确定服务，但是很难按照客户的需求进行灵活的改变，往往会出现灵活性不足的问题。

（2）管理型第三方物流

管理型第三方物流不把拥有第一种类型的资产作为向客户服务的手段，而是以本身的管理、信息、人才等优势作为第三方物流的核心竞争能力。这种类型的第三方物流，不是没有资产，而是主要拥有第二种类型资产。在网络经济时代，实际是以“知识”作为核心竞争能力，通过网络信息技术的深入运用，以高素质的人才和管理力量，利用社会的设施、装备等劳动手段最终向客户提供优良服务。

管理型第三方物流自己不拥有需要高额投资和经营费用的物流设施、装备，而是灵活运用他人的这些生产力手段，这就需要第三方物流依靠先进的技术对生产力手段进行有效的管理和组织。从某种意义上来讲，这也是管理型第三方物流赖以存在的先决条件。

管理型第三方物流是在买方市场条件下才可能生存的物流形态，只有在买方市场环境下，管理型第三方物流在从事物流运作的时候，才有可能利用买方的主导权去灵活运用其他物流服务。这种第三方物流形态往往可以成为供应链的主导物流企业，这也是由它的组织能力所决定的。管理型第三方物流的最大优势，除了信息能力、组织能力，管理能力之外，就是没有庞大的资产，可以获得较低的成本。

（3）优化型第三方物流

优化型第三方物流应该是完全拥有管理型第三方物流在信息、组织、管理上的优势，同时建立必要的物流设施装备系统，而不是全面建设这种系统。这种第三方物流方式不但具有上述两种第三方物流的优点，同时又避免了过大投资、系统灵活性不足的缺点。

3.2　第三方物流产生的利益、价值和优势

3.2.1　第三方物流产生的利益

第三方物流发展的推动力就是要为客户及自己创造利润。第三方物流公司必须通过自己物流作业的高效化、物流管理的信息化、物流设施的现代化、物流运作的专业化、物流量的规模化来创造利润。 同时，客户也能够通过第三方物流产生以下利益。

1．作业利益

第三方物流服务首先能为客户提供“物流作业”改进利益。第三方物流公司可以通过第三方物流服务，提供给客户不能自我提供的物流服务或物流服务所需要的生产要素，

这是产生物流外包并获得发展的重要原因。在企业自行组织物流活动的情况下，由于局限于组织物流活动所需要的专业知识，或者局限于自身的技术条件，企业内部物流系统往往难以满足自身物流活动的需要，而企业自行改进或解决这一问题又往往是不经济的。第三方物流的另一个改进就是改善企业内部管理的运作表现，增加作业的灵活性，提高质量和服务、速度和服务的一致性，使物流作业更具效率。

2. 经济利益

第三方物流服务存在的基础是为客户提供经济的或与成本相关的利益。一般来说，低成本是由低成本要素和规模经济的经济性创造的，通过物流外包，既可以将不变成本转变成可变成本，又可以避免盲目投资而将资金用于其他用途从而降低成本。

3. 管理利益

第三方物流服务给客户带来的不仅仅是作业的改进和成本的降低，还应该给客户带来与管理相关的利益。物流外包可以使企业将管理资源用于更有利可图的用途中，并与企业核心战略相一致；可以使企业的人力资源更集中于企业的核心活动，同时获得第三方物流公司的核心经营能力。

4. 战略利益

物流外包还能产生战略意义及灵活性，这种灵活性包括地理范围的灵活性及根据环境变化进行调整的灵活性。集中主业在管理层次与战略层次高度一样具有重要性。共担风险的利益也可以通过第三方物流服务来获得。

3.2.2 第三方物流的价值

1. 第三方物流的运作价值

（1）提高运作效率

物流运作效率的提高意味着对每个最终形成物流的单独活动进行开发。例如，仓储的运作效率取决于足够的设施与设备及熟练的作业技能，除了作业技能外，还需要协调和沟通技能。协调和沟通技能在很大程度上与信息技术相关联，且一般是通过信息技术这一工具来实现的。如果存在着有利的成本因素，并且公司的注意力集中在物流方面，那么用较低的成本提供更好的服务是非常有可能的。

（2）客户运作整合

第三方物流服务带来增值的另一个方法是引入多客户运作，或者是在客户中分享资源。例如，多客户整合的仓储和运输网络，可以利用相似的结合起来的资源，达到规模效益，从而提高效率。第三方物流整合运作的复杂性很高，需要更多的信息技术与技能。但是，由于它表现出来的规模经济效益是递增的，如果运作得好，将产生竞争优势及更大的客户基础。当然，一些拥有大量货流的大客户也常常投资协调和沟通技能及其资产，自行整合公司的物流资源。

（3）横向或纵向整合

对于无资产的第三方物流服务提供商，为客户创造价值的技能是强有力的信息技术和物流规划管理与实施能力。它可以通过纵向整合，购买具有成本和服务优势的单项物流功能作业或资源，发展同单一物流功能提供商的关系，这也是创造价值的一种方法，物流供应商可以专注于自己和新的能力的服务。在横向上，第三方物流公司如果能够结合类似的但不是竞争的公司，可以联手为客户服务，扩大为客户提供服务的地域覆盖面。

（4）发展客户运作

第三方物流公司为客户创造价值的另一类方式是通过发展客户公司及组织运作来获取价值，这种第三方物流服务基本上接近传统意义上的物流咨询公司，所不同的是提出的解决方案要由物流供应商自己来开发，完成运作。增值活动中的驱动力在于客户自身的业务过程，所增加的价值可以看作供应链的管理与整合。

2. 第三方物流的成本价值

在竞争激烈的市场上，降低成本、提高利润率往往是企业追求的首选目标。这也是物流在 20 世纪 70 年代世界石油危机之后成本价值被挖掘出来作为“第三利润源”受到普遍重视的原因。物流成本通常被看作企业经营中较高的成本之一，控制物流成本就等于控制了总成本。完整的企业物流成本应该包括物流设施设备等固定资产的投资，仓储、运输、配送等费用（狭义的物流费用），以及为管理物流活动所需的管理费、人工费和伴随而来的信息传递、处理等所发生的信息费等广义的物流费用。在衡量物流成本的增减变动时，应全面考虑所有这些有关的费用构成的物流总成本，而不能仅以运输费用和仓储费用的简单之和作为考察物流成本变动的指标，否则企业在进行物流成本控制或采用第三方物流后，最终核算时有可能会得出企业物流成本不降反升的错误结论。

3.2.3 第三方物流的优势

1. 信息优势

第三方物流尤其是非资产型第三物流的运作主要靠信息，只有具备信息的优势，第三方物流才可以比货主在了解市场、了解物流平台的情况、了解灵活运用物流资源、了解价格、了解制度和政策方面更有优势。同时，第三方物流的信息优势还来自由它组织和运作的物流系统，这是偶尔进入这一领域的物流服务需求者所不可能具备的。当然，对于货主来讲，如果有长期、稳定的物流渠道，也完全可以形成自己的信息优势，而不必依靠第三方物流。第三方物流的信息优势主要是针对客户变换的需求，客户不会就每项临时的物流需求来建立自己有效信息优势。

2. 专业优势

第三方物流的核心竞争能力，除了信息之外，就是物流领域的专业化运作。专业化运作是降低成本、提高物流水平的运作方式，这一点在工业化时期已经在各个领域得到了证明。绝大部分物流客户核心竞争能力都不是物流：对制造企业而言，核心竞争能力是设计、制造和新产品开发；对商业企业而言，核心竞争能力是商业营销。所以，专业优势应是第三方物流公司的重要优势。

3．规模优势

第三方物流的规模优势来自它的地位。第三方物流可以组合若干个客户形成共同物流，通过多个客户所形成的规模来降低成本。有了规模，就可以有效地实施供应链、配送等先进的物流系统，进一步保障物流服务水平的提高。

4．服务优势

第三方物流和客户之间关系不是竞争关系，而是合作关系、共同利益的关系。这是一种双赢的关系，是服务伙伴建立的重要前提，也是形成服务优势的重要条件。另外，第三方物流整个企业的构建和组织，都是基于物流服务这一要求，这是货主物流企业和一般的承运企业不能具备的。第三方物流服务优势还来自信息优势、专业优势，应该说服务优势实际上是其他优势的综合表现。

3.3 企业物流模式的比较和选择

3.3.1 企业物流模式的比较

随着中国加入 WTO，外资企业纷纷进入中国市场，中国企业面临着越来越复杂多变的市场环境，在市场竞争的巨大压力下，企业利润空间越来越小，开始将目光转向“第三利润源泉”——物流，希望通过高效的物流管理来提高整个供应链的运行效率。国内生产企业在学习和借鉴国外物流管理经验的同时，必须针对我国国情，并结合企业自身的经营特点来决定适合本企业发展的物流运作模式。目前，物流运作模式可以分成三大类：第三方物流模式、自营物流模式和混合模式。据中国仓储协会第三次全国物流需求状况调查显示：43%的生产企业从事自营物流，36%的生产企业物流管理采取第三方物流和自营物流的混合模式，而把物流全部交给第三方的生产企业只有21%。

1．自营物流模式的优缺点

（1）自营物流的优点

1）安全性。企业自营物流，可以控制从采购、生产到销售的全过程，掌握最详尽的资料；可以有效协调物流活动的各个环节。企业如果将物流业务交由第三方物流企业，势必会触及企业的采购计划，进一步影响生产计划，甚至新产品的开发计划等商业机密。企业自营物流可以保护企业的商业机密。例如，海尔集团出于保护企业商业机密的目的出资几亿元人民币自建物流。

2）有效性。在生产企业中，许多企业拥有自己的汽车车队、仓库和自动化装卸设备，有些企业甚至拥有自己的铁路专用线。企业自营物流可以有效地利用现有的物流资源，带动资金流转，为企业开拓更多的利润空间。

（2）自营物流的缺点

1）投资成本高。企业自营物流，必须投入大量的资金用于运输、仓储等基础物流设备及人力资本，这必然会减少对核心业务的投资，从而削弱企业抵御市场风险的能力。

2）管理难控制。对于大多数企业来说，物流仅仅是企业的一个后勤部门，物流活动也不是企业所擅长的方面。这样的话，企业自营物流等于迫使企业从事其所不擅长的业务活动，这需要花费更多的时间、精力和资源去从事辅助性的工作，而且效率较低。

3）专业化程度低。企业自建物流，难以形成规模，而物流的作用只有通过规模才能发挥出来。一方面，导致物流成本过高，产品在市场上的竞争能力下降；另一方面，由于规模有限，物流配送的专业化程度非常低，不能满足企业的需要。

4）效益评估难。在物流成本领域，存在着“物流冰山”现象，也就是人们对与物流费用的了解存在很大的虚假性，就像沉在水面下的冰山一样，露出水面的那部分仅仅是冰山的一角，而沉在水面下的是人们看不到的部分，所以企业成本核算就存在着很大的困难，由于许多自营物流的企业采用内部各职能部门彼此独立地完成各自的物流，没有将物流剥离出来进行独立核算，所以企业很难准确计算产品的物流成本，难以进行准确的效益评估。

2．第三方物流的优缺点

（1）第三方物流的优点

1）能够让企业集中精力于核心业务。企业选择第三方物流能够使企业专注于提高自身的核心竞争力。由于任何企业的资源都是有限的，很难成为业务上面面俱到的专家，要想在激烈竞争的市场中占据一席之地，企业必须学会整合资源，借助第三方物流的专业化优势增强企业的核心竞争力。

2）提高企业物流效率。对于大部分企业来说，物流并不是自己最擅长的业务，在管理经验、专业技术、人力资源方面十分缺乏，而且物流作用只能通过规模表现出来，单独一个企业的物流量非常有限，物流效率难以提高。而第三方物流企业可以利用自己庞大的配送网络，专业化的物流技术和业务管理，达到为物流需求的企业提高物流效率的目的。

3）减少企业固定资产投资。作为自营物流，企业需要投入巨额资金用于改造或新建仓库，购买物流基础设备，建设信息系统等，这对于企业而言是个沉重的负担。而使用第三方物流企业，不仅可以减少设施设备的投资，还可以解放仓库和车队方面的资金占用，加速资本周转，为企业创造更多的机会。

4）提升企业形象。第三方物流供应商与企业之间的关系，不是竞争对手，而是战略伙伴，它们通过“量体裁衣”式的设计及灵活多样的增值服务，为企业创造更多价值，协助企业树立良好的品牌形象，使企业在同行业竞争中脱颖而出。

（2）第三方物流的缺点

与自营物流相比，第三方物流在为企业提供上述便利的同时，也会给企业带来诸多的不利：企业不能直接控制物流职能；不能保证供货的准确和及时；不能保证顾客服务的质量和维护与顾客的长期关系；企业将放弃对物流专业技术的开发等。

3.3.2 企业物流模式的选择

自营物流和第三方物流不是相互对立的，双方各有优势。生产企业的物流管理方式可以根据企业的生产经营特点和规模有多种选择。对于物流自理能力不足、规模经济不明显，并且物流业务对其核心能力影响很小的中小型生产企业应该鼓励物流业务外包。在实际操作时，企业可以视自身的具体情况来采购第三方物流服务，既可以是逐步外包也可以是彻底外包。

1. 逐步外包

对于物流资产较多、人员较多、物流业务较多的企业，一般宜采用逐步过渡的方式，按物流业务与产品或地理区域分步实施。例如，保留仓储，将配送外包；或者保留配送和仓储，将运输外包；或者把企业物流的信息系统外包。

2. 彻底外包

对于物流资产不多、物流业务较少、物流部门人员少的生产企业，可以将物流业务完全外包，即彻底关闭自己的物流系统；也可以采用系统接管的方式，即第三方物流公司将企业的物流系统全部买下、接管并拥有企业的物流资产和人员。接管后物流系统依然为企业服务，也可与其他企业共享，以改进效率并分摊管理成本。此外，企业为了控制某些物流业务，可以在其被接管的物流系统中参股或控股这些业务或资产。

总之，企业的物流模式对企业发展起到至关重要的作用，企业在进行物流模式选择时，无论选择第三方物流，还是自营物流，都应该结合自身企业的特点，综合考虑上述因素，做出慎重的选择。

3.4 第四方物流

3.4.1 第四方物流的概念

第三方物流和第四方物流都是物流社会化的产物。从物流社会化发展的进程来看，第三方物流是物流社会化一个必然的结果。第三方物流实际代表专业的、广泛的物流服务，是物流服务的一种高级的、成熟的形态。第四方物流是指一个供应链的集成商，它对公司内部和具有互补性的服务供应商所拥有的不同资源、能力和技术进行整合和管理，提供一整套供应链解决方案，又称为“总承包商”或“领衔物流服务商”。

第四方物流实际上是供应链的整合者、集成者和管理者，是物流社会化深化的产物。第四方物流的作用是集合及管理包括第三方物流在内的物流资源、物流技术、设施，依托现代信息技术和管理技术来提供完整的供应链解决方案。由于供应链的复杂性和多元性，第三方物流可以作为一个横向的构筑者，用自己资源进入供应链，但是由于利益的冲突和第三方物流的局限性，难以为复杂的供应链，尤其是全球供应链提供可信的构筑方案。这样就要求有更为“中立”的服务形态，这就是第四方物流服务得以诞生和发展的原因。

3.4.2 第四方物流的优势

第四方物流是在第三方物流架构的基础上发展起来的，其涵盖面更广、能够克服第三方物流所产生的问题，并使供应链得以改善。第四方物流还具有以下独特的优势。

1．具有对整个供应链及物流系统进行整合规划的优势

第三方物流的优势在于运输、储存、包装、装卸、配送、流通加工等实际的物流业务操作能力，但在综合技能、集成技术、战略规划、区域及全球拓展能力等方面存在明显的局限性，特别是缺乏对整个供应链及物流系统进行整合规划的能力。而第四方物流的核心竞争力就在于对整个供应链及物流系统进行整合规划的能力，这也是降低客户企业物流成本的根本所在。

2．具有对供应链服务商进行资源整合的优势

第四方物流作为有领导力量的物流服务提供商，可以通过其影响整个供应链的能力，整合最优秀的第三方物流服务商、管理咨询服务商、信息技术服务商和电子商务服务商等，为客户企业提供个性化、多样化的供应链解决方案，为其创造超额价值。

3．具有信息及服务网络优势

第四方物流公司的运作主要依靠信息与网络，其强大的信息技术支持能力和广泛的服务网络覆盖支持能力是客户企业开拓国内外市场、降低物流成本所极为看重的，也是取得客户的信赖，获得大额长期订单的优势所在。

4．具有人才优势

第四方物流公司拥有大量高素质国际化的物流和供应链管理专业人才及团队，可以为客户企业提供全面、卓越的供应链管理与运作，提供个性化、多样化的供应链解决方案，在解决物流实际业务的同时实施与公司战略相适应的物流发展战略。

通过第四方物流，企业可以大大减少在物流设施方面的资本投入，降低资金占用，提高资金周转速度，减少投资风险，降低库存管理及仓储成本。第四方物流公司通过其卓越的供应链管理和运作能力可以实现供应链“零库存”的目标，为供应链上的所有企业降低仓储成本。同时，第四方物流大大提高了客户企业的库存管理水平，从而降低库存管理成本。发展第四方物流还可以改善物流服务质量，提升企业形象。

职业知识检测

1．判断题

1）第一方物流是指由需求方提供的物流，而第二方物流是指由供应方提供的物流。(　　)

2）资产型第三方物流是以自有的资产作为为客户服务的重要手段。(　　)

3）管理型第三方物流不拥有任何资产，而是依靠本身的管理、信息、人才等优势，利用社会的设施和装备向客户提供优良服务。(　　)

4）与自营物流模式相比，第三方物流模式不具备规模优势。（ ）

5）相较于第三方物流模式而言，自营物流模式更容易造成商业机密的泄露。（ ）

2. 单选题

1）以自有资产作为为客户服务的重要手段，向客户提供稳定、可靠的物流服务的第三方物流是（ ）。

A. 资产型第三方物流

B. 管理型第三方物流

C. 优化型第三方物流

D. 第四方物流

2）由于组织能力强，往往成为供应链的主导物流企业的第三方物流是（ ）。

A. 资产型第三方物流

B. 管理型第三方物流

C. 优化型第三方物流

D. B、C 都包括

3）向社会提供运输、储存、装卸搬运、流通加工、包装及物流信息等服务活动称为（ ）。

A. 物流需求

B. 物流链

C. 物流供给

D. 物流量

4）企业将物流系统全部卖给或承包给第三方物流供应商称为（ ）。

A. 物流系统剥离

B. 物流战略联盟

C. 物流系统接管

D. 物流业务管理外包

5）第四方物流通过集合及管理多个物流资源、物流技术、设施，依托现代信息技术和管理技术来为客户提供完整的（ ）。

A. 全套物流服务

B. 供应链解决方案

C. 物流中介服务

D. 物流资源共享方案

3. 多选题

1）对于无资产的第三方物流服务提供商，为客户创造价值的技能是（ ）。

A. 与资产型第三方物流商良好的合作基础

B. 强有力的信息技术

C. 差异化的服务策略

D. 物流规划管理与实施能力

E. 能制订完美的计划方案

2）第三方物流能够为客户产生的利益有（ ）。

A. 作业利益

B. 经济利益

C. 管理利益

D. 战略利益

E. 安全利益

3）相较于自营物流而言，第三方物流具备的优势有（ ）。

A. 信息优势

B. 专业优势

C. 规模优势

D. 服务优势

E. 维护客户关系

4）自营物流的缺点主要包括（ ）。

A. 投资成本高

B. 不能有效利用现有的物流资源

C. 管理难控制

D. 专业化程度低

E. 效益评估难

5）生产企业可以视自身的具体情况采购第三方物流服务，具体做法包括（ ）。

A. 仓储外包

B. 运输外包

C. 配送外包

D. 逐步外包

E. 彻底外包

4. 简答题

1）试比较资产型第三方物流与管理型第三方物流之间的优点和缺点。

2）简述狭义第三方物流的具体标志。

3）企业物流外包及选择第三方物流应该注意的主要问题有哪些？

4）第四方物流和第三方物流相比有何特点？

职业技能训练

案例 1

电商物流领域的“最后一公里”难题

京东商城董事局主席兼 CEO 刘强东近日首次透露，京东快递将在今年 8 月正式向第三方开放。

在如今硝烟弥漫的电商大战中，物流系统可以说是目前最主要的核心竞争力，因此，各大电商企业发力物流领域，打破传统的依靠第三方配送，解决其存在的许多问题，提升自身的品牌形象，并致力破解“最后一公里”的难题，以提升用户的体验。

（资料来源：根据《北京晨报》2012-06-26，《信息与电脑》2012 年 07 期 有关资料整理）

问题：

1. 自建物流和第三方物流的利弊各有哪些？
2. 根据案例，结合当前实际，你认为电商物流领域的“最后一公里”难题应该如何解决？

案例 2

麦当劳的第三方物流案例

在麦当劳的物流中，质量永远是权重最大、被考虑最多的因素。麦当劳重视品质的精神，在每一家餐厅开业之前便可见一斑。餐厅选址完成之后，首要工作是在当地建立生产、供应、运输等一系列的网路系统，以确保餐厅得到高品质的原料供应。无论何种产品，只要进入麦当劳的采购和物流链，必须经过一系列严格的质量检查。麦当劳对土豆、面包和鸡块都有特殊的严格要求。例如，在面包生产过程中，麦当劳要求供应商在每个环节加强管理，如装面粉的桶必须有盖子，而且要有颜色，不能是白色的，以免意外破损时碎屑混入面粉，而不易分辨；各工序间运输一律使用不锈钢筐，以防杂物碎片进入食品中。

谈到麦当劳的物流，不能不说到夏晖公司，这家几乎是麦当劳“御用 3pl”（该公司客户还有必胜客、星巴克等）的物流公司，他们与麦当劳的合作至今在很多人眼中还是一个谜。麦当劳没有把物流业务分包给不同的供应商，夏晖也从未移情别恋，这种独特的合作关系，不仅建立在忠诚的基础上，麦当劳之所以选择夏晖，在于后者为其提供了优质的服务。

（资料来源：柳健. 新编物流管理案例及解析［M］. 北京：北京大学出版社，2013）

问题：

1. 麦当劳为何选择夏晖公司作为物流服务商？
2. 麦当劳与夏晖公司的合作遵循的是什么样的商业理念？

案例 3

国美、苏宁扩大自建物流规模应对电商

提起电子商务企业，恐怕就不得不说京东商城。京东商城是专业的综合性网上购物商城，销售上百万种商品。京东从 2004 年开展电子商务业务，仅仅数年，年营业额成几何级的数量增长，至今已经成为国内最大的电子商城，数百亿的销量直逼连锁家电企业国美和苏宁。

当然，作为国内家电连锁市场的绝对主力，国美和苏宁显然不会坐视不理。国美拥有 42 家分公司，1 200 多家直营店面，先是收购大中电器，而后跟库巴牵手，最后又跟当当网合作，可谓动作连连。而作为对手的苏宁，苏宁易购上线后的发展速度同样惊人，凭借着颇具吸引力的价格和不断提供的打折活动，赢得了不少人气和财气。

作为传统的连锁家电企业，国美和苏宁拥有两个非常重要的优势：一是凭借庞大的销量拥有的规模议价优势。这种优势主要体现在成本方面，然而，这项优势随着电商的日益庞大正在缩小。二是物流优势。国美和苏宁凭借多年的连锁经营，每年不断加大自建和扩展自有物流的规模，在物流配送方面比电商拥有更强的优势。

苏宁规划物流业务未来将部分独立，为上下游厂家服务。目前，易购在全国建了 8 个物流基地、5 000 个配送点。苏宁也将继续增加物流基地数量，并在 12 个城市建立“中心仓库”及若干储备仓，建立 90～100 个配送分中心，覆盖半径 100～150 千米，配送时间缩短至半天左右。

国美同样“凶猛”，国美与库巴网联手，全力推进电子商务业务的发展，这与国美覆盖 400 多个城市的物流体系有关。国美电器已在全国 100 多个大中型城市建成大家电仓储基地，有 30 多个自有仓库，1 700 多家实体店、网上商城都已纳入物流体系，覆盖 400 多个城市。未来三年，国美将以 10 多个区域中心为核心，建立 100 多个大家电物流仓库、600 多个分拨配送点、2 000 多人的自有配送队伍。

扩大物流规模、提高物流配送是连锁家电企业在电子商务业务发展道路上提速的关键，在将来很长一段时间，也将是这些企业的重头戏。

（资料来源：柳健. 新编物流管理案例及解析［M］. 北京：北京大学出版社，2013）

问题：

1. 国美、苏宁为什么要扩大自建物流规模来应对电商？
2. 国美、苏宁与京东商城相比具有什么优势和劣势？

第4章 物流功能

引导案例

日本包装减量化的典型案例

“产品的包装生产和包装废弃物处理”是当今困扰社会经济发展和环境保护的深层次问题，日本企业的产品包装减量化先进经验中，有不少案例值得我们学习和借鉴。

（1）索尼公司电子产品的新包装

索尼公司在推进产品包装方面，不但遵循循环经济“减量化、再使用、再循环”的“3R”原则，而且还在替代使用上想办法，对产品包装进行改进。例如，该公司对大尺寸型号电视机的泡沫塑料（EPS）缓冲包装材料进行改进，采用八块小的 EPS 材料分割式包装来缓冲防震，减少了 40% EPS 材料的使用；有的产品前面使用 EPS 材料，后面使用瓦楞纸板材料，并且外包装采用特殊形状的瓦楞纸板箱，以节约资源；另外，对小尺寸型号电视机采用纸浆模塑材料替代原来的 EPS 材料。

（2）日本印刷株式会社的新型包装

日本印刷株式会社企业的产品包装贯彻环境意识的四原则，即“包装材料减量化、使用后包装体积减小、再循环使用、减轻环境污染”的原则。

1）包装材料减量化原则。采用减少容器厚度、薄膜化、削减层数、变更包装材料等方法。

2）使用后包装体积减小原则。采用箱体凹槽、纸板箱表面压痕、变更包装材料等方法。包装经改变后，体积变得很小，方便回收。

3）再循环使用原则。采用易分离的纸容器，纸盒里面放塑料薄膜，使用完毕后，纸、塑分离，减少废弃物的处理；还有一种可易分离的热塑成型的容器。

4）减轻环境污染原则。在包装产品的材料、工艺等方面进行改进，减少生产过程中二氧化碳的排放量，保护环境。

（3）东洋制罐株式会社的包装产品

由东洋制罐株式会社开发的塑胶金属复合罐（Toyo Ultimate Can，TULC），由 PET 及铁皮合成，主要使用对象是饮料罐。这种复合罐既节约材料又易于再循环，在制作过程中低能耗、低消耗，属于环境友好型产品。该公司还研发生产一种超轻级材料的玻璃瓶，用这种材料生产的 187 毫升牛奶瓶厚度只有 1.63 毫米，重 89 克，而普通牛奶瓶厚度为 2.26 毫米，重 130 克，前者比普通瓶轻 40%，可反复使用 40 次以上。该公司还生产不含木纤维的纸杯和可生物降解的纸塑杯子。该公司为了使塑料包装桶（瓶）在使用后方便处理，在塑料桶上设计了几根环形折痕，废弃时可以很方便地折叠缩小体积。

通过以上几家日本公司包装产品的实际案例，可以清楚地看到日本企业在包装减量化方面做了大量富有成效的研究和开发。对于国内企业而言，我们必须在整个包装行业大力推进可持续发展战略的绿色包装，产品包装的设计、制造、使用和处理均应符合低消耗、减量化、少污染等生态环境保护的要求。在满足保护、方便、销售等功能的条件下，应采取用量最少的适度包装，包装材料须无毒无害，易于重复利用、回收和再生。包装材料的变化又要求加工工艺、加工机械、容器制造、包装设计、装潢印刷等各个环节实行相应的变化，从而引发整个包装行业的观念大变革和技术大革命。

（资料来源：中华考试网 www.examw.com）

讨论：

1. 根据案例，分析日本企业包装减量化的做法对我国企业有何启示。
2. 请你谈谈绿色包装对我国经济发展和环境保护的作用体现在哪些方面。

学习目标

① 了解包装的分类；
② 掌握各种装卸搬运方式；
③ 掌握各种运输方式；
④ 了解储存方式的分类；
⑤ 了解流通加工的分类；
⑥ 了解配送的类型；
⑦ 了解物流信息在物流活动中的作用；
⑧ 重点掌握包装、装卸搬运、运输、储存、流通加工、配送合理化的要素。

物流功能一般包括包装功能、装卸搬运功能、储存功能、运输功能、流通加工功能、配送功能和物流信息功能等。物流的整体功能是通过物流各环节活动的有机结合来实现的，物流整体的最优化离不开各个功能活动的合理化，企业物流的综合能力也是通过这些功能的协调来实现的。

4.1 包装功能

4.1.1 包装的定义

根据《中华人民共和国国家标准物流术语》（GB/T 18354—2006）的定义，包装是“为在流通过程中保护产品，方便储运，促进销售，按一定技术方法而采用的容器、材料及辅助物等的总体名称。也指为了达到上述目的而采用容器、材料和辅助物的过程中施加一定技术方法等的操作活动”。

在社会再生产过程中，包装处于生产过程的末尾和物流过程的开头，既是生产的终点，又是物流的始点，其目的是保护产品质量，便于装卸搬运，促进和扩大商品的销售。包装的设计往往从生产终结的要求出发，必须满足后续物流各环节的要求。在此意义上，包装与物流的关系比其与生产的关系要密切，其作为物流始点的意义比其作为生产终点的意义要大得多。

4.1.2 包装的分类

1. 商业包装

商业包装又称销售包装，是以促进销售为目的的包装。商业包装除了能保护商品、方便运输外，还具有美化商品、宣传商品的作用。这种包装的特点是外形美观，有必要的装饰，包装单位适于顾客的购买量及商店陈设的要求。在流通过程中，商品越接近顾客，越要求包装有促进销售的效果。各种商业包装如图 4-1 所示。

图 4-1　各种商业包装

2. 工业包装

工业包装又称运输包装，是以满足商品的运输、装卸和储存需要为目的的包装。通常工业包装不随商品卖给顾客。它一般不与商品直接接触，而是由许多小包装（商业包装）集装而成。例如，烟、酒、化妆品的包装，商品先装进小包装，然后集装于包装容器内。工业包装在运输、装卸和储存中，首先是起保护商品安全的作用；其次是方便运输、装卸搬运和储存，以提高物流的效率；最后起传达作用，便于物流管理。工业包装是商业物流中包装研究的主要对象。各种工业包装如图 4-2 所示。

图 4-2　各种工业包装

4.1.3　包装的功能与作用

包装是生产的最后一道工序，同是也物流的起点，在商品流通领域占有重要的地位。包装又是把运输、储存、装卸搬运等物流活动有机联系起来的一种手段，在实现物流系统化过程中具有极其重要的作用。具体来讲，商品包装具有保护商品、方便流通、降低物流费用、促进销售等功能。

1．保护商品

商品从生产领域进入消费领域，中间要经过多次不同情况、不同条件的移动。在商品移动的过程中，要经过装卸、搬运、堆码等各种作业，经受运输工具的震动及意外的跌落；同时在运输和储存的过程中，商品堆码的高度也与商品包装的承载力有关。此外，外界温度、湿度、光线等条件的变化，也会使商品发生霉烂、变质。因此，根据商品的性质，以及在运输和保管过程中可能发生的人为因素和环境因素的影响，采用符合标准的合理包装，才能防止商品在空间位移和储存过程中的破损、挥发、污染、散失等数量和质量的损失变化。

商品包装具有一定的抗震动性能，才能保证商品在运输过程中不受破坏；商品包装具有一定的强度，才能保证商品在规定堆码高度下的稳定性和安全性；商品包装具有一定的防潮、防腐等防护措施，才能保证商品的不锈蚀、不变质；商品包装采取一定的措施封闭严密，才能防止生物和微生物的侵害。

2．方便流通

合理的商品包装材料、容器结构和形状、包装标志等，不仅有利于商品的安全装卸、合理运输、标准堆码；同时便于科学计算商品的质量和体积，以便经济合理地使用运输工具、科学地安排储存，提高仓库的仓容；还有利于方便包装操作、方便开箱操作及空箱储存等。因此，商品运输包装具有方便功能，以提高物流的各种作业效率。

3．降低物流费用

合理的商品运输包装，除减少商品的损失之外，还有节约包装材料、节省包装费用、提高车船装载率、缩短运输时间、提高运输管理效率、提高装卸效率、提高仓储利用率、有利于仓库自动化管理、加快货物周转、减少资金占用等方面的作用。

4．促进销售

在商业交易中促进销售的手段很多，包装在其中占有很重要的地位。恰当的包装能够唤起人们购买欲望，包装外部的形态、装潢和广告说明一样，是很好的宣传品，对顾客的购买起着说服作用。适当的包装可以推动商品的销售，有很大的经济意义。

4.1.4　包装的保护技术

目前用于流通过程的典型包装技术方法可以划分为两大类。一类面向物流而展开，另一类主要面向商业销售物流而展开。包装技术与方法随着包装材料和包装机械的进步而不断发展，且用于不同领域的包装的专业化程度也在不断提高。具体说来，包装的保护技术包括以下几种方法。

1．固定缓冲包装方法

固定缓冲包装又称防震包装。在装卸、运输和仓储过程中，为防止冲击、震动、堆码等外因对内装物造成机械性破坏，需要将内装物固定在容器内，以缓冲外力，实施保护。防震包装主要有全面防震包装方法、部分防震包装方法、悬浮式防震包装方法三种，如图 4-3 所示。

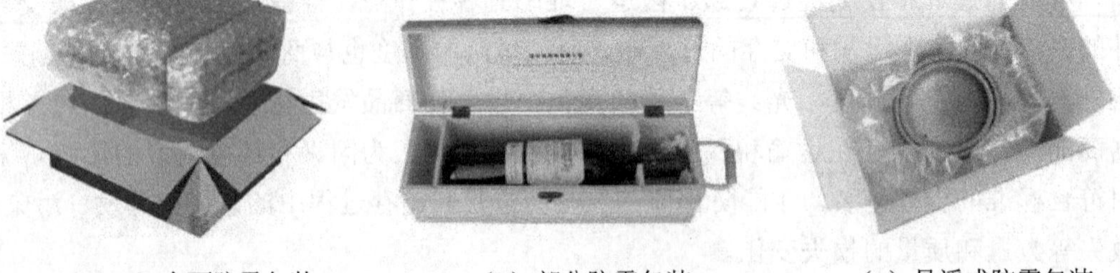

（a）全面防震包装　（b）部分防震包装　（c）悬浮式防震包装

图 4-3　各种防震包装方法

2．防潮包装方法

在商品流通过程中，产品不可避免地要受到环境潮湿的影响，严重者将会导致内装物变质和失效。防潮包装就是为防止物品吸收湿气造成质量下降而采用的防护包装措施和方法。通常首先采用防潮材料将物品密封起来，以隔绝外界湿气的侵入，再在包装容器中加入干燥剂，将内部残存的湿气和透过防湿材料进入的湿气驱除，使包装内部环境的相对湿度符合内装物的要求，从而起到保护作用。防潮包装方法如图 4-4 所示。

图 4-4　防潮包装方法

3．防锈包装方法

大气锈蚀是空气中的氧、水蒸气及其他有害气体等作用于金属表面引起电化学作用的结果。如果使金属表面与引起大气锈蚀的各种因素隔绝（将金属表面保护起来），就可以达到防止金属大气锈蚀的目的，如图 4-5 所示。用防锈剂（油）涂抹在金属表面可以防止锈蚀，但需要注意的是，封装金属制品要求防锈剂涂层有一定的厚度，且涂层的连续性好，涂层完整。不同类型的防锈剂要采用不同的方法进行涂抹。如图 4-6 所示是各种用途的防锈剂。

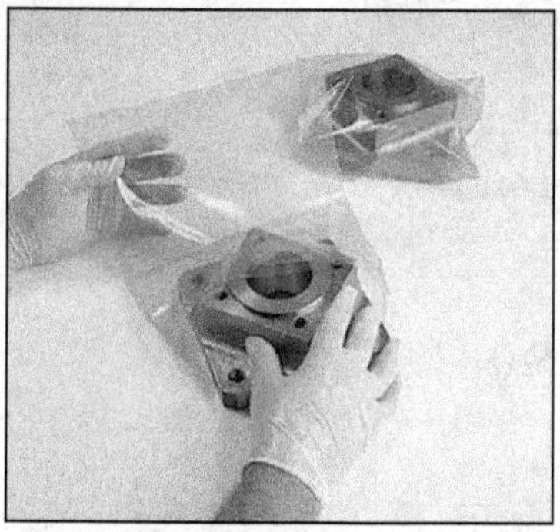

图 4-5　防锈包装方法

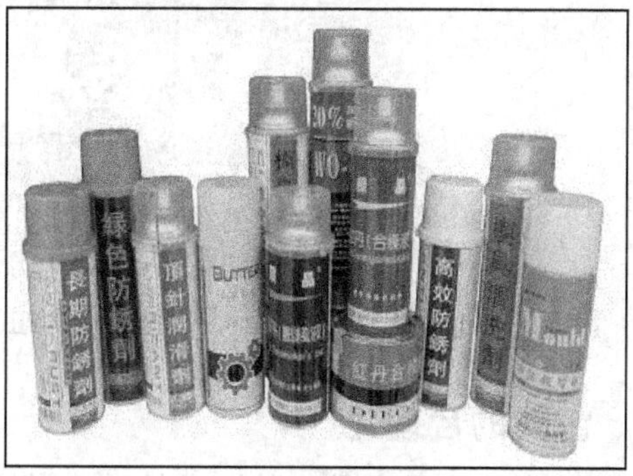

图 4-6　防锈剂

4．防霉腐包装方法

在工业包装内装运食品和其他有机碳水化合物货物时，货物表面可能生长真菌，在流通过程中如遇潮湿，真菌生长繁殖极快，甚至伸延至货物内部，使其腐烂、发霉、变质，因此要采取特别防护措施。包装防霉烂变质的措施通常是采用冷冻包装、真空包装或高温灭菌方法，如图 4-7 所示。

5．保鲜保质包装方法

在物流过程中，为了保证内装物有足够长的保质期，必须采取一系列保护措施和方法，即为保鲜保质包装方法。保鲜保质方法包括充气包装、真空包装、收缩包装、拉伸包装、脱氧包装及泡罩包装和贴体包装。如图 4-8 所示是充气保鲜包装。

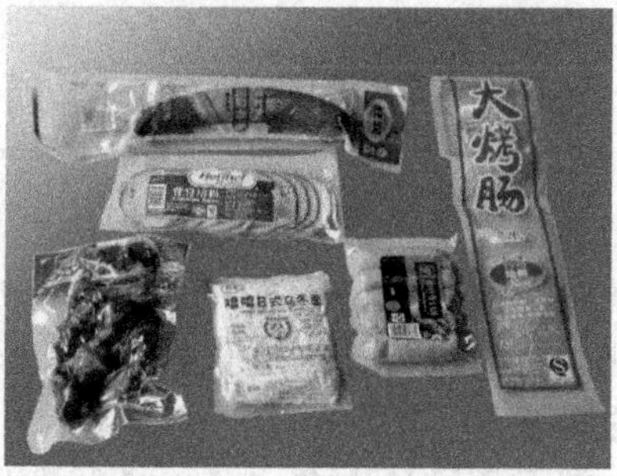

图 4-7　防霉腐包装方法

图 4-8　充气保鲜包装

6．防虫包装方法

商品在流通过程中，仓储环节的主要危害之一是仓库害虫对内装物的损害。防虫包装就是为保护内装物免受虫类侵害采取一定防护措施的包装。目的就是要破坏害虫的正常生活条件，扼杀和抑制其生长繁殖，以防止害虫蛀食商品，并防止其新陈代谢中的污物玷污商品。如图 4-9 所示是防虫剂包装袋。

图 4-9　防虫剂包装袋

4.1.5　包装的合理化

包装的合理化是商品包装追求的最终目标。商品包装合理化所涉及的问题，既包括商品生产、流通范围内的有关问题，还包括更大范围内的如社会法规、废弃物治理、资源利用等有关方面的问题。

合理包装是指能适应和克服流通过程中的各种障碍，在极限范围内的最好的包装。从多个角度来考察，合理包装应满足 8 个方面的要求。

1）包装应妥善保护内装的商品，使其质量不受损伤。这就是要制定相应的适宜的标准，使包装物的强度恰到好处地保护商品质量免受损伤，除了要在运输装卸时经受住冲击、震动外，还要具有防潮、防水、防锈等功能。

2）包装材料和包装容器应当安全无害。包装材料要避免使用有害物质，包装容器的造型要避免对人引起伤害。

3）包装的容量要适当，要便于装卸和搬运。

4）包装的标志要清楚、明了。

5）包装内商品外围的空闲容积不应过大。

6）包装费用要与内装商品相适应。

7）提倡节省资源的包装。

8）包装要便于废弃物的回收和治理。

包装保护功能的提高将导致材料费、设备费、人工费、技术引进等费用的增加，其结果是包装费用的增加；另外，包装保护功能的提高也将导致运输和储存过程中商品破损概率的降低，同时也会促使物流管理费用的降低。

因此，为寻求上述功能之间的合理平衡，就需要设计出在技术经济上最优的工业包装，也就是使产品可靠地从生产厂家到达用户手中，在包装费用与物流费用之间保持平衡。

总之，包装的合理化就是要做到在合理地保护产品安全的基础上，尽量降低包装成本和减少物流费用，平衡好包装的各种功能。

4.2　装卸搬运功能

装卸搬运是随着运输和储存活动的进行而发生的一种辅助作业。因为运输可以产生空间效应，储存可以产生时间效应，而装卸搬运本身并不产生任何价值。从生产到消费的整个流通过程中，要进行多次装卸搬运，装卸搬运的合理化对物流合理化是非常重要的。实现装卸搬运作业的机械化、集装化和散装化，是改善装卸搬运作业的主要途径。

4.2.1 装卸搬运的定义

装卸搬运是指在同一区域内（各种运输工具、车站码头、工厂仓库等内部）改变物品空间位置的活动。一般来说，装卸就是物品以人力或机械装入或卸下运输设备，即物品以垂直方向为主的空间位移，如图 4-10 所示。而搬运是在同一场所内，对物品进行水平移动为主的物流作业，即物品以水平方向为主的空间位移，如图 4-11 所示。

图 4-10 装卸

图 4-11 搬运

在物流过程中，装卸搬运活动是不断出现和反复进行的，它出现的频率远高于其他各项物流活动，装卸搬运活动花费的时间多少是决定物流速度的关键。装卸搬运活动需要消耗大量的人力，所以装卸搬运费用在物流成本中所占的比重较高。

相关链接

以下数据可以充分说明装卸搬运在整个物流过程中的地位。

1）以我国为例，铁路运输的始发和到达的装卸搬运作业费大致占运费的 20%左右，船运占 40%左右。

2）据统计，我国火车货运以 500 千米为分界点，运距超过 500 千米，运输在途时间多于起止的装卸时间；运距低于 500 千米，装卸时间则超过实际运输时间。

3）美国与日本之间的远洋船运，一个往返需 25 天，其中运输时间 13 天，装卸时间 12 天。

4）我国对生产物流的统计，工厂每生产 1 吨成品，须进行 252 吨次的装卸搬运，其成本为加工成本的 15.5%。

因此，装卸搬运是降低物流费用、节省物流时间的重要环节。进行装卸搬运操作时往往需要接触货物，这是在物流过程中造成货物破损、散失、损耗、混合等损失的主要环节。例如，袋装水泥纸袋破损和水泥散失主要发生在装卸搬运过程中，玻璃、机械、器皿、煤炭等产品在装卸搬运时最容易造成损失。由此可见，装卸搬运活动是影响物流效率、决定物流技术经济效果的重要环节。

4.2.2 装卸搬运的性质和特点

1. 装卸搬运的性质

（1）装卸搬运是附属性、伴生性的活动

装卸搬运是物流每项活动开始及结束时必然发生的活动，是进行物流操作时不可缺少的组成部分。例如，一般而言的“汽车运输”就实际包含了相随的装卸搬运；仓库中泛指的保管活动也含有装卸搬运活动。装卸搬运的附属性不能理解成被动的，实际上装卸搬运对其他物流活动有一定决定性。

（2）装卸搬运是支持性、保障性的活动

装卸搬运会影响其他物流活动的质量和速度。几乎所有物流活动都要有高水平的装卸搬运支持。例如，装车不当，会引起运输过程中的损失；卸放不当，会引起货物转换成下一步运动的困难。

（3）装卸搬运是衔接性的活动

任何物流活动的相互过渡都是以装卸搬运来衔接的。因此，装卸搬运往往成为整个物流的“瓶颈”，是物流各功能之间能否形成有机联系和紧密衔接的关键。建立一个有效的物流系统，关键要看这一衔接是否有效。

（4）装卸搬运是增加物流成本的活动

装卸搬运是增加物流成本的活动，尤其对传统物流而言，物流过程中多次的装卸搬运活动不仅延长了物流时间，而且要投入大量的劳动力和资源，并增加了对货物损失和破坏的风险，很少能给物流过程带来附加价值。

2. 装卸搬运的特点

（1）作业对象复杂

物流过程中的商品品种繁多，其形态、形状、体积、质量、性质、包装等各不相同，而且车辆的类型、托运方式也各不相同。因此，在选用装卸设备、作业方式时都必须适应商品品种多变的特点。

（2）作业不均衡

商品运输的到发时间不定，批量大小不等，而且各运输仓储部门收发商品的时间经常变化，因而造成装卸搬运作业在时间上不连续，在作业量上表现为时忙时闲。因此，必须加强货运、中转、储存、装卸之间的协调配合，提高装卸机械的使用效率。

（3）作业地点分散

在物流过程中，各车站、码头，各物流中心、仓库都可能发生装卸搬运作业，这给装卸机械化带来一定困难。因此，合理组织物流，尽量使装卸机械集中化，才能充分利用装卸机械。

（4）作业时间有要求

为了使物流顺利进行，各环节的装卸搬运作业必须在规定的时间内完成。

4.2.3 装卸搬运的分类

1. 按装卸搬运的对象分类

（1）单个商品装卸

单个商品装卸是以箱、袋等包装形态进行的商品装卸，或者是对长、大、笨、重商品的装卸，如图 4-12 所示。

（2）集装商品装卸

集装商品装卸是针对托盘、集装箱等集装设备的装卸，如图 4-13 所示。

（3）散装商品装卸

散装商品装卸是对块状、粒状、粉末状或液体等物品直接向运输设备、商品装运设备、储存设备或出入库的装卸，如图 4-14 所示。

图 4-12 单个商品装卸

图 4-13 集装商品装卸

图 4-14 散装商品装卸

2. 按装卸的设施分类

（1）按场所设施分类

1）自用物流设施装卸。自用物流设施装卸是指在工厂、自用仓库、配送中心等场所中的装卸。

2）公用物流设施装卸。公用物流设施装卸是指在车站、港口、机场、仓库的装卸，分别称为车站装卸、港湾装卸、航空港装卸，仓库装卸等。

（2）按运输设备分类

按运输设备的不同可分为卡车装卸、货车装卸、船舶装卸和飞机装卸等。

（3）按装卸机械分类

按装卸机械的不同可分为传送带装卸、吊车装卸、叉车装卸、各种装载机装卸等。

3. 按装卸作业的种类分类

装卸可分为与运输设备对应的“装进、卸下装卸”和与储存保管设施的“入库、出库装卸”两大类。这两类装卸分别伴随有商品的“堆码、拆垛”“分拣、配货”“搬送、移送”三类装卸作业，这些作业由于动作和装卸机械的不同，随之出现了不同的作业方法。

（1）堆放作业

堆放作业是把商品从预先放置的场所，移动到卡车等商品运输设备或仓库等固定设备的指定位置，再按要求的位置和形态放置商品的作业。

（2）拆垛作业

拆垛作业是堆垛作业的逆向作业。

（3）分拣作业

分拣作业是在堆垛作业、拆垛作业的前后或在配送作业之前发生的作业，把商品按品种、出入先后、货流分类（分拣分类），再分别放到规定位置的作业。

（4）配货作业

配货作业是向卡车等运输设备装货前或从仓库等保管设施出库装卸前发生的作业，是把商品按品种、下一步作业种类、发货对象分类（配货分类）所进行的拆垛、堆放作业。这一作业又分为把分拣作业拣出的、按规定分类集中起来的作业和以一定批量移动到一端的分拣场所，分别送到指定位置的作业两类。

（5）搬送作业

搬送作业是为进行上述各项作业而发生的，以这些作业为主要目的的移动作业。

（6）移送作业

移送作业是用传送带对商品进行运送的作业。

4．按装卸搬运的机械及机械作业方式分类

（1）“吊上吊下”方式

“吊上吊下”方式是采用各种起重机械从货物上部起吊，依靠起吊装置的垂直移动实现装卸，并在吊车运行的范围内实现搬运或依靠搬运车辆实现小搬运，如图 4-15 所示。由于吊起及放下属于垂直运动，因此这种装卸方式属垂直装卸。

（2）“叉上叉下”方式

“叉上叉下”方式是采用叉车从货物底部（或其他位置）托起货物，并依靠叉车的运动进行货物位移，搬运完全靠叉车本身，货物可不经中途落地直接放置到目的处，如图 4-16 所示。这种方式垂直运动不大而主要是水平运动，属水平装卸。

图 4-15 “吊上吊下”方式

图 4-16 “叉上叉下”方式

（3）“滚上滚下”方式

“滚上滚下”方式属于港口装卸的一种水平装卸方式。利用叉车、半挂车、平车、汽车承载货物，连同车辆一起开上船，到达目的地后再从船上开下，称“滚上滚下”方式，如图4-17所示。利用叉车的“滚上滚下”方式，在船上卸货后，叉车必须离船；利用半挂车、平车或汽车，则拖车将半挂车、平车拖拉至船上后，拖车开下离船而半挂车和平车连同货物一起运到目的地，再用拖车上船拖拉半挂车、平车开下。“滚上滚下”方式需要有专门的船舶，对码头也有不同要求，这种专门的船舶称为“滚装船”。

（4）“移上移下”方式

“移上移下”方式是在不同的运输工具之间进行靠接，利用各种方式不使货物落地，而靠水平移动从一个运输工具转移到另一个运输工具上。“移上移下”方式一般需要使用移动工具来配合实现这种装卸，如图4-18所示。

图4-17 “滚上滚下”方式

图4-18 “移上移下”方式

（5）“散装散卸”方式

“散装散卸”方式是针对散装货物进行的装卸。一般从装点直到卸点，中间不再落地，这是集装卸和搬运于一体的装卸方式。

5．按装卸搬运的作业特点分类

（1）连续装卸

连续装卸主要是同品种、大批量的散装货物或小件杂货通过连续输送机械连续不断进行的装卸作业，中间无停顿。一般在装卸量较大、装卸对象固定、货物不易形成大包装的情况下采取这种装卸方式。

（2）间歇装卸

间歇装卸具有较强的机动性，装卸地点可在较大范围内变动，主要适用于货流不固定的各种货物，尤其适于包装货物、大件货物，散粒货物也可采取此种方式。

6．按装卸物的主要运动形式分类

（1）垂直装卸

垂直装卸是指采取提升和降落的方式进行的装卸，这种装卸需要消耗大量的能量。垂直装卸是采用比较多的一种装卸形式，所用的机械工具如叉车、吊车等通用性较强，应用领域较广。

（2）水平装卸

水平装卸是指对装卸物进行平移来实现装卸的方式。这种装卸方式不改变被装卸物

的势能，因此比较节能，但是需要有专门的设施，例如，与汽车装卸平台及水平装卸平移工具等，分别如图 4-19、图 4-20 所示。

图 4-19　汽车装卸平台

图 4-20　水平装卸平移工具

4.2.4　装卸搬运合理化

商品的装卸搬运活动贯穿于商品实体流动的全过程。无论商品的生产、储存、运输、保管，还是商品的配送、包装和流通加工都伴随着装卸搬运作业。装卸搬运在整个物流活动中所占的比重很大，装卸搬运效率的高低、质量的好坏、成本的大小，都与整个物流活动关系密切。装卸搬运合理化也是物流合理化的一个重要问题，改善装卸搬运作业是加速车船周转、加快商品运达速度、减少资金占用、简化包装、减少货损的重要手段，对提高物流总体效益具有重要作用。

1．防止和消除无效作业

装卸搬运作业合理化应采取一些合理化的措施，防止和消除无效作业。所谓无效作业是指在装卸作业活动中超出必要的装卸、搬运量的作业。为有效地防止和消除无效作业，可从以下几个方面入手：

1）尽量减少装卸次数，把装卸次数降低到最少，要避免没有物流效果的装卸作业。

2）尽量提高被装卸物料的纯度，物料的纯度越高则装卸作业的有效程度越高；反之，如果物料中含有水分、杂质等与物料使用无关的物质，无效装卸作业就会增多。

3）包装要适宜。包装是物流中不可缺少的辅助作业手段。包装的轻型化、简单化、实用化会不同程度地减少作用于包装上的无效劳动。

4）缩短搬运作业的距离。物料在装卸、搬运当中，要实现水平和垂直两个方向的位移，选择最短的路线完成这一活动，就可以避免这一最短路线之外的无效劳动。

2．提高装卸搬运作业的灵活性

装卸搬运作业的灵活性是指在装卸搬运作业中的物料进行装卸搬运作业的难易程度。所以，在堆放货物时，事先要考虑到物料装卸搬运作业的方便性。

根据物料所处的状态，即物料装卸搬运的难易程度，可心将装卸搬运的灵活性分为不同的级别。

0 级——物料杂乱地堆在地面上的状态。

1 级——物料装箱或经捆扎后的状态。

2 级——箱子或被捆扎后的物料，下面放有枕木或其他衬垫后，便于叉车或其他机械作业的状态。

3 级——物料被放于台车上或用起重机吊钩钩住，即刻移动的状态。

4 级——被装卸搬运的物料，已经被启动、直接作业的状态。

从理论上讲，活性指数越高越好，但也必须考虑到实施的可能性。

为了说明和分析物料搬运的灵活程度，通常采用平均活性指数的方法。这个方法是对某一物流过程物料的活性指数，累加后计算其平均值，用“δ”表示。δ 值的大小是确定改变搬运方式的信号。

当 $\delta<0.5$ 时，指所分析的搬运系统半数以上处于活性指数为 0 的状态，即大部分处于散装情况，其改进方式可采用料箱、推车等存放物料。

当 $0.5<\delta<1.3$ 时，则是大部分物料处于集装状态，其改进方式可采用叉车和动力搬动车。

当 $1.3<\delta<2.3$ 时，装卸搬运系统大多处于活性指数为 2，可采用单元化物料的连续装卸和运输。

当 $\delta>2.7$ 时，则说明大部分物料处于活性指数为 3 的状态，其改进方法可选用拖车、机车车头拖挂的装卸搬运方式。

3．实现装卸搬运作业的省力化

装卸搬运使物料发生垂直和水平位移，必须通过做功才能实现，要实现装卸作业的省力化，在装卸作业中应尽可能地消除重力的不利影响。在有条件的情况下利用重力进行装卸，可以减轻劳动强度和减少能量的消耗。例如，将设有动力的小型运输带（板）斜放在货车、卡车或站台上进行装卸，使物料在倾斜的输送带（板）上移动，这种装卸就是靠重力的水平分力完成的。

相关链接

重力式货架是一种利用重力进行省力化的装卸方式之一。重力式货架的每层格均有一定的倾斜度，货箱或托盘可沿着倾斜的货架层板自已滑到输送机械上。为减小物料滑动的阻力，货架表面通常处理得十分光滑，或者在货架层上装有滚轮，也有的在承重物资的货箱或托盘下装上滚轮，这样将滑动摩擦变为滚动摩擦，物料移动时所受到的阻力会更小。重力式货架如图 4-21 所示。

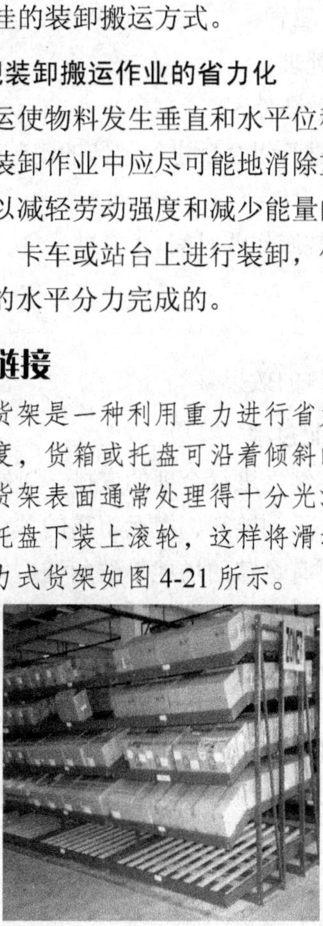

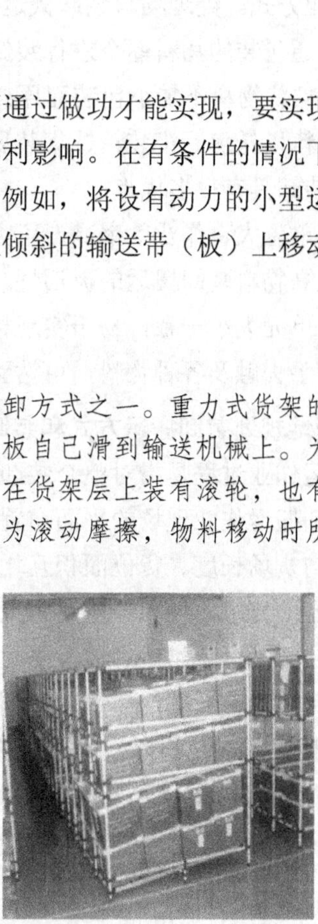

图 4-21　重力式货架

4. 合理组织设备，提高作业的机械化水平

物资装卸搬运设备运用组织是以完成装卸任务为目的，并以提高装卸设备的生产率、装卸质量和降低装卸搬运作业成本为中心的技术组织活动。

1）确定装卸任务量。根据物流计划、经济合同、装卸作业不均衡程度、装卸次数、装卸车时限等来确定作业现场年度、季度、月、旬、日平均装卸任务量。装卸任务量有事先确定的因素，也有临时变动的可能。因此，要合理地运用装卸设备，就必须把计划任务量与实际装卸作业量两者之间的差距缩小到最低水平。同时，装卸作业组织工作还要把装卸作业的物资对象的品种、数量、规格、质量指标及搬运距离尽可能地做出详细的规划。

2）根据装卸任务和装卸设备的生产率，确定装卸搬运设备需用的台数和技术特征。

3）根据装卸任务、装卸设备生产率和需用台数，编制装卸作业进度计划。

4）下达装卸搬运进度计划，安排劳动力和作业班次。

5）统计和分析装卸作业成果，评价装卸搬运作业的经济效益。

5. 推广组合化装卸搬运

在装卸搬运作业过程中，根据不同物料的种类、性质、形状、质量的不同来确定不同的装卸作业方式。处理物料装卸搬运的方法有三种：

1）将普通包装的物料逐个进行装卸的分块处理。

2）将颗粒状物料不加小包装而原样装卸的散装处理。

3）将物料以托盘、集装箱、集装袋为单位进行组合后进行装卸的集装处理。

组合化装卸具有很多优点：

1）装卸单位大、作业效率高，可大量节约装卸作业时间。

2）能提高物料装卸搬运的灵活性。

3）操作单元大小一致，易于实现标准化。

4）不用手去触及各种物料，可达到保护物料的效果。

6. 合理地规划装卸搬运方式和装卸搬运作业过程

装卸搬运作业过程是指对整个装卸作业的连续性进行合理的安排，以减少运距和装卸次数。装卸搬运作业现场的平面布置是直接关系到装卸、搬运距离的关键因素。装卸搬运机械要与货场长度、货位面积互相协调；要有足够的场地集结货场，并满足装卸搬运机械工作面的要求，场内的道路布置要为装卸搬运创造良好的条件，有利于加速货位的周转。使装卸搬运距离达到最小平面布置是减少装卸搬运距离的最理想的方法。

提高装卸搬运作业的连续性应做到：作业现场装卸搬运机械合理衔接；不同的装卸搬运作业在相互连接使用时，力求使它们的装卸搬运速率相等或接近；充分发挥装卸搬运调度人员的作用，一旦发生装卸搬运作业障碍或停滞状态，立即采取有力的措施补救。

4.3　储存功能

储存是物流的主要职能，物流的时间效用主要是由储存实现的。储存是商品流通不可缺少的环节，它解决了供需之间和不同运输方式之间的矛盾，提供了场所价值，并体现了商品的时间效益。

4.3.1　储存的定义及分类

1．储存的定义

根据《中华人民共和国国家标准物流术语》（GB/T 18354—2006）的定义，储存是指保护、管理和贮藏物品。储存是物流的一种运动状态，是商品流转中的一种作业方式，是对商品进行检验、保管、加工、集散、转换运输方式等多种作业的重要环节。

2．储存的分类

储存是物流的主要职能，是商品流通不可缺少的环节。流通领域的储存分为以下三类：

1）交通运输部门为衔接各种运输方式，在车站、码头、港口和机场所建立的物资储存。

2）商业和物资部门为保证销售和供应而建立的商品和物资储存。

3）生产企业待销待运的成品储存。

4.3.2　储存的作用和功能

1．储存的作用

（1）调节时间需求，消除价格波动

企业通过储存可以调节商品的时间需求，进而消除商品的价格波动。一般商品的生产和消费不可能是完全同步的，为了弥补这种不同步所带来的损失，就需要储存商品来消除这种时间性的需求波动。

（2）降低运输成本，提高运输效率

企业通过储存可以降低运输成本，提高运输效率。通过商品的储存，将运往同一地点的小批量商品聚集成为较大的批量，然后再进行运输，到达目的地后，再分成小批量送到客户手中，这样虽然产生了储存的成本，但是可以更大程度地降低运输成本、提高运输效率。

（3）提高客户满意度

企业通过商品在消费地的储存，可以达到更好的客户满意度。对于企业来说，如果在商品生产出来之后，能够尽快把商品运到目标消费区域的仓库中去，那么目标消费区域的消费者在对商品产生需求的时候，就能够尽快地得到这种商品，这样消费者的满意度就会提高，而且能够创造更佳的企业形象，为企业之后的发展打下良好的基础。

（4）创造使用价值

企业通过储存可以更好地满足消费者的个性化需求。随着时代的发展，消费者的消费行为越来越向个性化的方向发展，为了更好地满足消费者的这种个性化消费的要求，可以利用商品的储存对商品进行二次加工，满足消费者的需求。

2．储存的功能

（1）调节功能

储存在物流中起着“蓄水池”的作用。

1）储存可以调节生产与消费的关系，如销售与消费的关系，使它们在时间和空间上得到协调，保证社会再生产的顺利进行。

2）可以实现对运输的调节。产品从生产地向销售地转移，主要依靠运输完成，但不同的运输方式在运向、运程、运量及运输线路和运输时间上存在着差异，一种运输方式一般不能直达目的地，需要在中途改变运输方式、运输线路、运输规模、运输方法和运输工具，并且要完成产品的倒装、转运、分装、集装等物流作业，甚至产品在运输的中途还需停留，即储存。

（2）检验功能

在物流过程中，为保障商品的数量和质量准确无误、分清责任事故、维护各方面的经济利益，要求必须对商品及有关事项进行合格地检验，以满足生产、运输、销售及用户的要求，储存为组织检验提供了场地和条件。

（3）集散功能

储存把生产单位的产品汇集起来，形成规模，然后根据需要分散发送到各个消费地。通过一集一散，衔接产需，均衡运输，从而提高了物流速度。

（4）配送功能

配送功能是指根据用户的需要，把商品进行分拣、组配、包装和配发等作业并将配好的商品送货上门。配送功能是储存保管功能的外延，提高了储存的社会服务效能。

4.3.3 储存的合理化

1．储存合理化的标志

（1）质量标志

质量标志是储存合理化中最为重要的标志。储存的核心要求就是要保证在储存期间，商品的质量不会降低，只有这样，商品最终才能够销售出去。

（2）数量标志

持有一定的商品储存数量是为了保障市场需求或维系本企业生产经营的消耗。一般来讲，储存数量少可能造成短缺，储存数量多又可能造成积压，因此，必须合理地设置商品的储存数量。

（3）时间标志

储存必须有一个合理的时间范围。在保证商品质量的前提下，必须寻求一个合理的储存时间。储存商品的使用时间或销售时间越滞后，则储存的时间必然越长，反之亦然。

（4）结构标志

生产企业制造的产品往往需要多种不同的零部件，这些零部件总是存在一定的相互关系和数量比例，因此，要根据合理的比例储存各种生产所需的零部件。

（5）分布标志

企业不同的市场区域对于商品的需求也是不同的，所以，不同的地区储存的商品数量也应该是不同的。

（6）费用标志

根据仓储费、维护费、保管费、损失费及资金占用利息支出等财务指标，都能从实际费用上判断储存合理与否。

2．储存合理化的内容

（1）选址地点合理

仓库设置的位置对于商品流通速度的快慢和流通费用的大小有着直接的影响。仓库的布局要与工农业生产布局相适应，应尽可能地与供货单位相靠近，即近厂近储，否则就会造成工厂远距离送货的矛盾。商品供应外地的，仓库选址要考虑邻近的交通运输条件，力求接近车站、码头以利于商品发运，即近运近储；储存的商品主要供应本地区，则仓库宜建于中心地，与各销售单位呈辐射状。总之，在布局时应掌握物流距离最短的原则，尽可能避免商品运输的迂回倒流，选择建设大型仓库的地理位置时，最好能具备铺设铁路专用线或兴建水运码头的条件；考虑到集装箱运输的发展，还应具有大型集装箱运输车进出的条件，附近的道路和桥梁要有相应的通过能力。

（2）储存量合理

储存量合理是指商品储存有合理的数量。在新的产品运到之前有一个正常的能保证供应的库存量。影响储存量的因素很多，首先是社会需求量，社会需求量越大，储存量就会越多；其次是运输条件，运输条件好，运输时间短，则储存量可以相应减少；再次是物流管理水平和技术装备条件，如进货渠道、中间环节、仓库技术作业等，都将直接或间接地影响商品的储存量。

（3）储存结构合理

储存结构合理是指对不同品种、规格、型号的商品，根据消费的要求，在库存数量上确定彼此之间合理的比例关系，它反映了库存商品的齐备性、配套性、全面性和供应的保证性。储存结构主要根据消费的需要和市场的需求变化等因素来确定。

（4）储存时间合理

储存时间合理是指每类商品要有恰当的储备保管天数，要求储备天数不能太长也不能太短，储备天数过长，就会延长资金占用；储备天数过短，就不能保证供应。储存时间主要根据流通销售速度来确定，其他如运输时间、验收时间等也是应考虑的影响因素。此外，某些商品的储存时间还受到该商品的性质和特点的影响，如储存时间过长，产品就会发生物理、化学、生理生物变化，造成其变质或损坏。

3．储存合理化的措施

储存合理化就是在保证储存功能实现的前提下，用各种办法实现商品储存的经济性。

1）在自建仓库和租用公共仓库之间做出合理选择，找到最优的解决方案。

2）注重应用合同仓储，也就是第三方仓储的应用。

3）进行储存物的 ABC 分类，并在 ABC 分类的基础上实施重点管理。ABC 分类管理方法就是将库存物资按重要程度分为特别重要的库存 A 类、一般重要的库存 B 类和非重要的库存 C 类三个等级，然后针对不同等级进行管理和控制。

4）加速库存周转率，提高单位产出。储存现代化的重点是将静态储存变为动态储存，周转速度的加快，能够带来资金周转快、资本效益高、货损小、仓库吞吐能力增加、成本下降等益处。

5）采用有效的“先进先出”方式，保证每个储存物品的储存期不至过长。“先进先出”是一种有效的方式，也是储存管理的准则之一。

6）提高储存密度，提高仓库利用率。主要目的是减少储存设施的投资，提高单位储存面积的利用率，以降低成本、减少土地占用。

7）采用有效的储存定位系统。如果定位系统有效，能大大节约寻找、存放、取出的时间，节约不少物化劳动及活化劳动，而且能防止差错，便于清点及实行订货点等的管理方式。

8）采用有效的监测清点方式。

9）根据商品的特性，采用现代化储存保养技术，保证储存商品的质量。

10）采用集装箱、集装袋、托盘等储运装备一体化的方式。

4.4 运输功能

运输是国民经济的命脉，它实现了物资由供应地点向需求地点的移动。通俗地说，正是依靠运输，解决了需要的东西不在身边这一问题。从社会经济的角度讲，运输不仅缩小了物质交流的空间，而且扩大了社会经济活动的范围并实现在此范围内价值的平均化及合理化。

4.4.1 运输的定义

根据《中华人民共和国国家标准物流术语》（GB/T 18354—2006）的定义，运输是指用专用运输设备将物品从一地点向另一地点运送。其中包括集货、分配、搬运、中转、装入、卸下、分散等一系列操作。运输是以改变“物”的空间位置为目的的活动，对“物”进行空间位移。运输与搬运的区别在于：运输是较大范围的活动，而搬运是在同一地域内的活动。

4.4.2　运输的作用

1．运输是物流的主要功能要素之一

按物流的概念，物流是“物”的物理性运动，这种运动不仅改变了物的时间状态，也改变了物的空间状态。而运输承担了改变空间状态的主要任务，运输是改变空间状态的主要手段，运输再配以搬运、配送等活动，就能圆满完成改变空间状态的全部任务。

至今仍有不少人将运输等同于物流，其原因是物流中很大一部分责任是由运输担任的，运输是物流的主要部分，因而出现上述认识。

2．运输是社会物质生产的必要条件之一

运输是国民经济的基础活动。马克思将运输称为“第四个物质生产部门”，即将运输看作生产过程的继续，这种继续虽然是以生产过程为前提的，但如果没有这个继续，生产过程则不能最后完成。虽然运输不创造新的物质产品、不增加社会产品数量、不赋予产品新的使用价值，而只改变商品所在的空间位置，但这一活动能使生产能继续下去，使社会再生产不断推进，所以将其看成一个物质生产部门。

3．运输可以创造“空间效用”

同种“物”由于所处空间场所不同，其使用价值的实现程度就不同，其效益的实现也不同。由于改变场所而发挥更大的使用价值，最大限度地提高了产出投入比，这称为“空间效用”。通过运输，将“物”运到场所效用最高的地方，就能发挥“物”的潜力，实现资源的优化配置。从这个意义来讲，这也相当于通过运输提高了物的使用价值。

4．运输是“第三利润源”的主要源泉

1）运输是物流中的重要活动，它和静止的保管不同，要靠大量的动力消耗才能实现这一活动。而运输又承担大跨度空间转移的任务，所以活动的时间长、距离长、消耗也大。消耗的绝对数量大，其节约的潜力也就大。

2）从费用来看，运费在全部物流费用中占据最高的比例，一般综合分析计算社会物流费用，运输费在其中占接近 50%的比例，有些产品运费甚至高于产品的生产费。所以节约的潜力是很大的。

3）由于运输总里程长，运输总量巨大，通过体制改革和运输合理化可大大缩短运输吨千米数，从而获得比较大的节约。

4.4.3　运输的分类

1．按运输工具区分的运输方式

（1）公路运输

公路运输是使用汽车或其他车辆在公路上进行客货运输的一种方式，如图 4-22 所示。公路运输主要承担近距离、小批量的货运。由于公路运输有很强灵活性，在有铁路、航道的地区，较长途的大批量运输也开始使用公路运输。公路运输的主要优点是灵活性强，公路建设期短，投资较低，易于因地制宜，对收、到站设施要求不高。其可以采取“门到门”的运输形式，即从发货者门口直到收货者门口，而不需要转运或反复装卸搬运。公路运输也可作为其他运输方式的衔接手段，公路运输的经济里程一般在200千米以内。

图4-22　公路运输

（2）铁路运输

铁路运输是使用铁路列车运送客货的一种运输方式，如图4-23所示。铁路运输主要承担长距离、大数量的货运，在没有水运条件的地区，几乎所有大批量货物的运输都是依靠铁路，铁路运输是干线运输的主要运输形式。铁路运输的优点是速度快，运输不太受自然条件限制，载运量大，运输成本较低。缺点是灵活性差，只能在固定线路上实现运输，需要以其他运输手段配合和衔接。铁路运输经济里程一般在200千米以上。

（3）水上运输

水上运输简称水运，是使用船舶运送客货的一种运输方式，如图4-24所示。水上运输主要承担大数量、长距离的运输，也是干线运输的主要运输形式。在内河及沿海，水上运输也常作为小型运输工具使用，担任补充及衔接大批量干线运输的任务。水上运输的主要优点是成本低，能进行低成本、大批量、远距离的运输；缺点是运输速度慢，受港口、水位、季节、气候影响较大，因而一年中中断运输的时间较长。

图4-23　铁路运输

图4-24　水上运输

水上运输有以下4种形式：

1）沿海运输。沿海运输是使用船舶通过大陆附近沿海航道运送客货的一种方式，一般使用中小型船舶。沿海运输主要是在国内的两个港口之间的运输。

2）近海运输。近海运输是使用船舶通过大陆邻近国家海上航道运送客货的一种运输形式，根据航程可使用中型船舶，也可使用小型船舶。近海运输主要是不同国家的两个港口之间的运输，如东南亚国家与中国港口之间的运输都属于近海运输。

3）远洋运输。远洋运输是使用船舶跨大洋的长途运输形式，主要依靠运量大的大型船舶。美洲国家与中国港口之间的运输都属于远洋运输。

4）内河运输。内河运输是使用船舶在陆地内的江、河、湖、川等水道进行运输的一种方式，主要使用中小型船舶。

（4）航空运输

航空运输是使用飞机或其他航空器进行运输的一种形式，如图 4-25 所示。航空运输的单位成本很高，主要适合运载的货物有两类：一类是价值高、运费承担能力很强的货物，如贵重设备的零部件、高档产品等；另一类是紧急需要的物资，如救灾抢险物资等。航空运输的主要优点是速度快，不受地形的限制。在火车、汽车都达不到的地区也可依靠航空运输，因而有其重要意义。

（5）管道运输

管道运输是利用管道输送气体、液体和粉状固体的一种运输方式，如图 4-26 所示。管道运输的运输形式是靠物体在管道内顺着压力方向循序移动实现的，它和其他运输方式的重要区别在于，管道设备是静止不动的，而货物却在运动。管道运输的主要优点是，由于采用密封设备，在运输过程中可避免散失、丢失等损失，也不存在其他运输设备本身在运输过程中消耗动力所形成的无效运输问题。另外，管道运输量大，适合量大且连续不断运送的物资。

图 4-25　航空运输

图 4-26　管道运输

2．按运输线路区分的运输方式

（1）干线运输

干线运输是利用铁路、公路的干线，大型船舶的固定航线进行的长距离、大数量的运输，是进行远距离空间位置转移的重要运输形式。干线运输速度一般较同种工具的其他运输要快，成本也较低。干线运输是运输的主体。

（2）支线运输

支线运输是与干线相接的分支线路上的运输。支线运输是干线运输与收、发货地点之间的补充性运输形式，路程较短，运输量相对较小，支线的建设水平往往低于干线，运输工具水平也往往低于干线，因而速度较慢。

（3）城市内运输

城市内运输是一种补充性的运输形式，是干线、支线运输到站后，站与用户仓库或指定接货地点之间的运输。城市内运输的路程较短，运量也较小。

（4）厂内运输

厂内运输是在工业企业范围内，直接为生产过程服务的运输。厂内运输一般在车间与车间之间、车间与仓库之间进行。小企业及大企业车间内部、仓库内部称这种运输为搬运。

3．按运输的作用区分的运输方式

（1）集货运输

集货运输是将分散的货物汇集集中的运输形式，一般是短距离、小批量的运输，货物集中后才能利用干线运输形式进行远距离及大批量运输，集货运输是干线运输的一种补充形式。

（2）配送运输

配送运输是将据点中已按用户要求配好的货物分送给各个用户的运输，一般是短距离、小批量的运输。从运输的角度来讲，配送运输是对干线运输的一种补充和完善的运输方式。

4．按运输的协作程度区分的运输方式

（1）一般运输

一般运输是指孤立地采用不同运输工具或同类运输工具而没有形成有机协作关系的运输，如汽车运输、火车运输等。

（2）联合运输

联合运输简称联运，是使用同一运送凭证，由不同运输工具或不同运输企业进行有机衔接接运货物，利用每种运输工具的优势充分发挥不同运输工具效率的一种运输形式。

对用户来讲，采用联合运输，可以简化托运手续、加速运输速度、节省运费。经常采用的联合运输形式有铁海联运、公铁联运、公海联运等。

（3）多式联运

多式联运是联合运输的一种现代形式。一般的联合运输规模较小，在国内大范围物流和国际物流领域，往往需要反复地使用多种运输手段进行运输。在这种情况下，进行复杂的运输方式衔接，并且具有联合运输优势的运输称作多式联运。

4.4.4 运输的原则

商业部门的商品运输工作，要遵循“及时、准确、安全、经济”的原则，做到加速商品流通，降低商品流通费用，提高货运质量，多快好省地完成商品运输任务。

1．及时

及时就是按照客户需要的时间把商品运往消费地，不失时机地满足市场和消费者的需要。缩短流通时间的手段是改善交通，实现运输现代化。但对于商业部门来说，关键在于货物的衔接工作，及时发运商品，做好商业部门之间的委托中转工作，及时把商品转运出去。

2．准确

准确就是要防止商品发生差错事故，保证在整个运输过程中，把商品准确无误地送到消费者手中。商业经营的特点是商品品种繁多，规格不一。一件商品从工厂交货到送达消费者手中，中间要经过许多环节，稍有疏忽，就容易发生差错。准确无误地发运和接运商品，降低差错事故率，是商业运输工作必须认真注意的一个方面。

3．安全

安全就是在运输过程中要确保商品的使用价值。商品的使用价值就是能满足消费者的需要，如果商品因运输或装卸不当而失去使用价值，那就成为无用之物。商品在运输中的安全，一是要注意运输、装卸过程中的震动和冲击等外力的作用，防止商品的破损；二是要防止商品由物理、化学或生物学变化等自然原因所引起的商品减量和商品变质。对于石油、化学危险品、鲜活、易腐商品、易碎流质等商品，加强安全运输尤其重要。

4．经济

经济就是以最经济的方法调运商品，降低运输成本。降低运输成本主要是节约运输费用，节约费用的主要途径则是开展合理运输，即选择最经济合理的运输线路和运输方式，尽可能减少运输环节、缩短运输里程，力求花最少的费用，把商品运到消费地。此外，还应提高商业部门运输设备和运输工具的利用率，加强对运输设备和运输工具的保养，提高劳动生产率，从而取得更大的经济效益。

4.4.5　运输的合理化

组织商品合理运输，在发运地与到达地之间，往往有多条运输线路，存在多种运输方式，可以使用多种运输工具。运输合理化一般的要求是里程短、环节少、时间快、费用低。但是实际上，不管采用哪种方式，选用什么运载工具，都很难同时满足这几方面的要求。组织商品合理运输必须从实际出发，在有利于保证市场供应，有利于加速资金周转和降低商品流通费用的条件下，根据当前的交通运输条件，合理选择运输线路和运输工具，保证商品运输任务的完成。开展合理运输与商品生产单位、商业采购供应和销售单位，以及交通部门，都有密切关系。在物流企业内部，又涉及计划、业务、财会、储运等各个环节。因此，必须加强同各部门的联系，做到环环紧扣，密切协作，使商品合理运输的工作得以顺利进行。

1．影响合理运输的因素

（1）运输距离

运输是商品在空间上的移动，商品移动的距离即运输里程的远近是决定运输合理与否的一个最基本的因素。物流部门在组织商品运输时，首先要考虑运输距离，尽可能实行近产近销，避免舍近求远。

（2）运输环节

在物流过程的各个环节中，运输是一个很主要的环节，也是决定物流合理性的一个重要因素。因为运输业务活动还需要进行装卸、搬运、包装等工作，多一道环节，就需要多花很多劳动。所以物流部门在调运商品时，对有条件直运的，尽可能组织直达、直拨运输，使商品不进入中转仓库，越过一切不必要的中间环节，由产地直接运到销地或用户，减少二次运输。

（3）运输工具

物流部门要根据不同商品的特点，分别利用铁路、水运或汽车运输等不同运输方式，选择最佳的运输线路，合理使用运力。改进车船的装载技术和装载方法，提高技术装载量；使用最少的运力，运输更多的商品，提高运输的生产效率。

（4）运输时间

对商业物流来说，为了更好地为顾客服务，及时满足顾客的需要，时间是一个决定性因素。运输不及时容易失去销售机会，造成货物脱销或积压；同时，商品在运输过程中停留时间过长，也容易引起商品的货损货差、增加物流管理费用、降低运输效率。在市场变化很大的情况下，时间问题更为突出。所以在物流过程中，要特别强调运输时间，要抢时间、争速度，想方设法加快货物运输，尽量压缩待运时间，使货物不要长期徘徊、停留在运输途中。

（5）运输费用

运输费用占物流费用的比例很大，是衡量物流经济效益的重要指标，也是组织合理运输的主要目的之一。运输费用的高低不仅影响商业物流企业或运输部门的经济效益，而且也影响销售成本。

上述因素既互相联系，又互相影响，有的还相互矛盾。例如，在一定条件下，运输时间短了，费用却不一定省；或者运输费用低了，而运输时间却又长了。这就要求物流部门进行综合分析，寻求最佳运输方案。在一般情况下，运输时间快、运输费用省，是考虑合理运输的两个主要因素，集中体现了物流过程中的经济效益。

2．不合理运输的表现

商品不合理运输是指不考虑经济效果，违反商品合理流向和各种动力的合理分工，不充分利用运输工具的装载能力、环节过多，导致浪费运力，增加商品流转费用，减少商品流转速度，增加商品损耗等不良后果。

（1）对流运输

对流运输是指同一种商品，或者可代用的商品，在同一运输线或平行线做相对方向的运输。对流运输的一方与另一方的全部或部分商品会发生重叠的现象。但是，为了改善人民生活，繁荣市场，在地区间对同类商品的花色、品种进行调剂，则是必要的，不能视做不合理运输。

（2）迂回运输

迂回运输是指商品运输绕道而行的现象。物流过程中的计划不周、组织不善或调运差错都容易出现迂回运输。由于自然灾害或其他事故的阻碍，为了保证商品的及时运输，采取绕道的办法是允许的。

（3）重复运输

重复运输是指可直达运输的产品由于错装漏装，或者计划不周在路途停留，又重复装运的不合理现象。重复运输增加了一道中间装卸环节，增加了装卸搬运费用，延长了商品的在途时间。

（4）倒流运输

倒流运输是指商品从消费地向生产地回流的一种不合理运输现象。倒流运输有两种形式：一是同一商品由销地运往产地或供应地；二是同类商品由别的产地、供应地或销地运回另一产地、供应地或销地。

（5）过远运输

过远运输是指舍近求远的运输，即不从最近的供应地采购商品，而超过商品合理流向的范围，从远地运来；或者产品不是就近供应消费地，却调给较远的其他消费地，违反了近产近销的原则。

3．运输合理化的有效措施

（1）提高运输工具的实载率

实载率有两个含义：一是单车实际载重与运距的乘积和标定载重与行驶里程的乘积比率，这在安排单车、单船运输时，是作为判断装载合理与否的重要指标；二是车船的统计指标，即一定时期内车船实际完成的货物周转量（以吨千米计）占车船载重吨位与行驶千米数乘积的百分比。提高实载率的意义在于：充分利用运输工具的额定能力，减少车船空驶和不满载行驶的时间，减少浪费，从而求得运输的合理化。在公路运输和铁路运输中，采用整车运输、合装整车、整车分卸及整车零卸等具体措施，都是提高实载率的有效措施。

（2）减少动力投入，增加运输能力

这种合理化的要点是少投入、多产出，走高效益之路。运输的投入主要是能耗和基础设施的建设，在设施建设已定型和完成的情况下，尽量减少能源投入，做到了这点就能极大节约运费，降低单位货物的运输成本，达到合理化的目的。在这方面的有效措施有：

1）在机车动力允许的情况下，多加挂车皮，增加运输量。

2）采用水运拖排和拖带法运输。对于竹、木等物资的运输，可利用竹、木本身浮力，不用运输工具载运，采取拖带法运输，可省去运输工具本身的动力消耗从而求得合理，如图 4-27 所示；将无动力驳船编成一定队形，用拖轮拖带行驶，这样比船舶载乘运量更大，如图 4-28 所示。

3）采用顶推法。顶推法是内河货运采取的一种有效方法，即将内河驳船编成一定队形，由机动船顶推前进的航行方法，如图 4-29 所示。其优点是航行阻力小，顶推量大，速度较快，运输成本很低。

图 4-27　水运拖排

图 4-28　拖带法运输

图 4-29　顶推法运输

4）采用汽车挂车法。汽车挂车的原理和船舶拖带、火车加挂基本相同，是在充分利用汽车动力的基础上，增加运输能力，如图 4-30 所示。

图 4-30　汽车挂车

（3）发展社会化的运输体系

运输社会化的含义是发展运输的大生产优势，实现专业分工，打破一家一户自成运输体系的状况。车辆自有、自我服务不能形成规模，且运量需求有限，难以自我调剂，因而经常出现空驶、运力选择不当、不能满载等浪费现象，且配套的接、发货设施，装卸搬运设施也很难有效地运行，所以浪费大。实行运输社会化，可以统一安排运输工具，避免对流、倒流、空驶、运力不当等多种不合理现象，不但可以追求组织效益，而且可以追求规模效益，所以发展社会化的运输体系是运输合理化非常重要的措施。

（4）开展中短距离公路分流，“以公代铁”的运输

这一措施的要点是在公路运输经济里程范围内，或者在超出公路经济里程不太大的范围内，尽量利用公路运输。这种运输合理化的表现主要有两点：一是对于比较紧张的铁路运输，用公路分流后，可以得到一定程度的缓解，从而加大这一区段的运输通过能力；二是充分利用公路的“门到门”、速度快、灵活机动的优势，实现铁路运输服务难以达到的要求。

（5）尽量发展直达运输

直达运输是追求运输合理化的重要形式，其对合理化的追求要点是通过减少中转，

从而提高运输速度，节省装卸费用，降低中转货损。直达运输的优势，尤其是在一次运输批量和用户一次需求量达到了一整车时表现最为突出。此外，在生产资料、生活资料运输中，通过直达运输，建立稳定的产销关系和运输系统，也有利于提高运输的计划水平，考虑用最有效的技术来实现这种稳定运输，从而大大提高运输效率。

特别指出的是，直达运输的合理性要在一定条件下才会有所表现，不能绝对认为直达运输一定优于中转运输。这要根据用户的要求，从物流总体出发做综合判断。如果从用户需要量看，批量大到一定程度，直达运输是合理的，批量较小时中转运输是合理的。

（6）实施配载运输

配载运输就是充分利用运输工具的载重和容积，合理安排货物装载及载运方法以求得合理化的一种运输方式。配载运输也是提高运输工具实载率的一种有效形式。

配载运输往往是轻重商品的混合配载，在以重质货物运输为主的情况下，同时搭载一些轻泡货物，如图 4-31 所示。例如，铁路运输矿石、钢材等重物时，上面搭运轻泡农、副产品等，在基本不增加运力投入、基本不减少重质货物运输的情况下，解决了轻泡货物的搭运，因而效果显著。

图 4-31　配载运输

（7）开展“四就”直拨运输

“四就”直拨运输是指减少中转运输环节，力求以最少的中转次数完成运输任务的一种运输形式。一般批量到站或到港的货物，首先要进入分配部门或批发部门的仓库，然后再按程序分拨或销售给用户。这样一来，往往出现不合理运输。

“四就”直拨运输首先是由管理机构预先筹划，然后就厂或就站（码头）、就库、就车（船）将货物分送给用户，而无须再入库了。

（8）发展特殊运输技术和运输工具

依赖科技进步是运输合理化的重要途径。例如，专用散装罐车解决了粉状、液状物运输损耗大，安全性差等问题；袋鼠式车皮、大型半挂车解决了大型设备整体运输问题；“滚装船”解决了车载货的运输问题；集装箱船比一般船舶能容纳更多的箱体；集装箱高速直达车船加快了运输速度等，都是通过采用先进的科学技术实现合理化。

（9）通过流通加工，使运输合理化

有不少产品，由于产品本身形态及特性问题，很难实现运输的合理化，如果进行适当加工，就能够有效解决合理运输问题。例如，将造纸材料在产地预先加工成干纸浆，然后压缩体积运输，就能解决造纸材料运输不满载的问题。轻泡产品预先捆紧，包装成规定尺寸，就容易提高运输装载量；水产品及肉类预先冷冻，就可提高车辆装载率并降低运输损耗。

4.5 流通加工功能

流通加工是为了提高物流速度和物品的利用率，在物品进入流通领域后，按客户的要求进行的加工活动，即在物品从生产者向消费者流动的过程中，为了促进销售、维护商品质量和提高物流效率，对物品进行一定程度的加工。

4.5.1 流通加工的定义、性质和特点

1. 流通加工的定义

流通加工是物品从生产地到使用地的过程中，根据需要施加包装、分割、计量、分拣、刷标志、拴标签、组装等简单作业的总称。流通加工通过改变或完善流通对象的形态来实现“桥梁和纽带”的作用，因此流通加工是流通中的一种特殊形式。

2. 流通加工的性质

（1）流通加工有效地完善了流通

流通加工在实现物流的时间效用和空间效用这两个重要功能方面，确实不能与运输和储存相比。另外，流通加工的普遍性也不能与运输和储存相比，流通加工不是对所有物流活动都是必需的。但并不是说流通加工不重要，它具有补充、完善、提高与增强的作用，能起到运输、储存等功能要素无法起到的作用。所以，流通加工可以提高物流水平，促进流通向现代化发展。

（2）流通加工是物流的重要利润来源

流通加工是一种低投入、高产出的加工方式，往往以简单加工的方式解决大问题。实践中，有的流通加工通过改变商品包装，使商品档次升级而充分实现其价值，如图 4-32 所示；有的流通加工可将产品利用率大幅提高 30%，甚至更多。这些都是采取一般方法以期提高生产率所难以做到的。实践证明，流通加工提供的利润并不低于从运输和保管中挖掘的利润，因此，流通加工是物流业的重要利润来源。

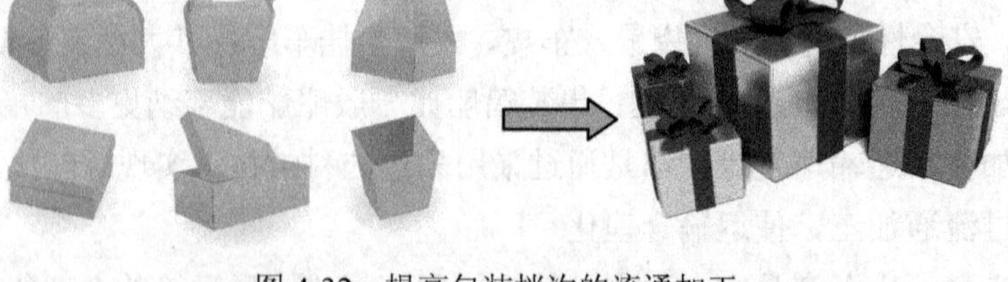

图 4-32 提高包装档次的流通加工

（3）流通加工在国民经济中也是重要的加工形式

流通加工在整个国民经济的组织和运行方面是一种重要的加工形式，对推动国民经

济的发展、完善国民经济的产业结构具有一定的意义。

3. 流通加工的特点

（1）流通加工的对象是商品

从加工对象看，流通加工的对象是进入流通过程的商品，具有商品的属性，以此来区别多环节生产加工中的一环。流通加工的对象是商品，而生产加工的对象不是最终产品，而是原材料、零配件或半成品。

（2）流通加工属于简单加工

从加工程度看，流通加工大多是简单加工，而不是复杂加工。一般来讲，如果必须进行复杂加工才能形成人们所需的商品，那么，这种复杂加工应该专设生产加工过程。生产过程理应完成大部分加工活动，流通加工则是对生产加工的一种辅助及补充。特别需要指出的是，流通加工绝不是对生产加工的取消或代替。

（3）流通加工是为了完善商品的使用价值

从价值观点看，生产加工的目的在于创造价值及使用价值，而流通加工的目的则在于完善其使用价值，并在不做大的改变的情况下提高价值。

（4）流通加工一般由从事流通工作的人员完成

从加工责任人看，流通加工的组织者是从事流通工作的人员，能密切结合流通的需要进行加工活动。从加工单位来看，流通加工由商业或物资流通企业完成，而生产加工由生产企业完成。

（5）流通加工是为了消费或再生产而进行的加工

从加工目的看，商品生产是为交换和消费而进行的生产，流通加工的一个重要目的是为了消费（或再生产）所进行的加工，这点两者有共同之处。但是流通加工有时以自身流通为目的，纯粹是为流通创造条件，这种为流通所进行的加工与直接为消费进行的加工在目的上是有所区别的，这也是流通加工不同于一般生产加工的特殊之处。

4.5.2　流通加工的作用和分类

1. 流通加工的作用

（1）提高原材料利用率

通过流通加工进行集中下料，将生产厂商直接运来的简单规格产品，按用户的要求进行下料。例如，将钢板进行剪板、切裁，将木材加工成各种长度及大小的木料等。集中下料可以优材优用、小材大用、合理套裁，明显地提高原材料的利用率，有很好的技术经济效果。

（2）方便用户

用量小或满足临时需要的用户，不具备进行高效率初级加工的能力，通过流通加工可以使用户省去进行初级加工的投资、设备、人力。目前发展较快的初级加工有：将水泥加工成生混凝土，将原木或板、方材加工成门窗，钢板的预处理、整形等加工。

（3）提高加工效率及设备利用率

在分散加工的情况下，加工设备由于生产周期和生产节奏的限制，设备利用时紧时松，使得加工过程不均衡，设备加工能力不能得到充分发挥。而流通加工面向全社会，加工数量大，加工范围广，加工任务多。这样可以通过建立集中加工点，采用一些效率高、技术先进、加工量大的专门设备，一方面提高了加工效率和加工质量，另一方面提高了设备利用率。

2. 流通加工的分类

（1）为适应多样化需要的流通加工

生产部门为实现高效率、大批量的生产，其产品往往不能完全满足用户的要求。为了满足用户对产品多样化的需要，同时又要保证高效率的大生产，可将生产出来的单一化、标准化的产品进行多样化的改制加工。例如，对钢材卷板的舒展、剪切加工，平板玻璃按需要的规格开片加工，木材改制成板材或方材的加工，如图 4-33 所示。

图 4-33　适应多样化需要的流通加工

（2）为方便消费、省力的流通加工

根据下游生产的需要将商品加工成生产直接可用的状态。例如，根据需要将钢材定尺、定型，按要求下料；将木材制成可直接投入使用的各种型材；将水泥制成混凝土拌和料，使用时只需稍加搅拌即可使用等。

（3）为保护产品所进行的流通加工

在物流过程中，为了保护商品的使用价值，延长商品在生产和使用期间的寿命，防止商品在运输、储存、装卸搬运、包装等过程中遭受损失，可以采取稳固、改装、保鲜、冷冻、涂油等方式。例如，水产品、肉类、蛋类的保鲜、保质的冷冻加工、防腐加工；丝、麻、棉织品的防虫、防霉加工；为防止金属材料的锈蚀而进行的喷漆、涂防锈油等措施，运用手工、机械或化学方法除锈；木材的防腐朽、防干裂加工；煤炭的防高温自燃加工；水泥的防潮、防湿加工等。

（4）为弥补生产领域加工不足的流通加工

由于受到各种因素的限制，许多产品在生产领域的加工只能到一定程度，而不能完全实现终极的加工。例如，木材如果在产地完成成材加工或制成木制品，就会给运输带来极大的困难，所以，在生产领域只能加工到圆木、板、方材这个程度，进一步的下料、切裁、处理等加工则由流通加工完成；钢铁厂大规模的生产只能按规格生产，以使产品有较强的通用性，从而使生产能有较高的效率，取得较好的效益。

（5）为促进销售的流通加工

流通加工也可以起到促进销售的作用。例如，将过大包装或散装物分装成适合依次销售的小包装的分装加工，如图 4-34 所示；将以保护商品为主的运输包装改换成以促进销售为主的销售包装，以起到吸引消费者、促进销售的作用；将蔬菜、肉类洗净切块以满足消费者要求等。

图 4-34　促进销售的流通加工

（6）为提高加工效率的流通加工

许多生产企业的初级加工由于数量有限，加工效率不高。而流通加工以集中加工的形式，解决了单个企业加工效率不高的弊病。它以一家流通加工企业的集中加工代替了若干家生产企业的初级加工，促使生产水平得到一定的提高。

（7）为提高物流效率、降低物流损失的流通加工

有些商品本身的形态使之难以进行物流操作，而且商品在运输、装卸搬运过程中极易受损，因此需要进行适当的流通加工予以弥补，从而使物流各环节易于操作，提高物流效率，降低物流损失。例如，造纸用的木材磨成木屑的流通加工，可以极大地提高运输工具的装载效率；自行车在消费地区的装配加工可以提高运输效率，降低损失；石油气的液化加工使很难输送的气态物转变为容易输送的液态物，也可以提高物流效率。

（8）为衔接不同运输方式使物流更加合理的流通加工

在干线运输和支线运输的结点设置流通加工环节，可以有效解决大批量、低成本、长距离的干线运输与多品种、少批量、多批次的末端运输之间的衔接问题。在流通加工点与大生产企业间形成大批量、定点运输的渠道，以流通加工中心为核心，组织对多个用户的配送，也可以在流通加工点将运输包装转换为销售包装，从而有效衔接不同目的的运输方式。例如，散装水泥中转仓库把散装水泥装袋、将大规模散装水泥转化为小规模散装水泥的流通加工，就衔接了水泥厂大批量运输和工地小批量装运的需要。

（9）生产—流通一体化的流通加工

依靠生产企业和流通企业的联合，或者生产企业涉足流通，或者流通企业涉足生产，形成的对生产与流通加工进行合理分工、合理规划、合理组织，统筹进行生产与流通加工的安排，这就是生产—流通一体化的流通加工形式。这种形式可以促成产品结构及产业结构的调整，充分发挥企业集团的经济技术优势，是目前流通加工领域的新形式。

（10）为实施配送进行的流通加工

这种流通加工形式是配送中心为了实现配送活动，满足客户的需要而对物资进行的加工。例如，混凝土搅拌车可以根据客户的要求，把沙子、水泥、石子、水等各种不同材料按比例要求装入可旋转的罐中。在配送路途中，汽车边行驶边搅拌，到达施工现场时，混凝土已经均匀搅拌好，可以直接投入使用。

4.5.3 流通加工的合理化

流通加工合理化的含义是实现流通加工的最优配置，也就是对是否设置流通加工环节、在什么地方设置、选择什么类型的加工、采用什么样的技术装备等问题做出正确抉择。这样做不仅要避免各种不合理的流通加工形式，而且要做到最优。

1．不合理流通加工的形式

（1）流通加工地点设置的不合理

流通加工地点设置是决定整个流通加工是否有效的重要因素。一般来说，为衔接单品种、大批量生产与多样化需求的流通加工，加工地点设置在需求地区，才能实现大批量的干线运输与多品种末端配送的物流优势。如果将流通加工地点设置在生产地区，一方面，为了满足用户多样化的需求，会出现多品种、小批量的产品由产地向需求地的长距离的运输；另一方面，在生产地增加了一个加工环节，同时也会增加近距离运输、保管、装卸等一系列物流活动。所以，在这种情况下，不如由原生产单位完成这种加工而无须设置专门的流通加工环节。

另外，为方便物流的流通加工环节应该设置在产出地，即设置在进入社会物流之前。如果将其设置在物流之后，即设置在消费地，则不但不能解决物流问题，又在流通中增加了中转环节，因而也是不合理的。

即使在产地或需求地设置流通加工的选择是正确的，还要考虑流通加工的正确选址问题。如果处理不善，仍然会出现不合理。例如，交通不便，流通加工与生产企业或用户之间距离较远，加工点周围的社会环境条件不好等。

（2）流通加工方式选择不当

流通加工方式包括流通加工对象、流通加工工艺、流通加工技术、流通加工程度等。流通加工在某种形式上是生产加工的分工，若分工不合理，把本来应由生产加工完成的作业错误地交给流通加工来完成，或者把本来应由流通加工完成的作业错误地交给生产过程去完成，都会造成不合理。

流通加工不是对生产加工的代替，而是一种补充和完善。所以，一般来说，如果工艺复杂，技术装备要求较高，或者加工可以由生产过程轻易解决的，都不宜再设置流通加工。

（3）流通加工作用不大，形成多余环节

有的流通加工过于简单，或者对生产和消费的作用都不大，甚至有时由于流通加工的盲目性，同样未能解决品种、规格、包装等问题，相反却增加了作业环节，这也是流通加工不合理的重要表现形式。

（4）流通加工成本过高，效益不好

流通加工的一个重要优势就是它有较大的投入产出比，因而能有效地起到补充、完善的作用。如果流通加工成本过高，则不能实现以较低投入实现更高使用价值的目的，势必会影响它的经济效益。

2．实现流通加工合理化的途径

（1）加工和配送结合

加工和配送结合就是将流通加工设置在配送点中。一方面按配送的需要进行加工，另一方面加工又是配送作业流程中分货、拣货、配货的重要一环，加工后的产品直接投入到配货作业，这就无须单独设置一个加工的中间环节，而使流通加工与中转流通巧妙地结合在一起。同时，由于配送之前有必要的加工，可以使配送服务水平大大提高，这是当前对流通加工做合理选择的重要形式，在煤炭、水泥等产品的流通中已经表现出较大的优势。

（2）加工和配套结合

配套是指对使用上有联系的用品集合成套地供应给用户使用。配套的主体来自各个生产企业，如方便食品中的方便面，就是由其生产企业配套生产的。但是，有的配套不能由某个生产企业全部完成，如方便食品中的菜包、汤料等。这样，在物流企业进行适当的流通加工，可以有效地促成配套，大大提高流通作为供需桥梁与纽带的能力。

（3）加工和合理运输结合

流通加工能有效衔接干线运输和支线运输，促进两种运输形式的合理化。利用流通加工，在支线运输转干线运输或干线运输转支线运输等这些必须停顿的环节，不进行一般的支线转干线或干线转支线，而是按干线或支线运输的要求进行适当加工，从而大大提高运输及运输转载水平。

（4）加工和合理商流结合

流通加工也能起到促进销售的作用，从而使商流合理化，这也是流通加工合理化的方向之一。加工和配送相结合，通过流通加工，提高了配送水平，促进了销售，使加工与商流合理结合。此外，通过简单地改变包装加工形成方便的购买量，通过组装加工解除用户使用前进行组装、调试的难处，都是有效促进商流很好的例子。

（5）加工和节约结合

节约能源、节约设备、节约人力、减少耗费是流通加工合理化重要的考虑因素，也是目前我国设置流通加工并考虑其合理化的较普遍的形式。

对于流通加工合理化的最终判断，是看其是否能实现社会和企业本身的两个效益，而且是否取得了最优效益。流通企业更应该树立社会效益第一的观念，以实现产品生产的最终利益为原则，只有在生产流通过程中以不断补充、完善为己任的前提下才有生存的价值。如果只是追求企业的局部效益，不适当地进行加工，甚至与生产企业争利，这就有违流通加工的初衷，或者其本身已不属于流通加工的范畴。

4.6 配送功能

4.6.1 配送的定义

配送作为商业物流的基本功能之一，在商业物流活动中占有极为重要的地位和作用。《中华人民共和国国家标准物流术语》（GB/T 18354—2006）对配送的定义为“在经济合理区域范围内，根据客户要求，对物品进行拣选、加工、包装、分割、组配等作业，并按时送达指定地点的物流活动”。简单来说，配送就是按用户的订货要求，在配送中心或其他物流据点进行货物配备，并以最合理的方式送交用户。

配送有两方面的含义：一是配货，即把用户所需要的多种不同的商品组合在一起；二是送货，即把用户需要的商品送到用户手中。一般在经济发达地区，“配”的比重可能大些，而经济落后、运输不方便地区，“送”的比例则大些。

4.6.2 配送的产生

配送产生的背景虽然在各个国家不尽相同，但其根本原因是经济或利润的驱使。国外发达国家从 20 世纪六七十年代开始，经济发展出现了两个显著的特点：一是通过生产过程中的物质消耗来获取利润的潜力越来越小，因而努力方向转向了流通领域；二是出现了庞大的商品流通量和激烈的市场竞争。因此，通过配送提高流通中的专业化、集约化经营程度，进一步满足用户的各种需求，提高服务水平，降低流通成本，使产业资本在流通中发挥更大的效益，就成为资本的一种内在要求。

在美国，20 世纪 60 年代以来，仓库主要是储存货物，离生产企业很近。那时美国工业产地主要在东海岸，粮食产地在中部，所以仓库大多建在东海岸和中部。随着生产的发展，人们开始向西部和南部迁移，西部和南部地区也出现了制造业，仓库也随之建立起来。后来，随着科学技术的发展，为满足越来越多的生产需要，周转已越来越快，储存期越来越短，对物流的要求也发生了变化，提出了“配送”的概念，原来的仓库也开始由“储备型”向“流通型”转变。

在日本，第二次世界大战后，工业的复兴使日本经济高速增长，随之而来的便是阻碍生产进一步发展的流通落后问题。分散的物流使流通机构庞杂、企业自备货车出行混乱，运输发送效率低下，物流费用逐年上升，设施不足，道路拥挤。这一现象引起了日本政府的高度重视，日本政府决定积极施行共同配送，并得到企业界的大力支持，于是配送便产生了。

在英国，企业界普遍认为配送是企业经营活动的组成部分。这种认识的转变首先发生于企业界的销售行业。由于消费者需求的变化，对服务要求的提高及销售企业向大型化、综合化方向发展，引起了市场结构的变化。过去许多单一品种的销售机构已经消失，或者被兼并进入一些企业集团，销售企业的大型化、综合化对商品的需求不仅在数量上猛增，而且对商品的花色、品种的要求也日趋复杂，而配送正是适应了这一需要而产生的。

4.6.3　配送的特点

配送是伴随着市场的发展而诞生的一种必然的市场行为。它是生产和流通发展到一定阶段的必然产物。它与一般的“送货”相比具有不同的特征。

1．配送是一种专业化的分工方式

送货形式只是推销的一种手段，目的仅在于多销售一些东西。配送则是社会化大生产、专业化分工的产物，它是流通领域内物流专业分工的必然产物。因此，如果说送货是一种促销服务方式的话，配送则是一种体制形式。

2．配送是分货、配货、送货等活动的有机结合体

配送是许多业务活动有机结合的整体，除了送货，在活动内容中还有“拣选”“分货”“包装”“配货”“配装”等工作，这些工作难度很大，必须有发达的商品经济和现代化的经营水平才能做好。

配送同时还跟订货系统紧密联系，这就必须依赖现代信息的处理，使整个系统得以建立和完善，成为一种现代化的作业方式，这是以往的送货形式无法比拟的。

3．配送的全过程有现代化技术和装备的保证

配送的全过程有现代化技术和装备的保证，使配送在规模、效率、速度、质量等方面远远超过旧的送货形式。在这些活动中，大量采用各种传输设备和识码、拣选等装备，很像工业生产中广泛应用的流水线，使流通工作的一部分工厂化。所以，配送是技术进步的产物。

4．配送是直接面向用户的物流活动

配送也不同于运输，而是包含在运输中的一个分支。众所周知，运输是将货物进行空间位移，是一个连续性强、多环节的生产过程，配送则是处在整个运输过程中的支线输送或末端输送的位置，即从物流据点到用户这一范围内的输送。可以看出，配送的特点一是直接面向用户的运送活动，即货物到达的终点是顾客；二是在进行运送活动之前要进行必要的配货；三是行驶距离相对来说要近，类似于短程运输，且多在大城市范围内或区域范围内。

4.6.4　配送在物流中的作用

1．配送有利于促进物流的社会化、合理化

社会化大生产要求社会化大流通与之相匹配。商品流通的社会化自然要求物流的社会化。社会化是以行业、技术的分工和全社会的广泛协作为基础的。商品经济的发展和现代化生产的建立，客观上要求社会提高分工协作水平。

从我国目前流通业的情况看，仓储业和运输业的社会化程度都处于一个较低的层次。从运输业来看，根据有关资料统计，我国专业营运车辆只占全国汽车的17%，专业营运车辆的实载率高，经济效益好，而85%的社会车辆的实载率只有25%。发展配送，则可以大大减少企业的自有车辆，实现车辆的专营化，从而减少不合理运输造成的运力浪费和交通紧张，还为企业卸下了一个沉重的包袱，为生产企业和销售企业节约物流成本。

从仓储业来看，长期以来，我国储运体制分散，在行业上有外贸、商业、物资、铁道、交通等各部门的储运系统，在层次上有中央、省、市、县的各级储运机构，这种条块分割的管理体系是造成储运设施多而散、重复建库、盲目发展、利用率低下的主要原因。目前，仓储的社会化虽然有一定的发展（如仓储设施向社会开放），但远远还不够。在行政上缺乏统一管理机构；在业务经营上储运企业各行其是，缺乏联系，还没有形成产业化、专业化。通过开展配送，通过为生产企业、销售企业配送，借助于配送商品的对象品种不同，可以打破行业、地区的条块分割，尤其是共同配送，把各储运企业联合在一起，统筹计划，共同送货。取代了一家一户的“取货制”，取代了层层设库、户户储运的分散的、多元化的物流格局。配送所实行的集中社会库存，集中配送等大生产形式，对于从根本上结束小生产方式的商品流通，改变其分散、低效率的运行状态，从而实现与社会化大生产相适应的流通的社会化，都具有战略意义。

2. 配送有利于促进物流设施和装备的技术进步

（1）促进信息处理技术的进步

随着配送业务的开展，处理的信息量越来越多，原始的手工信息速度慢且容易出差错，已适应不了配送工作的要求，必然要大量应用电子计算机这一现代化的信息处理技术。

（2）促进物流处理技术的进步

物流处理技术的进步可以提高物流速度、缩短物流时间、降低物流成本、减少物流损耗、提高物流服务质量。配送业务的发展必然伴随着自动化立体仓库、自动化分拣装置、无人搬运车、托盘化、集装箱化等现代化物流技术的应用。

（3）推动物流规划技术的开发和应用

随着配送业务的开展，配送货主越来越多，随之而来产生了配送路线的合理选择、配送中心选址、配送车辆的配置和配送效益的技术经济核算等一系列问题，对于这些问题的研究和解决，促进了我国物流技术的发展，并使之进入一个新的阶段。

3. 配送使仓储的职能发生变化

开展配送业务后，现代仓储的作用已由储存、保管商品的使用价值向集散、分送商品，加速商品流通速度的方向发展。仓储业将从储存、保管的静态储存转向以保管储存、流通加工、分类、拣选、商品输送等连为一体的动态储存。建立配送中心后，仓储业的经营活动将由原来的储备型转变为流通型。不仅要保证商品的使用价值完好无损，而且要做到货源充足，品种齐全，供应及时，送货上门，其经营方式将从等客上门转向主动了解用户的需求状况，以满足用户的各种需求。

4．促进商物分离

未开展配送业务之前，各个商店都有自己的仓库，并各自进行物流活动，即商物一致。开展配送业务以后，配送中心就可以充分发挥自己网络多、情报快、物流手段先进和物流设施齐全的优势，专门从事物流活动，而各商店只需要保持较低水平的库存，这就大大改善了零售企业的外部环境，使零售企业有更多的资金和精力来专心从事商流活动，这就是商物分离。

5．有利于提高物流的经济效益

通过配送中心，开展计划配送、共同配送等形式，能够消除迂回运输、重复运输、交叉运输、空载运输等不合理运输；用大型卡车成批量地送到消费地配送中心，再用自用小型车从配送中心运给用户的方法，也可以从总体上节省费用；集中配送又有利于集中库存，维持合理的库存水平，消除了分散库存造成的各种浪费，同时还能减少不必要的中转环节，缩短物流周转时间，减少商品的损耗。因此，配送对提高物流综合经济效益有利。

4.6.5　配送的分类

1．按配送商品的种类和数量分类

（1）少品种、大批量配送

少品种、大批量配送适用于需要数量较大的商品，单独一种或少数品种就可以达到较大运输量，可实行整车运输，这种商品往往不需要再与其他商品进行搭配，可由专业性很强的公司实行这种配送。此种配送形式主要适用于大宗货物，如煤炭等。

（2）多品种、少批量配送

多品种、少批量配送是指按用户的要求，将所需的各种商品（每种商品需要量不大）配备齐全，凑成整车后由配送中心送达用户手中。日用商品的配送多采用这种方式。多品种、少批量的配送适应了现代消费多样化、需求多样化的新观念。

2．按配送时间及数量分类

（1）定时配送

定时配送就是按规定的时间间隔进行配送，配送品种和数量可根据用户的要求有所不同。

（2）定量配送

定量配送就是按规定的批量进行配送，但不严格确定时间，只是规定在一个指定的时间范围内配送。这种配送计划性强，备货工作简单，配送成本较低。

（3）定时定量配送

定时定量配送就是按规定的准确时间和固定的配送数量进行配送。

（4）即时配送

即时配送就是不预先确定配送数量，也不预先确定配送时间和配送路线，而是按用户要求的时间、数量进行配送。

3．按配送的组织形式分类

（1）集中配送

集中配送就是由专门从事配送业务的配送中心对多个用户开展配送业务。集中配送的品种多、数量大，一次可同时对同一线路中的几家用户进行配送，其配送的经济效益明显，是配送的主要形式。

（2）共同配送

共同配送就是几个配送中心联合起来，共同制订计划，共同对某一地区用户进行配送，具体执行时共同使用配送车辆。

（3）分散配送

分散配送就是由商业零售网点对小量、零星商品或临时需要的商品进行的配送业务。这种配送适合于近距离、多品种、少批量的商品的配送。

（4）加工配送

加工配送要求在配送中心进行必要的加工，其将流通加工和配送一体化，使加工更有计划性，配送服务更趋完善。

4．按配送的职能形式分类

（1）销售配送

批发企业建立的配送中心多开展这项业务。批发企业通过配送中心把商品批发给各零售商店的同时，也可与生产企业联合，生产企业可委托配送中心储存商品，按厂家指定的时间、地点进行配送。若生产厂家是外地的，则可以采取代理的方式，促进厂家的商品销售，还可以为零售商店提供代存代供配送服务。

（2）供应配送

供应配送是大型企业集团或连锁店中心为自己的零售店所开展的配送业务。它们通过自己的配送中心或与消费品配送中心联合进行配送，零售店与供应方变为同一所有者的公司各部门内部的业务，从而减少了许多手续，缓和了许多业务矛盾，各零售店在订货、退货、增加经营品种上也得到更多的便利。

（3）销售与供应相结合的配送

配送中心与生产厂家及企业集团签订合同，负责一些生产厂家的销售配送，也负责一些企业集团的供应配送。配送中心具有上连生产企业的销售配送、下连用户的供应配送两种职能，实现了配送中心与生产企业及用户的联合。

（4）代存代供配送

用户将属于自己的商品委托配送中心代存、代供，有时还委托代订，然后组织配送，这种配送在实施前不发生商品所有权的转移，配送中心只是用户的代理人，商品在配送前后都属于用户所有。配送中心仅从代存、代理中获取收益。

4.6.6　配送合理化

对于配送合理与否，不能简单判定，也很难有一个绝对的标准。例如，企业效益是配送的重要衡量标志，但是在决策时常常考虑各个因素，有时要做赔本买卖。所以，配送的决策是全面的、综合的决策，在决策时要避免由于不合理配送所造成的损失，但有时某些不合理现象是伴生的，要追求大的合理，就可能派生小的不合理。这里只单独论述不合理配送的表现形式，但在实际应用中要防止绝对化。

1．不合理配送的表现形式

（1）进货不合理

如果不是集中多个客户需要进行批量进货，而仅仅是为某几户代购，客户不仅不能降低成本，反而要多支付一笔配送企业的代购费。进货不合理还有其他表现形式，如进货计划不准，进货过多或过少，在进货时不考虑建立与商品供应者之间长期稳定的供需关系等。

（2）库存决策不合理

配送应充分利用集中库存总量低于各客户分散库存总量这一优势，大大节约库存成本，降低客户实际库存负担。因此，必须依靠科学管理来实现一个低总量的库存。

（3）价格不合理

一般配送的价格会低于客户自己进货时购买价格加上提货、运输、进货的成本总和，这样才会使客户有利可图。

（4）配送与直达的决策不合理

例如，大批量用户不直送，小批量用户不配送等。

（5）送货中运输不合理

配送与客户自提货物比较，尤其对于多个小客户来讲，可以集中配装一车送几个客户，大大节省运力和运费。如果不能利用这一优势，仍然是一户一送，车辆达不到满载，就属于不合理。

（6）资源筹措不合理

配送是利用较大批量筹措资源，通过筹措资源达到规模效益来降低资源筹措成本，使配送资源筹措成本低于用户自己筹措资源成本，从而取得优势。如果不是集中多个用户需要进行批量筹措资源，而仅仅是为一两个用户代购代筹，则对用户来讲不仅不能降低资源筹措费，相反却要多支付一笔配送企业的代筹代办费，因而是不合理的。资源筹措不合理还有其他表现形式，如配送量计划不准，资源筹措过多或过少，在资源筹措时不考虑建立与资源供应者之间长期稳定的供需关系等。此外，不合理运输的若干表现形式在配送中都可能出现，会使配送变得不合理。

（7）经营观念不合理

在配送实施中，有许多是经营观念不合理，使配送优势无从发挥，还损坏了配送的形象。这是开展配送时尤其需要注意克服的不合理现象。例如，配送企业利用配送手段，向用户转嫁资金、拖延配送；在库存过大时，强迫用户接货，以缓解自己的库存压力；在资金紧张时，长期占用用户资金；在资源紧张时，将用户委托资源挪作他用获利等。

2．配送合理化的标志

对于配送合理化与否的判断，是配送决策系统的重要内容，目前国内外尚无一定的技术经济指标体系和判断方法，按一般认识，以下标志是应当纳入评判标准内的。

（1）库存标志

库存是判断配送合理与否的重要标志。

1）库存总量。在一个配送系统中，库存是从分散于各个用户转移给配送中心施行一定程度的集中库存。在实行配送后，配送中心库存数量加上各用户在实行配送后库存数量之和应低于实行配送前各用户库存量之和。

2）库存周转。由于配送企业的调剂作用，以低库存保持高的供应能力，库存周转一般总是快于原来各企业库存周转。此外，从各个用户角度进行判断，各用户在实行配送前后的库存周转比较，也是判断配送合理与否的标志。

（2）资金标志

总的来讲，实行配送应有利于资金占用降低及资金运用的科学化。

1）资金总量。用于资源筹措所占用的流动资金总量，随储备总量的下降及供应方式的改变必然有一个较大的降低。

2）资金周转。从资金运用来讲，由于整个节奏加快、资金充分发挥作用，同样数量的资金，过去需要较长时期才能满足一定供应要求，配送之后，在较短时期内就能达到此目的。所以，资金周转是否加快是衡量配送合理与否的标志。

3）资金投向的改变。资金分散投入还是集中投入是资金调控能力的重要反映。实行配送后，资金必然应当从分散投入改为集中投入，以增加调控作用。

（3）成本和效益

总效益、宏观效益、微观效益、资源筹措成本都是判断配送合理化的重要标志。对于不同的配送方式，可以有不同的判断侧重点。例如，配送企业、用户都是各自独立的以利润为中心的企业，则不但要看配送的总效益，还要看对社会的宏观效益及两个企业的微观效益，不顾及任何一方，都必然出现不合理。又如，如果配送是由用户集团自己组织的，配送主要强调保证能力和服务性，那么效益主要从总效益、宏观效益和用户集团企业的效益来判断，不必过多顾及配送企业的微观效益。

由于总效益及宏观效益难以计量，在实际判断时，常以按国家政策进行经营，完成国家税收及配送企业和用户的微观效益来判断。

对于配送企业而言（在满足用户要求，即投入确定的情况下），企业利润反映配送合理化程度。

对于用户企业而言，在保证供应水平或提高供应水平（产出一定）的前提下，供应成本的降低反映了配送的合理化程度。

（4）供应保证标志

实行配送，各用户的最大担心是害怕供应保证程度降低。配送只有是提高而不是降低对用户的供应保证能力才算合理。供应保证能力可以从以下方面判断。

1）缺货次数。实行配送后，缺货次数必须下降才算合理。

2）配送企业集中库存量。对每个用户来讲，其数量所形成的保证供应能力高于配送前单个企业保证程度。

3）即时配送的能力及速度。即时配送的能力及速度是用户出现特殊情况的特殊供应保障方式，这一能力必须高于未实行配送前用户紧急进货能力及速度才算合理。

特别需要强调一点，配送企业的供应保障能力是一个科学的、合理的概念，而不是无限的概念。具体来讲，如果供应保障能力过高，超过了实际的需要，就属于不合理。所以追求供应保障能力的合理化也是有限度的。

（5）社会运力节约标志

末端运输是目前运能、运力使用不合理，浪费较大的领域，因而人们寄希望于配送来解决这个问题，这也成了配送合理化的重要标志。

运力使用的合理化是依靠送货运力的规划和整个配送系统的合理流程及与社会运输系统合理衔接实现的。送货运力的规划是任何配送中心都需要花力气解决的问题，可以简化判断标准如下：社会车辆总数减少，而承运量增加；社会车辆空驶减少；一家一户自营运输减少，社会化运输增加。

（6）用户企业仓库、供应、进货人力和物力节约标志

配送的重要作用是以配送服务用户。因此，实行配送后各用户库存量、仓库面积、仓库管理人员减少，用于订货、接货、供应的人员减少为合理。

（7）物流合理化标志

配送必须有利于物流合理。这可以从以下几方面判断：是否降低了物流费用；是否减少了物流损失；是否加快了物流速度；是否发挥了各种物流方式的最优效果；是否有效衔接了干线运输和末端运输；是否不增加实际的物流中转次数；是否采用了先进的管理方法及技术手段。物流合理化的问题是配送要解决的大问题，也是衡量配送本身的重要标志。

3. 配送合理化可采取的措施

（1）推行专业性独立配送

专业性独立配送是指根据产品的性质将其分类，由各专业经销组织分别独立地进行配送。其优点是可以充分发挥各专业组织的优势，便于用户根据自身的利益选择配送企业，从而有利于形成竞争机制。这类配送主要适用于小杂货配送、生产资料配送、食品配送、服装配送等。

（2）推行加工配送

通过加工和配送结合，在充分利用本来应有的中转，而不增加新的中转的情况下求得配送合理化。同时，加工借助于配送，使得加工目的更明确、和用户联系更紧密，避免了盲目性。加工和配送两者有机结合，投入增加不大，却可追求两个优势、两个效益，是配送合理化的重要途径。

（3）推行共同配送

共同配送是指对某一地区的用户进行配送不是由一家企业独自完成的，而是由若干家配送企业联合在一起共同去完成的。共同配送是在核心组织（配送中心）的统一计划、统一调度下展开的。通过共同配送，可以以最近的路程、最低的配送成本去完成配送，从而达到配送合理化的效果。

（4）实行送取结合

配送企业与用户建立稳定、密切的协作关系，配送企业不仅成了用户的供应代理人，而且承担用户储存据点的作用，甚至成为产品代销人。在配送时，将用户所需的物资送到，再将该用户生产的产品用同一车运回，这种产品也成了配送中心的配送产品之一，或者作为代存代储，免去了生产企业的库存包袱。这种送取结合的配送使运力被充分利用，也使配送企业功能有更多的发挥，从而追求合理化。

（5）推行准时配送系统

准时配送是配送合理化的重要内容。配送做到了准时，用户才有资源把握，可以放心地实施低库存或零库存，可以有效地安排接货的人力、物力，以追求最高效率的工作。另外，保证供应能力也取决于准时供应。从国外的经验看，准时供应配送系统是现在许多配送企业追求配送合理化的重要手段。

（6）推行即时配送

作为计划配送的应急手段，即时配送是最终解决用户企业担心断供之忧，大幅度提高供应保证能力的重要手段。即时配送是配送企业快速反应能力的具体化，是配送企业配送能力的体现。即时配送成本较高，但它是整个配送合理化的重要保证手段，此外，对于用户实行零库存，即时配送也是重要的保证手段。

4.7 物流信息功能

4.7.1 物流信息的定义

物流信息是指反映物流各种活动内容的知识、资料、图像、数据、文件的总称。从狭义的范围来看，物流信息是指与物流活动有关的信息，其伴随物流活动的产生而产生，与各种物流活动如运输、保管、装卸、包装、配送等紧密结合在一起，是整个物流活动顺利进行必不可少的条件，如运输活动要根据商品的供需数量和运输条件等信息确定合理的运输线路、选择合适的运输工具、确定经济运送批量等；装卸活动要根据商品的数量、种类、大小、包装情况等信息才能确定合理的装卸设备和装卸次序。从广义的范围来看，物流信息不仅指与物流活动直接有关的信息，还包括商品交易信息、市场信息等与物流活动间接相关的信息。这些信息在整个物流供应链上流动，反映供应链上的原材料供应商、生产商、批发商、零售商、消费者之间的关系，是供应链协调一致、有效控制、快速反应市场的重要条件。

4.7.2 物流信息的特点

1. 广泛性

物流信息源点多、信息量大，涉及从生产到消费、从国民经济到人们日常生活各个方面。物流信息来源的广泛性决定了它的影响也是广泛的，涉及国民经济各个部门、物流活动各个环节等。

2. 联系性

物流活动是多环节、多因素、多角色共同参与的活动，目的就是实现产品从生产地到消费地的顺利移动，因此在供应链环节中所产生的各种物流信息必然存在十分密切的联系，如采购信息、生产信息、运输信息、储存信息、装卸信息等信息之间都是相互关联、相互影响的。这种相互联系的特性是保证物流各子系统、供应链各环节及物流内部系统与物流外部系统相互协调运作的重要因素。

3. 多样性

物流信息种类繁多，从其作用的范围来看，物流系统内部各个环节有不同种类的信息，如流转信息、作业信息、控制信息、管理信息等，物流系统外部也存在各种不同种类的信息，如政策信息、区域信息、市场信息等；从其稳定程度来看，有固定信息、流动信息与偶然信息等；从其加工程度看，有原始信息与加工信息等；从其发生时间来看，有滞后信息、实时信息和预测信息等。在进行物流系统的研究时，应根据不同种类的信息进行分类收集和整理。

4. 动态性

随着社会化大生产的发展和人们对物质消费需求的不断提高，社会对物流服务的及时性要求也更加强烈。物流服务的日趋频繁，加快了物流信息的价值衰减速度，物流活动的快速、及时要求物流信息必须及时提供、快速反馈。及时的信息可以减少不确定性，增加决策的客观性和准确性。物流信息的及时收集、快速响应、动态处理已成为主宰现代物流经营活动成败的关键。

5. 复杂性

物流信息的广泛性、联系性、多样性和动态性带来了物流信息的复杂性。在物流活动中，必须对不同来源、不同种类、不同时间和相互联系的物流信息进行反复研究和处理，这样才能得到有实际应用价值的信息，并以此指导物流活动，这是一个非常复杂的过程。

4.7.3 物流信息的主要内容

物流信息包括伴随物流活动发生的信息和在物流活动以外发生的但对物流有影响的信息。物流信息不仅量大，而且来源分散，更多更广地掌握物流信息是开展物流活动的必要条件。

1．货源信息

货源的多少是决定物流活动规模大小的基本因素，它既是商流信息，也是物流信息的主要内容。如果掌握的货源大于物流服务的能力，一方面要充分发挥物流设施的使用效能，挖掘潜力，尽最大可能满足货主需要；另一方面在制订物流计划和签订物流服务合同时，也可在充足的货源中做出有利的选择。反之，如果掌握的货源信息小于物流服务的能力，则要采取有力的措施，积极组织货源，以取得物流企业最大的经济效益。

2．市场信息

市场信息的来源是多方面的，就其反映的性质来看主要有货源信息、渠道信息、竞争信息、价格信息、运输信息、管理信息及国内外同行的信息。在物流技术不断进步的情况下，如何合理地收集、分析和处理市场信息，对拓宽物流市场、降低物流成本、提高物流效率具有重要的意义。

3．运能信息

运输能力的大小对物流活动能否顺利开展有着十分密切的关系。运输条件的变化，如铁路、公路、航空的运力、运速发生变化，会使物流系统对运输工具和运输路线的选择发生变化。这些会影响交货的及时性及费用是否增加。

4．企业物流信息

单就企业物流系统来看，由于物资在系统内各环节流转，每个环节都会产生在本环节内有哪些物品、状态如何、数量有多少、在本环节内某个时期可以向下一环节输出多少，以及在本环节内某个时期需要上一个环节供应多少物资等信息。所以，企业物流系统的各子系统都会产生动态的物流信息。

5．管理信息

加强物流管理、实现物流系统化是一项繁重的任务，物流企业要尽可能地多收集一些国内外有关物流管理方面的信息，包括物流企业、物流中心的配置、物流网络的组织、各地区各类仓库的使用情况等，以及借鉴国内外有益的经验，不断提高物流管理水平。

4.7.4 物流信息的作用

对于物流活动来说，物流信息承担着类似神经细胞的作用，在制订物流战略计划、进行物流管理、开展物流业务、制订物流方针等方面都有着不可或缺的作用。

1．物流信息在物流计划阶段中的作用

长期和短期物流战略计划制订的关键在于是否有正确的内部信息和外部信息。如果缺乏必要的信息，或者信息的准确性不高，计划就无法做出，甚至会做出脱离实际的计划决策。信息不畅会造成物流活动的混乱，而对于整个物流计划的决策来说，缺乏信息或信息不可靠将会造成全局性的失误。

物流信息在建立长期战略计划的模型和掌握本期实绩的计算中，以及计划和实绩的对比中发挥着重要作用。在物流预算方面，物流信息在预算的制订，以及通过预算和实绩的对比来控制预算等方面也起着重要作用。物流信息在订货、库存管理、进货、仓库管理、装卸、包装、运输、配送等具体物流环节的计划阶段如安排物流据点、决定库存水平、确定运输手段、找出运输计划和发运计划的最佳搭配等方面都发挥着重要作用。

2．物流信息在物流实施阶段中的作用

要合理组织企业物流活动，使运输、储存、装卸、包装、配送等各个环节做到紧密衔接和协作配合，就需要通过信息予以沟通。在发运商品时，首先必须掌握货源的多少，了解运量、运能的大小，才能加强车船的衔接工作。离开了车船和运能的正确信息，就无法准确、及时地把商品发运出去。在安排商品储存时，必须掌握进仓商品的数量、品种，以及商品的质量、体积等信息，同时要了解各仓库的空余仓位的情况，才能做到合理使用仓容，发挥仓库的使用效能。在组织装卸活动时，只有了解到商品的品种、数量、包装状况，才能做到合理地安排装卸设备，并及时装卸。因此，为了使企业的物流活动正常而又有秩序地进行，必须保证物流信息畅通。

3．物流信息在物流评价阶段的作用

物流信息在物流评价阶段也起着很大的作用。物流评价就是对物流“实际效果”的把握。物流活动地域性广泛，活动内容也十分丰富多彩，为把各种物流活动维持在合理的状态，就应该制订一个“范围”，即要形成系统和规定处理的标准。然而，只制订范围并不能保证维持其合理性，还需要经常检查计划和效果，对差距大的地方加以修正。正是这样反复循环，使物流进入更合理的状态。

综合而言，物流活动必须以物流信息为基础，一刻也离不开物流信息。为了使物流活动正常而有规律地进行，必须时刻了解物流信息，物流信息的任何延误或阻塞都将造成物流的混乱局面，严重影响物流系统的社会效益。

职业知识检测

1. 判断题

1）包装分为商业包装和工业包装，其中工业包装是以促进销售为目的的包装。（　）

2）装卸搬运是指在同一区域内改变物品空间位置的活动。一般来说，物品以垂直方向为主的空间位移称为搬运，物品以水平移动为主的空间位移称为装卸。（　）

3）储存是物流的主要职能，是商品流通不可缺少的环节，它体现了商品的时间效益。（　）

4）在运输过程中，运输工具静止而货物在运动的运输方式是航空运输。（　）

5）流通加工是为了完善商品的使用价值，为了消费或再生产而进行的加工。（　）

6）配送就是按用户的订货要求，在配送中心或其他物流据点进行货物配备，并以最快的速度送交用户。（　）

7）物流信息包括伴随物流活动发生的信息和在物流活动以外发生的但对物流有影响的信息。（　）

2. 单选题

1）在所有的物流活动中，物流的“瓶颈”指的是（　）活动。

A. 包装

B. 运输

C. 装卸搬运

D. 流通加工

2）利用叉车或半挂车、汽车承载货物，连同车辆一起开上船，到达目的地后再从船上开下的方式称为（　）。

A.“吊上吊下”方式

B.“叉上叉下”方式

C.“滚上滚下”方式

D.“移上移下”方式

3）通过运输，将“物”运到场所效用最高的地方，这说明运输可以创造（　）。

A. 时间效用

B. 空间效用

C. 物流效用

D. 时空效用

4）商品从消费地向生产地回流的不合理运输现象称为（　）。

A. 对流运输

B. 迂回运输

C. 重复运输

D. 倒流运输

5）流通加工是通过改变或完善流通对象的（　　）来完善流通的一种特殊形式。

A. 形态

B. 性质

C. 价值

D. 位置

6）按配送的组织形式，（　　）是指由商业零售网点对小量、零星商品或临时需要的商品进行的配送，这种配送适合于近距离、多品种、少批量的商品的配送。

A. 集中配送

B. 共同配送

C. 分散配送

D. 加工配送

3. 多选题

1）包装的合理化就是要做到在合理地保护产品安全的基础上，做到（　　）。

A. 包装一定要设计得美观、大方

B. 尽量降低包装成本

C. 采用“绿色”包装技术

D. 减少物流费用

E. 平衡好包装的各种功能

2）商品包装一般具有（　　）功能。

A. 保护商品

B. 方便流通

C. 促进销售

D. 降低物流费用

E. 占用储存空间

3）运输合理化的一般要求是（　　）。

A. 速度快

B. 里程短

C. 环节少

D. 时间快

E. 费用低

4）运输工作必须要遵循（　　）的原则。

A. 快速

B. 及时

C. 准确

D. 安全

E. 经济

5）流通加工是指在物品进入流通领域后，按客户的要求进行的加工活动，目的是为了提高（　　）。

A. 物流速度

B. 物品的售价

C. 物品的质量

D. 物品的利用率

E. 消费者的关注度

6）下列（　　）项不属于物流信息在物流计划阶段中的作用。

A. 安排物流据点

B. 决定库存水平

C. 确定运输手段

D. 及时掌握商品入库前的数量、品种、包装状况

E. 评价物流实际效果

4. 简答题

1）什么是包装？合理包装应满足哪些要求？

2）装卸搬运有哪些分类？怎样实现装卸搬运合理化？

3）储存合理化的标志有哪些？

4）运输方式有哪些？运输合理化的措施有哪些？

5）什么是流通加工？流通加工的地位及作用体现在哪些方面？

6）简述配送的概念。配送与运输有何区别？

7）简述物流信息在物流活动中的作用。

职业技能训练

案例 1

易拉罐——包装容器之王

20 世纪 30 年代，易拉罐在美国成功研发并生产。早期的易拉罐主要用于啤酒的包装，由罐身、顶盖和底罐三片马口铁材料组成。20 世纪 60 年代初，诞生了由铝制材料制作的仅由罐身和罐盖片组成的易拉罐。

如今，易拉罐被广泛运用于各类商品包装当中，已经成为市场上应用范围最广、消费者接触最多、使用最频繁的包装容器，成为名副其实的包装容器之王。进入 21 世纪以来，全世界每年大约生产的铝制易拉罐已经超过 2 000 亿个，易拉罐消费量的快速增长，

使得制造易拉罐的铝材消费量也有大幅增长，目前制作易拉罐的铝材已经占到世界各类铝材总用量的15%。

随着易拉罐使用量的增加，世界各国为了节省资源和减少包装成本，纷纷研发更轻、更薄的新型易拉罐。铝制易拉罐也从最初的每1 000罐25公斤，缩减到现在的每1 000罐15公斤，这比20世纪60年代的平均重量减轻了大约40%。

（资料来源：中国包装网 www.pack.cn）

问题：

1. 根据案例分析为什么称易拉罐为包装容器之王？
2. 请从易拉罐的发展历程说明包装容器未来的发展趋势。

案例2

云南双鹤医药的装卸搬运环节分析

云南双鹤医药有限公司是北京双鹤这艘医药航母部署在西南战区的一艘战舰，是一家以市场为核心、现代医药科技为先导、金融支持为框架的新型公司，是西南地区经营药品品种较多、较全的医药专业公司。

虽然云南双鹤已形成规模化的产品生产和网络化的市场销售，但其流通过程中物流管理严重滞后，造成物流成本居高不下，不能形成价格优势。这严重阻碍了物流服务的开拓与发展，成为公司业务发展的“瓶颈”。

装卸搬运活动是衔接物流各环节活动正常进行的关键，而云南双鹤恰好忽视了这一点，由于搬运设备的现代化程度低，只有几个小型货架和手推车，大多数作业仍处于人工作业为主的原始状态，工作效率低，且易损坏物品。另外仓库设计不合理，造成长距离的搬运，并且库内作业流程混乱，形成重复搬运，无效搬运高达70%，这种过多的搬运次数，既损坏了商品，也浪费了时间。

（资料来源：SCM物流及供应链管理网 scm.vsharing.com）

问题：

1. 结合案例，分析说明云南双鹤医药公司业务发展的“瓶颈”。
2. 分析装卸搬运环节对企业发展的作用。
3. 面对云南双鹤医药的现状，你能提出哪些改进措施？

案例3

阿迪达斯的组合式鞋店

阿迪达斯公司在美国有一家超级市场，设立了组合式鞋店，那里摆放的不是成品鞋，而是做鞋用的半成品，款式花色多样，有6种鞋跟、8种鞋底，均为塑料制造的，鞋面的颜色以黑、白为主，搭配的颜色有80种，款式有百余种，顾客进来可任意挑选自己所喜欢的各个部位，交给职员当场进行组合。只要10分钟，一双崭新的鞋便可交到顾客手中。

这家鞋店昼夜营业，职员技术熟练，鞋子的售价与成批制造的价格差不多，有的还稍便宜些。所以，顾客络绎不绝，销售额比邻近的鞋店多出10倍。

（资料来源：中国物流招标网 www.clb.org.cn）

问题：

此案例体现了流通加工的哪些作用？

第5章 物流信息系统与信息技术

引导案例

美国推进物流信息化的启示

物流信息化需要物流信息技术的支撑；同时，物流信息化的发展也带动了物流信息服务业的发展。目前，美国推进物流信息化大致有以下几个特征：

1. 服务是物流信息化的核心

物流信息化已成为美国工商企业降低物流成本、改进客户服务、提高企业竞争力的基本手段，更成为物流企业提供第三方物流服务的前提条件。因此，美国企业都是以满足客户服务需求为物流信息系统建设的出发点，通过采用先进的信息技术实现供应链伙伴相互之间的信息沟通与共享；特别是物流企业，更是将为客户提供的信息服务内容作为信息系统建设的重要依据。而我国企业大都没有把物流信息化放在战略高度来认识，往往是以满足企业内部管理为出发点建设物流信息系统，忽视对客户物流信息服务的建设，这种观念上的差距严重影响了物流信息系统的投入力度和实施效果。因此，必须将服务作为物流信息化的核心，围绕提供客户服务水平来改造物流管理模式与运作流程，并以此为业务需求来建设合格的物流信息系统。

2. 标准是物流信息化的基础

物流活动包括运输、仓储、包装、配送、流通加工等多个环节，在运输方面涉及铁路、公路、航空、海运和国际运输等多种模式，在服务方面涉及电子、汽车、药品、日用消费品等众多行业，需要物流信息系统像纽带一样把供应链上的各个伙伴、各个环节联结成一个整体。这就需要在编码、文件格式、数据接口、EDI、GPS 等相关代码方面实现标准化，以消除不同企业之间的信息沟通障碍。美国行业协会在物流标准的制定方面发挥了重要作用，在条形码、信息交换接口等方面建立了一套比较实用的标准，使物流企业与客户、分包方、供应商更便于沟通和服务，物流软件也融入了格式、流程等方面的行业标准，为企业物流信息系统的建设创造了良好的环境。而我国由于缺乏信息的基础标准，不同信息系统的接口成为制约信息化发展的瓶颈，物流企业在处理订单时有时数据交换要面向七八种不同的模式。因此，加快我国物流标准化特别是物流信息标准化的步伐，是推进我国物流信息化的基础。

3. 应用是物流信息化的关键

美国物流信息化的最大特点是将先进的信息技术有效地应用于实际的物流业务之中。首先，广泛应用互联网建设物流信息平台，互联网的发展和规范管理，特别是安全软件和技术设备的发展，为物流信息系统的建设提供了良好的环境。其次，将优化的物流运作流程融入软件，形成了比较成熟的标准化、模块化的物流与供应链软件产品，为物流信息系统的建设提供了技术保障。第三，公共物流信息平台的发展，为企业间的信息沟通和采用应用服务（ASP）模式降低信息化成本创造了条件。

（资料来源：柳健. 新编物流管理案例及解析［M］. 北京：北京大学出版社，2013）

讨论：

1. 从案例中，你了解到美国的物流行业主要采用了哪些先进的物流信息技术？
2. 美国物流企业在物流信息化应用方面实施了哪些措施？
3. 对比我国的企业物流信息化状况，美国的物流信息化可以给我们什么启示？

学习目标

① 了解物流信息系统的内容；
② 掌握物流信息系统的功能；
③ 了解物流企业信息化发展的趋势；
④ 了解各种物流信息技术。

随着商品经济的发展，商品流通分解为商流、物流和信息流。从起源上看，商流产生了物流和信息流；从相互作用上看，信息流决定着商流和物流。为了谋求物流各项职能的相互衔接和高效率，需要建立一个迅速传递和处理物流信息的信息网络，这就是物流信息系统。

5.1 物流信息系统

物流系统包括运输系统、储存保管系统、装卸搬运、流通加工系统、物流信息系统等方面，其中物流信息系统是高层次的活动，是物流系统中最重要的方面之一，涉及运作体制、标准化、电子化及自动化等方面的问题。由于现代计算机及计算机网络的广泛应用，物流信息系统的发展有了一个坚实的基础，计算机技术、网络技术及相关的关系型数据库、条形码技术、EDI 等技术的应用使物流活动中的人工、重复劳动及错误发生率减少，效率增加，信息流转加速，使物流管理发生了巨大变化。

5.1.1 物流信息系统概述

1. 物流信息系统的定义

物流信息系统是指由人员、设备和程序组成的、为物流管理者执行计划、实施、控制等职能提供信息的交互系统，它与物流作业系统一样都是物流系统的子系统。

由人员、计算机硬件、软件、网络通信设备及其他办公设备组成的人机交互系统，其主要功能是进行物流信息的收集、储存、传输、加工整理、维护和输出，为物流管理者及其他组织管理人员提供战略、战术及运作决策的支持，以达到提高组织的战略竞争力、提高物流运作的效率与效益的目的。

从广义上来讲，物流信息系统实际上是物流管理软件和信息网络结合的产物，小到一个具体的物流管理软件，大到利用覆盖全球的互联网将所有相关的合作伙伴、供应链成员连接在一起提供物流信息服务的系统，都叫做物流信息系统。对一个企业而言，物流信息系统不是独立存在的，而是企业信息系统的一部分，或者说是其中的子系统，即使对一个专门从事物流服务的企业也是如此。例如，一个企业的 ERP 系统，物流管理信息系统就是其中一个子系统。

2．物流信息系统产生的背景

随着物流供应链管理的不断发展，各种物流信息的复杂化，各企业迫切要求物流信息化，而计算机网络技术的发展又给物流信息化提供了技术上的支持。因此，物流信息系统的诞生为企业带来了更高的效率。企业是基于以下背景才大力开发物流信息系统的。

（1）市场竞争加剧

在当今世界中，基本上都是买方市场，由消费者来选择购买哪个企业生产的产品。而市场上生产同一产品的企业多如牛毛，企业要想在竞争中胜出，就必须不断地推陈出新，以较低的成本迅速满足消费者时刻变化的消费需求，而这都需要快速反应的物流系统。要快速反应，信息反馈必须及时，这必然要求企业建立自己的物流信息系统。

（2）供应链管理的发展

现代企业间的竞争在很大程度上表现为供应链之间的竞争，而在整个供应链中，环节较多，信息相对来说就比较复杂，企业之间沟通起来就困难得多。各环节要想自由沟通，达到信息共享，建立供应链物流信息系统就势在必行。

（3）社会信息化

电子计算机技术的迅速发展，网络的广泛延伸，使整个社会进入了信息时代。在这个网络时代，只有融入信息社会，企业才可能有较大的发展。信息技术的发展已经为信息系统的开发打下了坚实的基础。企业作为社会的一员，物流作为一种社会服务行业，必然要建立属于物流业自己的信息系统。

5.1.2　物流信息系统的功能

1．数据的收集和输入

物流数据的收集首先是将数据通过收集子系统从系统内部或外部收集到预处理系统中，并整理成为系统要求的格式和形式，然后再通过输入子系统输入到物流信息系统中。这一过程是其他功能发挥作用的前提和基础，如果一开始收集和输入的信息不完全或不正确，在接下来的过程中得到的结果就可能是实际情况完全相左，这将会导致严重的后果。因此，在衡量一个信息系统性能时，应注意它收集数据的完善性、准确性，以及校验能力、预防和抵抗破坏能力等。

2. 信息的储存

物流数据经过收集和输入阶段后，在其得到处理之前，必须在系统中储存下来。即使在处理之后，若信息还有利用价值，也要将其保存下来，以供以后使用。物流信息系统的储存功能就是要保证已得到的物流信息能够不丢失、不走样、不外泄、整理得当、随时可用。无论哪种物流信息系统，在涉及信息的储存问题时，都要考虑到储存量、信息格式、储存方式、使用方式、储存时间、安全保密等问题。如果这些问题没有得到妥善的解决，信息系统是不可以投入使用的。

3. 信息的传输

物流信息在物流系统中，一定要准确、及时地传输到各个职能环节，否则信息就会失去使用价值。物流信息系统在实际运行前，必须要充分考虑所要传递的信息种类、数量、频率、可靠性等因素，只有这些因素符合物流系统的实际需要时，物流信息系统才是有实际使用价值的。

4. 信息的处理

物流信息系统的最根本目的就是要将输入的数据加工处理成物流系统所需要的物流信息。数据和信息是有所不同的，数据是得到信息的基础，但数据往往不能直接利用，而信息是从数据加工得到，它可以直接利用。只有得到了具有实际使用价值的物流信息，物流信息系统的功能才能发挥。

5. 信息的输出

信息的输出是物流信息系统的最后一项功能，也只有在实现了这个功能后，物流信息系统的任务才算完成。信息的输出必须采用便于人或计算机理解的形式，在输出形式上力求易读易懂，直观醒目。

这 5 项功能是物流信息系统的基本功能，缺一不可。而且，只有 5 个过程都没有出错，最后得到的物流信息才具有实际使用价值。

5.1.3 物流信息系统的内容

物流信息系统根据不同企业的需要可以有不同层次、不同程度的应用和不同子系统的划分。例如，有的企业由于规模小、业务少，可能使用的仅仅是单机系统或单功能系统；而另一些企业可能就使用功能强大的多功能系统。一般来说，一个完整、典型的物流信息系统可由作业信息处理系统、控制信息处理系统、决策支持系统三个子系统组成。

1. 作业信息处理系统

作业信息处理系统一般有电子自动订货系统（EOS）、销售时点数据收集系统（POS）、智能运输系统（ITS）等类型。

电子自动订货系统是指企业利用通信网络（VAN 或互联网）和终端设备以在线连接方式进行订货作业和订单信息交换的系统。电子订货系统按应用范围可分为企业内的 EOS（如连锁经营企业各连锁分店与总部之间建立的 EOS）；零售商与批发商之间的 EOS 及零售商、批发商与生产商之间的 EOS 等。及时准确地处理订单是 EOS 的重要职能，其中的订单处理子系统为企业与客户之间接收、传递、处理订单服务。订单处理子系统是面向整个订货周期的系统，即企业从发出订单到收到货物的期间。在这一期间内，要相继完成 4 项重要活动：订单传递、订单处理、订货准备、订货运输，其中实物流动由前向后，信息流动由后向前。订货周期中的任何一个环节缩短了时间，都可以为其他环节争取时间或缩短订货周期，从而保证了客户服务水平的提高。因为从客户的角度来看，评价企业对客户需求的反应灵敏程度，是通过分析企业的订货周期的长短和稳定性来实现的。

销售时点数据收集系统是指通过自动读取设备在销售商品时直接读取商品销售信息如商品名、单价、销售数量、销售时间、购买顾客等，并通过通信网络和计算机系统传送至有关部门进行商品库存的数量分析、指定货位和调整库存以提高经营效率的系统。

智能运输系统是典型的发货和配送系统，它将信息技术贯穿于发货和配送的全过程，能够快捷准确地将货物运达目的地。

2．控制信息处理系统

控制信息处理系统主要包括库存管理系统和配送管理系统。

库存管理系统负责利用收集到的物流信息，制订出最优库存方式、库存量、库存品种及安全防范措施等。

配送管理系统则将商品按配送方向、配送要求分类，制订科学、合理、经济的运输工具调配计划和配送路线计划等。

3．决策支持系统

物流决策支持系统（LDSS）是为管理层提供的信息系统资源，是给决策过程提供所需要的信息、数据支持、方案选择支持。一般应用于非常规、非结构化问题的决策。但是决策支持系统只是一套计算机化的工具，可以帮助管理者更好的决策，但不能代替管理者决策。

5.1.4　物流管理信息系统

物流管理信息系统一般由 11 个子系统组成，分别是配送管理信息系统、货代管理信息系统、仓储管理信息系统、运输管理信息系统、结算管理信息系统、客户管理信息系统、报关管理信息系统、数据交换信息系统、合同管理信息系统、采购管理信息系统和调度管理信息系统。

1. 配送管理信息系统

配送管理信息系统按照即时配送（JIT）的原则，满足生产企业零库存生产的原材料配送管理，满足商业企业小批量、多品种的连锁配送管理，满足共同配送和多级配送管理；支持在多供应商和多购买商之间的精确、快捷、高效的配送模式；支持以箱为单位和以部件为单位的灵活配送方式；支持多达数万种配送单位的大容量并发配送模式；支持多种运输方式，跨境、跨关区的跨区域配送模式；结合先进的条码技术、GPS/GIS 技术、电子商务技术，实现智能化配送。

2. 货代管理信息系统

货代管理信息系统应满足国内一级货运代理的要求，完成代理货物托运、接取送达、订舱配载、多式联运等多项业务需求；支持航空、铁路、公路和船务运输代理业务；配合物流的其他环节，实现物流的全程化管理，实现“门到门”，“一票到底”的物流服务。

3. 仓储管理信息系统

仓储管理信息系统可以对所有不同地域、不同属性、不同规格、不同成本的仓库资源实现集中管理；采用条形码、射频等先进的物流技术设备，对出入仓货物实现联机登录、存量检索、容积计算、仓位分配、损毁登记、简单加工、盘点报告、租期报警和自动仓租计算等仓储信息管理；支持包租、散租等各种租仓计划；支持平仓和立体仓库等不同的仓库格局，并可向客户提供远程的仓库状态查询、账单查询和图形化的仓储状态查询。

4. 运输管理信息系统

运输管理信息系统可以对所有运输工具，包括对自有车辆、协作车辆及临时车辆的实时调度管理；提供对货物的分析，配载的计算，以及最佳运输路线的选择；支持全球定位（GPS）和地理图形系统（GIS），实现车辆的运行监控、车辆调度、成本控制和单车核算，并提供网上车辆及货物的跟踪查询。

5. 结算管理信息系统

结算管理信息系统对企业所有的物流服务项目实现合同价格一条龙管理，包括多种模式的仓租费用、运输费用、装卸费用、配送费用、货代费用、报关费用、三检费用、行政费用、办公费用等费用的计算；根据规范的合同文本、货币标准、收费标准自动产生结算凭证，为客户及物流企业（仓储、配送中心、运输等企业）的自动结算提供完整的结算方案。

6. 客户管理信息系统

客户管理信息系统是通过对客户资料的收集、分类、存档、检索和管理，全面掌握不同客户群体、客户性质、客户需求、客户信用等客户信息，以提供最佳客户服务为宗旨，为客户提供方案、价格、市场、信息等各种服务内容，及时处理客户在合作中遇到的各类问题，培养长期的忠诚的客户群体，为企业供应链的形成和整合提供支持。

7．报关管理信息系统

报关管理信息系统集报关、商检、卫检、动植物检疫等功能的自动信息管理于一体，满足客户跨境运作的需求。系统支持联机自动生成报关单、报检单，自动产生联机上报的标准格式，自动发送到相关的职能机构，并自动收取回执，使跨境物流信息成为无缝物流信息传递，使报关、报检业务迅速、及时、准确，为物流客户提供高效的跨境物流服务。

8．数据交换信息系统

数据交换系统主要是提供电子商务化的数据交换服务，通过电子商务网站或基于因特网的数据交换通道，提供标准的 EDI 单证交换，实现与供应链合作伙伴之间的低成本的数据交换，为供应链企业数据交换、电子商务数据交换及未来开展电子支付、电子交易创造条件。

9．合同管理信息系统

合同是商务业务和费用结算的依据，合同管理信息系统通过对合同的规范化、模式化和流程化，合理地分配物流服务的实施细则和收费标准，并以此为依据，分配相应的资源，监控实施的效果和核算产生的费用，对双方执行合同的情况进行评估以取得客户信用、资金等相关信息，供客户服务和商务部门作为参考。

10．采购管理信息系统

采购管理信息系统要求采用规范化的企业采购模式和管理流程，满足企业开放式或供应链采购方式，包括网上招标、供应商管理、采购计划管理、需求管理、报价管理、审批管理、合同管理、订货管理、补货管理、结算管理、信用管理、风险管理等功能，从成本降低、效率提高和流程控制等不同方面为企业创造价值。

11．调度管理信息系统

调度管理信息系统用于大型物流企业的业务集中调度管理，适用于网状物流、多址仓库、多式联运、共同配送、车队管理等时效性强、机动性强、需要快速反应的物流作业管理，以应付客户的柔性需求，减少部门之间的沟通环节，保证物流作业的运作效率。

5.1.5　物流企业信息化发展的趋势

1．智能化

智能化是自动化、信息化的一种高层次应用。物流作业过程涉及大量的运筹和决策，如物流网络的设计与优化、运输（搬运）路径的选择、每次运输的装载量选择，多种货物的拼装优化、运输工具的调度、库存水平的确定、补货策略的选择、有限资源的调配、配送策略的选择等，这些都需要管理者借助优化的智能工具和大量的现代物流知识来解决。同时，近年来，专家系统、人工智能、仿真学、运筹学、智能商务、数据挖掘和机器人等相关技术在国际上已经有比较成熟的研究成果，并在实际物流作业中得到了较好的应用。物流的智能化已经成为物流发展的一个新趋势。

2．标准化

标准化技术也是现代物流技术的一个显著特征和发展趋势，同时也是现代物流技术实现的根本保证。在现代商业中，货物的运输配送、储存保管、装卸搬运、分类包装、流通加工等各个环节中信息技术的应用，都要求必须有一套科学的作业标准。例如，物流设施、设备及商品包装的标准化等，只有实现了物流系统各个环节的标准化，才能真正实现物流技术的信息化、自动化、网络化、智能化。特别是在经济全球化和贸易全球化的新世纪中，如果在国际间没有形成物流作业的标准化，就无法实现高效的全球化物流运作，势必阻碍经济全球化的发展进程。

物流企业的运营随着企业规模和业务跨地域发展，必然要走向全球化发展的道路。在全球化趋势下，物流目标是为国际贸易和跨国经营提供服务，选择最佳的方式与路径，以最低的费用和最小的风险，保质、保量、准时地将货物从某国的供方运到另一国的需方，使各国物流系统相互“接轨”，它代表物流发展的更高阶段。面对着信息全球化的浪潮，信息化已成为加快实现工业化和现代化的必然选择。中国提出要走新型工业化道路，其实质就是以信息化带动工业化、以工业化促进信息化，达到互动并进，实现跨越式发展。

5.2 物流信息技术

物流信息技术是物流现代化的重要标志，也是物流技术中发展最快的领域，从数据采集的条形码系统，到办公自动化系统中的计算机、互联网，各种终端设备等硬件及计算机软件都在日新月异地发展。同时，随着物流信息技术的不断发展，产生了一系列新的物流理念和新的物流经营方式，推进了物流的变革。在供应链管理方面，物流信息技术的发展也改变了企业应用供应链管理获得竞争优势的方式，成功的企业通过应用信息技术来支持它的经营战略并选择它的经营业务。通过利用信息技术来提高供应链活动的效率，增强整个供应链的经营决策能力。

运用于物流各环节中的信息技术包括计算机技术、网络技术、信息分类编码技术、条形码技术、射频识别技术、电子数据交换技术、地理信息技术、全球定位系统（GPS）、物联网技术等。在这里只介绍条形码技术、电子数据交换技术、射频识别技术、地理信息技术和全球定位系统（GPS）、物联网技术等主要的物流信息技术。

5.2.1 条形码技术

1．条形码技术概述

条形码是由美国的诺姆·伍德兰于 1949 年发明的。条形码技术是使用最广泛的自动识别技术之一，是在计算机的应用实践中产生和发展起来的，是物流行业公认的物流系统中重要的组成部分，其功能是对物流中的货物进行标识和描述。条形码是实现 POS 系统、EDI、电子商务、供应链管理的技术基础，是物流管理现代化、提高企业管理水平和竞争能力的重要技术手段。

2. 条形码的结构

条形码是将宽度不等的多个黑条和空白，按照一定的编码规则排列，用以表达一组信息的图形标识符。常见的条形码是由反射率相差很大的黑条（简称条）和白条（简称空）排成的平行线图案。条形码可以标出物品的生产国、制造厂家、商品名称、生产日期、图书分类号、邮件起止地点、类别、日期等许多信息，因而在商品流通、图书管理、邮政管理、银行系统等许多领域都得到了广泛的应用。

（1）UPC 码

UPC 码（Universal Product Code）是美国统一代码委员会制定的一种商品用条形码。UPC 码是最早大规模应用的条形码，其特征是一种长度固定、连续性的条形码，目前主要在美国和加拿大使用，一般在从美国进口的商品上可以看到。由于其应用范围广泛，故又被称为万用条形码。UPC 码仅可用来表示数字，其字码集为数字 0～9，如图 5-1 所示。

（2）EAN 码

EAN 码是国际物品编码协会制定的一种商品用条形码，在全世界通用。EAN 码符号有标准版和缩短版两种。标准版表示 13 位数字，又称 EAN-13 码；缩短版表示 8 位数字，又称 EAN-8 码。两种条形码的最后一位为校验位，由前面的 12 位或 7 位数字计算得出（两种版本的编码方式可参考国标 GB/T 12094—1998），如图 5-2 和图 5-3 所示。

1 23092 68114 5

图 5-1　UPC 码

6 901234 567892

图 5-2　EAN-13 码

6901 2341

图 5-3　EAN-8 码

（3）物流单元编码

物流单元是为了便于运输和仓储而建立的任何组合包装单元。在供应链中需要对其进行个体的跟踪与管理。例如，一箱有不同颜色和尺寸的 12 件裙子和 20 件夹克的组合包装，一个含有 40 箱饮料的托盘（每箱 12 盒装）都可以视为一个物流单元。

系列货运包装箱代码（SSCC）是物流单元的标识代码，用于表示物流单元的基本信息。SSCC 对每一个特定的物流单元都是唯一的，为 EAN-128 码，如图 5-4 所示。

(00) 0 6 9 0 1 4 1 4 1 2 3 5 6 7 8 9 8

图 5-4　物流单元代码 EAN-128 码

通常情况下，物流单元除需要标明其标识代码 SSCC 外，还需要明示出一些其他的附加信息，如运输目的地、物流包装重量、物流单元的长宽高尺寸等。物流单元代码（SSCC）符号位置在包装箱相邻的面上放置两个标签：一个放在短面的右边，一个在长面的右边。如图 5-5 所示。

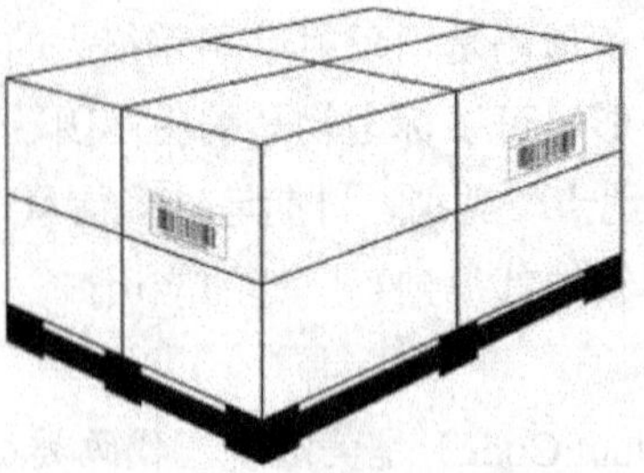

图 5-5　物流单元代码符号位置

3. 条形码信息的读取

条形码条纹中的信息是通过光束扫描来进行光学读取的。要将按照一定规则编译出来的条形码转换成有意义的信息，需要经历扫描和译码两个过程。一般白色物体能反射各种波长的可见光，而黑色物体则吸收各种波长的可见光，所以当条形码扫描器光源发出的光在条形码上反射后，反射光照射到条形码扫描器内部的光电转换器上，光电转换器根据强弱不同的反射光信号，转换成相应的电信号。根据原理的差异，扫描器可以分为光笔、电荷耦合器件（Charge-Coupled Device，CCD）、激光三种。各种条形码扫描器如图 5-6 所示。电信号输出到条形码扫描器的放大电路增强信号之后，再送到整形电路将模拟信号转换成数字信号。白条、黑条的宽度不同，相应的电信号持续时间长短也不同。译码器通过测量脉冲数字电信号 0、1 的数目来判别条和空的数目。通过测量 0、1 信号持续的时间来判别条和空的宽度。此时所得到的数据仍然是杂乱无章的，要知道条形码所包含的信息，则须根据对应的编码规则（如 EAN-13 码），将条形符号换成相应的数字、字符信息。最后，由计算机系统进行数据处理与管理，物品的详细信息便被识别了。

图 5-6　各种条形码扫描器

4. 二维条形码技术

由于一维条形码的信息容量很小，仅能容纳几位或十几位阿拉伯数字或字母，商品的详细描述只能依赖数据库提供，离开了预先建立的数据库，一维条形码的使用就受到了局限。基于这一原因，人们发明了一种新的码制，它除具备一维条形码的优点外，同时还有信息容量大（容量是一维条形码的几十倍，甚至可以存放个人的自然情况及指纹、照片等信息）、可靠性高（损污 50%仍可读取完整信息）、保密防伪性强等优点。这种新的条码就是在水平和垂直方向上都表示信息的二维条形码技术，如图 5-7 所示。从符号学的角度讲，二维条形码和一维条形码都是信息表示、携带和识读的手段。但从应用角度讲，尽管在一些特定场合可以选择其中的一种来满足人们的需要，但它们的应用侧重点是不同的：一维条形码是对物品的“标识”，而二维条形码是对物品的“描述”。

图 5-7　二维条形码

5. 条形码技术的优点

（1）输入速度快

与键盘输入相比，条形码输入的速度是键盘输入的 5 倍，并且能实现“即时数据输入”。

（2）可靠性高

键盘输入数据出错率为三百分之一，利用光学字符识别技术出错率为万分之一，而采用条形码技术误码率低于百万分之一。

（3）采集信息量大

利用传统的一维条形码一次可采集几十位字符的信息，二维条形码更可以携带数千个字符的信息，并有一定的自动纠错能力。

（4）灵活实用

条形码标识既可以作为一种识别手段单独使用，也可以和有关识别设备组成一个系统实现自动化识别，还可以和其他控制设备连接起来实现自动化管理。

另外，条形码标签易于制作，对设备和材料没有特殊要求，识别设备操作容易，不需要特殊培训，且设备也相对便宜。条形码也有很明显的缺点，如怕污染、怕损坏。但毋庸置疑的是，条形码是迄今为止最经济、实用的一种自动识别技术。

5.2.2 电子数据交换技术

1. 电子数据交换技术概述

电子数据交换技术简称EDI（Electronic Data Interchange），是指通过电子方式，采用标准化的格式，利用计算机网络进行结构化数据的传输和交换。EDI不是用户之间简单的数据交换，EDI用户需要按照国际通用的消息格式发送信息，接收方也需要按国际统一规定的语法规则，对消息进行处理，并引起其他相关系统的EDI综合处理。整个过程都是自动完成，无须人工干预，减少了差错，提高了效率。

一个EDI信息包括了一个多数据元素的字符串，每个元素代表了一个单一的事实，如价格和商品型号等，相互间由分隔符隔开，整个字符串被称为数据段。一个或多个数据段由头和尾限制定义为一个交易集，此交易集就是EDI传输单元（等同于一个信息），一个交易集通常由包含在一个特定商业文档或模式中的内容组成，当交换EDI传输时即被视为交易伙伴。

2. 电子数据交换技术的工作原理

EDI系统由EDI软硬件、通信网络、数据标准化三个要素和通信模块、格式转换模式、联系模块、消息生成、处理模块4个基本功能模块构成。

EDI的工作方式大体如下：用户在计算机上进行原始数据的编辑处理，通过EDI转换软件将原始数据格式转换为平面文件（平面文件是用户原始资料格式与EDI标准格式之间的对照性文件），通过翻译软件将平面文件变成EDI标准格式文件。然后在文件外层加上通信信封，通过通信软件发送到增值服务网络或直接传送给对方用户，对方用户则进行相反的处理过程，最后成为用户应用系统能够接收的文件格式。EDI的实现过程如图5-8所示。

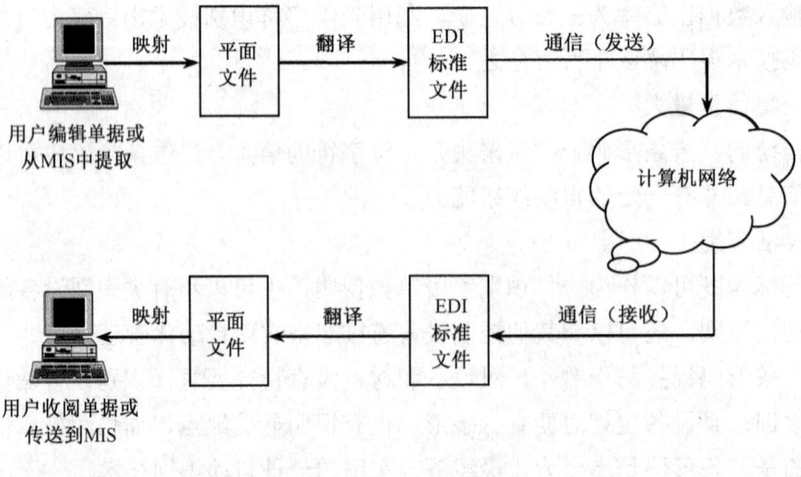

图5-8 EDI的实现过程

3. 电子数据交换技术的标准体系

电子数据交换是目前为止最为成熟和使用范围最广泛的电子商务应用系统，其根本特征在于标准的国际化。标准化是实现 EDI 的关键环节，早期的 EDI 标准只是由贸易双方自行约定，随着使用范围的扩大，出现了行业标准和国家标准，最后形成了统一的国际标准。国际标准的出现，大大促进了 EDI 的发展。随着 EDI 各项国际标准的推出，以及开放式 EDI 概念模型趋于成熟，EDI 的应用领域不仅只限于国际贸易领域，而且在行政管理、医疗、建筑、环境保护等各个领域都得到了广泛应用。可见 EDI 的各项标准是使 EDI 技术得以广泛应用的重要技术支撑，EDI 的标准化工作是在 EDI 发展进程中不可缺少的一项基础性工作。

4．电子数据交换技术的优点

（1）迅速准确

在国际、国内贸易活动中使用 EDI 业务，以电子文件交换取代了传统的纸面贸易文件（如订单、发货票、发票），双方使用统一的国际标准格式编制文件资料，利用电子方式将贸易资料准确迅速地由一方传递到另一方，是很长时间内世界多数国家在国际贸易中使用的标准贸易方式。

（2）方便高效

采用 EDI 业务可以将原材料采购与生产制造、订货与库存、市场需求与销售，以及金融、保险、运输、海关等业务有机地结合起来，集先进技术与科学管理为一体，使贸易各方能够以更迅速有效的方式进行贸易，大大简化了贸易过程，减少了许多重复劳动，极大地提高了工作效率。

（3）降低成本

EDI 系统规范了信息处理程序，信息传递过程中无须人工干预，在提高了信息可靠性的同时，大大降低成本。

相关链接

以下数据可以充分说明使用 EDI 技术的优点：

1）EDI 使贸易双方能够以更迅速有效的方式进行贸易，大大简化了订货或存货的过程，使双方能及时地充分利用各自的人力和物力资源。美国数字设备公司（DEC）应用了 EDI 后，存货期由 5 天缩短为 3 天，每笔订单费用从 125 美元降到 32 美元。新加坡采用 EDI 贸易网络之后，贸易的海关手续从原来的 3～4 天缩短到 10～15 分钟。

2）香港对 EDI 的效益做过统计，使用 EDI 可提高商业文件传送速度 81%，降低文件成本 44%，减少因错漏造成的商业损失 41%，降低文件处理成本 38%。

3）根据联合国组织的一次调查，进行一次进出口贸易，双方约需交换近 200 份文件和表格，其纸张、行文、打印及差错可能引起的总开销等大约为货物价格的 7%。据统计，美国通用汽车公司采用 EDI 后，每生产一辆汽车可节约成本 250 美元，按每年生产 500 万辆汽车计算，可以产生 12.5 亿美元的经济效益。

5.2.3 射频识别技术

1. 射频识别技术概述

射频识别技术简称 RFID（Radio Frequency IDentification），是一种非接触式的自动识别技术，它通过射频信号自动识别目标来获取相关数据。识别工作无须人工干预，可用于各种恶劣环境。短距离射频产品不怕油渍、灰尘等恶劣的环境，可以替代条形码，例如，用在工厂的流水线上跟踪物体。长距射频产品多用于交通上，识别距离可达几十米，如自动收费（ETC）或识别车辆身份等，如图 5-9 所示。

图 5-9 RFID 应用自动收费技术

2. 射频识别技术的组成

最基本的 RFID 系统由标签、阅读器、天线三部分组成。

（1）标签

标签由耦合元件及芯片组成，每个标签具有唯一的电子编码，附着在物体上标识目标对象。

（2）阅读器

阅读器是读取（或写入）标签信息的设备，可设计为手持式（见图 5-10）或固定式。

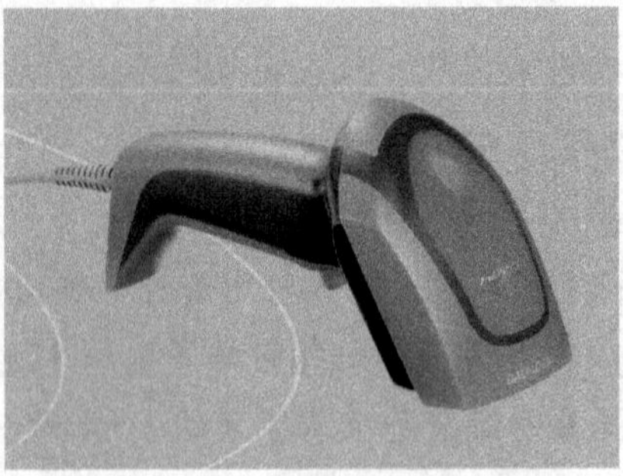

图 5-10 手持式 RFID 阅读器

（3）天线

在标签和读取器间传递射频信号。

3. 射频识别技术的工作原理

RFID 技术的基本工作原理并不复杂：当贴附标签的物品进入磁场后，标签接收解读器发出的射频信号，凭借感应电流所获得的能量发送出储存在芯片中的产品信息（无源标签或被动标签），或者主动发送某一频率的信号（有源标签或主动标签）；解读器读取信息并解码后，送至中央信息系统进行有关数据处理，如图 5-11 所示。

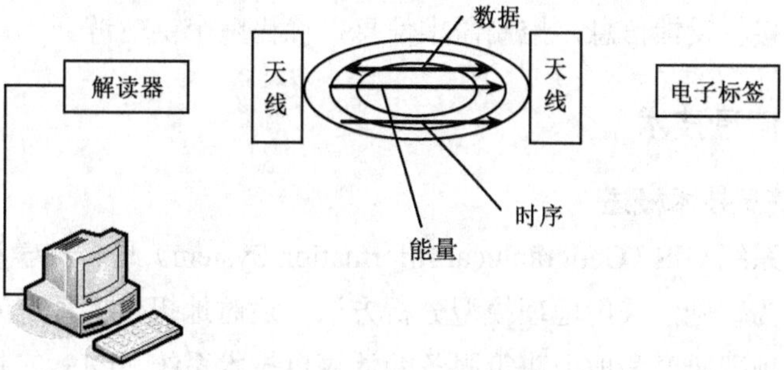

图 5-11　RFID 的工作原理

4．射频识别技术的优点

（1）快速扫描

条形码一次只能有一个条形码受到扫描；RFID 辨识器可同时辨识读取数个 RFID 标签。

（2）体积小型化、形状多样化

RFID 在读取上不受物品尺寸大小和形状的限制。此外，RFID 标签更可向小型化和多样化形态发展，以便应用于不同产品。

（3）具备抗污染能力和耐久性

传统条形码的载体是纸张，容易受到污染，但 RFID 对粉尘环境、水、油和化学药品等物质具有很强抵抗性。此外，由于条形码是附于物品本身或外包装纸箱上，所以特别容易受到折损；RFID 卷标是将数据存在芯片中，因此可以免受污损。

（4）可重复使用

现今的条形码印刷上去之后就无法更改，RFID 标签则可以重复地新增、修改、删除 RFID 卷标内储存的数据，方便信息的更新。

（5）穿透性和无屏障阅读

在被覆盖的情况下，RFID 能够穿透纸张、木材和塑料等非金属或非透明的材质，并能够进行穿透性通信。而条形码扫描器必须在近距离且没有物体阻挡的情况下才可以辨读条形码。

（6）数据的记忆容量大

一维条形码的容量是 50 字节，二维条形码最大的容量可储存 2～3 000 字符，RFID 最大的容量则有数兆字节。随着记忆载体的发展，数据容量也有不断扩大的趋势。未来物品所需携带的资料量会越来越大，对卷标所能扩充容量的需求也相应增加。

（7）安全性高

由于 RFID 承载的是电子式信息，其数据内容可经由密码保护，使其内容不易被伪造及变造。

近年来，RFID因其所具备的远距离读取、高储存量等特性而备受瞩目。它不仅可以帮助一个企业大幅提高货物、信息管理的效率，还可以让销售企业和制造企业互联，从而更加准确地接收反馈信息，控制需求信息，优化整个供应链。

5.2.4 地理信息技术

1. 地理信息技术概述

地理信息系统GIS（Geographical Information System）是多种学科交叉的产物，它以地理空间数据为基础，采用地理模型分析方法，适时地提供多种空间的和动态的地理信息，是一种为地理研究和地理决策服务的计算机技术系统。GIS 的基本功能是将表格型数据（无论它来自数据库、电子表格文件或直接在程序中输入）转换为地理图形显示，然后对显示结果浏览、操作和分析，其显示范围可以从洲际地图到非常详细的街区地图，显示对象包括人口、销售情况、运输线路和其他内容。

2. 地理信息技术的应用领域

（1）资源管理

其主要应用于农业和林业领域，解决农业和林业领域各种资源（如土地、森林、草场）分布、分级、统计、制图等问题。

（2）资源配置

在城市中各种公用设施、救灾减灾中物资的分配、全国范围内能源保障、各地的粮食供应等，GIS 在这类应用中的目标是保证资源的最合理配置和发挥最大效益。

（3）城市规划和管理

空间规划是 GIS 的一个重要应用领域，城市规划和管理是其中的主要内容。例如，在大规模城市基础设施建设中如何保证绿地的比例和合理分布、如何保证学校、公共设施、运动场所、服务设施等能够有最大的服务面（城市资源配置问题）。

（4）土地信息系统和地籍管理

土地和地籍管理涉及土地使用性质变化、地块轮廓变化、地籍权属关系变化等许多内容，借助 GIS 技术可以高效、高质量地完成这些工作。

（5）生态、环境管理与模拟

区域生态规划、环境现状评价、环境影响评价、污染物削减分配的决策支持、环境与区域可持续发展的决策支持、环保设施的管理、环境规划等。

（6）应急响应

解决在发生洪水、战争、核事故等重大自然或人为灾害时，如何安排最佳的人员撤离路线、并配备相应的运输和保障设施的问题。

（7）地学研究与应用

地形分析、流域分析、土地利用研究、经济地理研究、空间决策支持、空间统计分析、制图等都可以借助 GIS 工具完成。

（8）商业与市场

商业设施的建立充分考虑其市场潜力。例如，大型商场的建立如果不考虑其他商场的分布、待建区周围居民区的分布和人数，建成之后就可能无法达到预期的市场和服务面。有时甚至商场销售的品种和市场定位都必须与待建区的人口结构（年龄构成、性别构成、文化水平）、消费水平等结合起来考虑。GIS 的空间分析和数据库功能可以解决这些问题。房地产开发和销售过程中也可以利用 GIS 功能进行决策和分析。

（9）基础设施管理

城市的地上地下基础设施（电信、自来水、道路交通、天然气管线、排污设施、电力设施等）广泛分布于城市的各个角落，并且这些设施明显具有地理参照特征。它们的管理、统计、汇总都可以借助 GIS 完成，而且可以大大提高工作效率。

（10）选址分析

根据区域地理环境的特点，综合考虑资源配置、市场潜力、交通条件、地形特征、环境影响等因素，在区域范围内选择最佳位置，是 GIS 的一个典型应用领域，充分体现了 GIS 的空间分析功能。

（11）网络分析

建立交通网络、地下管线网络；研究交通流量、进行交通规则、处理地下管线突发事件（爆管、断路）等应急处理；警务和医疗救护的路径优选、车辆导航等也是 GIS 网络分析应用的实例。

（12）可视化应用

以数字地形模型为基础，建立城市、区域或大型建筑工程、著名风景名胜区的三维可视化模型，实现多角度浏览，可广泛应用于宣传、城市和区域规划、大型工程管理和仿真、旅游等领域。

（13）分布式地理信息应用

随着网络和因特网技术的发展，运行于因特网或因特网环境下的 GIS 应用类型，其目标是实现地理信息的分布式储存和信息共享，以及远程空间导航等。

5.2.5　全球定位系统

1．全球定位系统概述

全球定位系统 GPS（Global Positioning System）是美国国防部研制的一种全天候的，具有空间基准的导航系统，它具有在海、陆、空进行全方位实时三维导航与定位的能力。与之相对应的有欧洲的伽利略、俄罗斯的格洛纳斯、中国的北斗星等全球定位系统。

GPS 在物流领域可以应用于汽车定位、跟踪调度，用于铁路运输管理、海洋运输管理、航空运输管理及军事物流等。

2．全球定位系统的组成

GPS 全球卫星定位系统（见图 5-12）由三部分组成：空间部分——GPS 卫星；地面

控制部分——地面监控系统；用户设备部分——GPS 信号接收机。

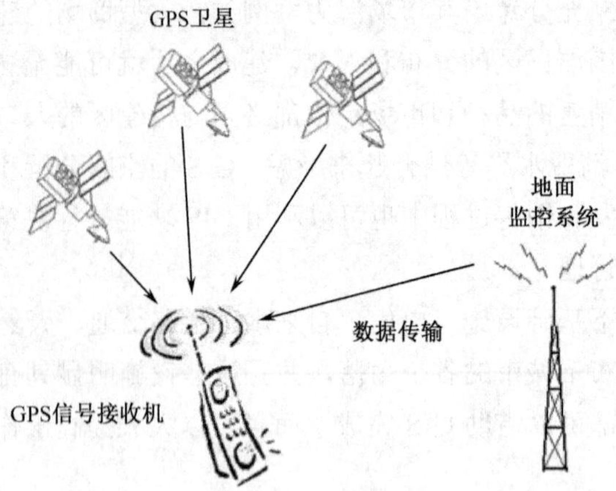

图 5-12　GPS 全球卫星定位系统

（1）空间部分

GPS 的空间部分是由 24 颗工作卫星组成，它位于距地表 20 200 千米的上空，均匀分布在 6 个轨道面上（每个轨道面 4 颗），轨道倾角为 55°，如图 5-13 所示。此外，还有 4 颗有源备份卫星在轨运行。卫星的分布使得在全球任何地方、任何时间都可观测到 4 颗以上的卫星，并能保持良好定位解算精度的几何图像。这就提供了在时间上连续的全球导航能力。

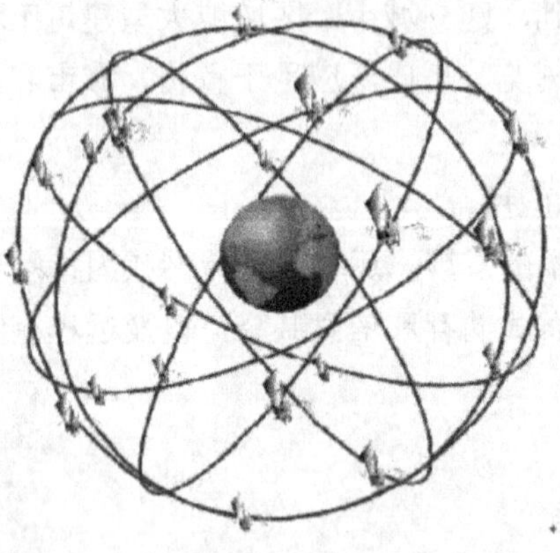

图 5-13　GPS 卫星空间轨道分布

（2）地面控制部分

地面控制部分由一个主控站，5 个全球监测站和 3 个地面控制站组成。监测站将取得的卫星观测数据，经过初步处理后传送到主控站。主控站从各监测站收集跟踪数据，计算出卫星的轨道和时钟参数，然后将结果送到 3 个地面控制站。地面控制站在每颗卫星运行至上空时，把这些导航数据及主控站指令注入卫星。

（3）用户设备部分

用户设备部分即 GPS 信号接收机。当接收机捕获到跟踪的 GPS 卫星信号后，即可测量出接收天线至卫星的距离和距离的变化率，解调出卫星轨道参数等数据。根据这些数据，接收机中的微处理计算机就可按定位解算方法进行定位计算，计算出用户所在地理位置的经纬度、高度、速度、时间等信息。

3. 北斗卫星导航系统

2014 年 11 月，联合国负责制定国际海运标准的国际海事组织海上安全委员会，正式将中国的北斗系统纳入全球无线电导航系统。这意味着继美国的 GPS 和俄罗斯的格洛纳斯后，中国的导航系统已成为第三个被联合国认可的海上卫星导航系统。

北斗卫星导航系统（见图 5-14）是我国着眼于国家安全和经济社会发展需要，自主建设、独立运行的卫星导航系统，是为全球用户提供全天候、全天时、高精度的定位、导航和授时服务的国家重要空间基础设施。

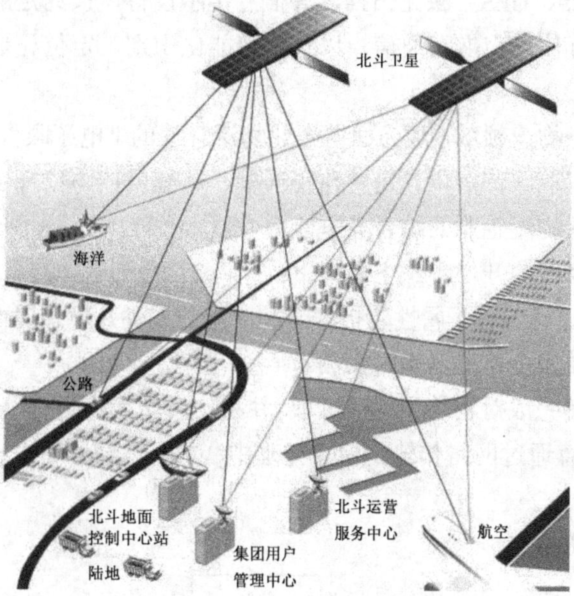

图 5-14　北斗卫星导航系统

20 世纪后期，我国开始探索适合自身国情的卫星导航系统发展道路，逐步形成了四步走发展战略：2000 年年底，建成北斗一号系统，向本国提供服务；2012 年年底，建成北斗二号系统，向亚太地区提供服务；2018 年，面向“一带一路”沿线及周边国家提供基本服务；计划 2020 年前后，完成 35 颗卫星发射组网，建成北斗全球系统，为全球用户提供服务。

北斗卫星导航系统由空间端、地面端和用户端三部分组成。空间端包括 5 颗静止轨道卫星和 30 颗非静止轨道卫星。地面端包括主控站、注入站和监测站等若干个地面站。用户端由北斗用户终端及与美国的 GPS、俄罗斯的格洛纳斯、欧洲的伽利略等其他卫星导航系统兼容的终端组成。这个系统具备在中国及其周边地区范围内的定位、授时、报文和 GPS 广域差分功能。除此之外，北斗卫星导航系统还具有短信服务的功能。一般来讲，其他卫星导航系统只是告诉用户什么时间、在什么地方，而北斗卫星导航系统除有上述功能外，还可以将用户的位置信息发送出去，使用户想告知的其他人获知用户的情况。北斗卫星导航系统已广泛应用于测绘、电信、水利、渔业、交通运输、森林防火、减灾救灾和国家安全等诸多领域。

5.2.6 物联网技术

物联网技术是新一代信息技术的重要组成部分。其英文名称是“The Internet of things”，即“物联网就是物物相连的互联网”。这有两层意思：第一，物联网的核心和基础仍然是互联网，是在互联网基础上的延伸和扩展的网络；第二，其用户端延伸和扩展到了任何物品与物品之间，进行信息交换和通信。物联网的定义是：通过射频识别（RFID）、红外感应器、GPS、激光扫描器等信息传感设备，按约定的协议将任何物品与互联网相连接，进行信息交换和通信，以实现智能化识别、定位、追踪、监控和管理的一种网络。

物联网技术用于物流领域，成为面向企业物流管理的“电子眼”，将为用户提供实时准确的货况信息、车辆跟踪定位、运输路径选择、远程监控与指挥、物流网络设计与优化等服务，大大提升物流企业的综合竞争能力。

一般来讲，物联网的开展步骤主要如下：

1）对物体属性进行标识，属性包括静态和动态的属性，静态属性可以直接储存在标签中，动态属性需要先由传感器实时探测。

2）需要识别设备完成对物体属性的读取，并将信息转换为适合网络传输的数据格式。

3）将物体的信息通过网络传输到信息处理中心，由信息处理中心完成物体通信的相关计算。

物联网结构如图 5-15 所示。

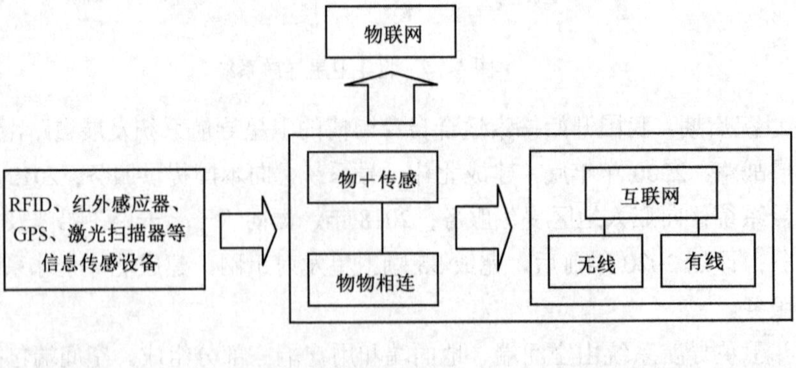

图 5-15　物联网结构

物联网是继计算机、互联网和移动通信之后的又一次信息产业的革命性发展。我国已将物联网正式列为国家重点发展的战略性新兴产业之一。毫无疑问，如果“物联网”时代来临，人们的日常生活将发生翻天覆地的变化。然而，鉴于物联网技术中的许多技术难点及人们担忧的隐私泄露问题，真正走向“物联网”时代的过程可能还需很长的时间。

5.2.7 其他物流信息技术的应用

1. 销售时点数据收集系统

销售时点数据收集系统（POS）是通过自动读取设备（如收银机）在销售商品时直接读取商品销售信息（如商品名、单价、销售数量、销售时间、销售店铺、购买顾客等），并通过通信网络和计算机系统传送至有关部门进行分析加工以提高经营效率的系统。如图 5-16 所示是 POS 收款机。POS 系统最早应用于零售业，以后逐渐扩展至其他如金融、酒店等服务行业。目前，利用 POS 系统的范围也从企业内部扩展到整个供应链。

2. 磁条（卡）技术

磁条（卡）技术以涂料形式把一层薄薄的由定向排列的铁性氧化粒子用树脂黏合在一起并粘在诸如纸或塑料这样的非磁性基片上。磁条从本质意义上讲和计算机用的磁带或磁盘是一样的，它可以用来记载字母、字符及数字信息。其优点是数据可多次读写，数据储存量能满足大多数需求，由于其黏附力强的特点，使之在很多领域如信用卡、银行 ATM 卡、机票、公共交通卡、自动售货卡、会员卡等上面得到广泛应用。如图 5-17 所示是银行 ATM 卡。但磁条卡的防盗性能、储存量等性能比起一些新技术如芯片类卡技术还是有差距。

图 5-16 POS 收款机

图 5-17 银行 ATM 卡

3. 声音识别技术

声音识别技术是一种通过识别声音达到转换成文字信息的技术，其最大特点是不用手工录入信息，这对那些采集数据同时还要完成手脚并用的工作场合，或者键盘上打字能力低的人尤为适用。但声音识别的最大问题是识别率，要想连续、高效地应用有一定难度。目前更适合语音句子量集中且反复应用的场合。

4. 视觉识别技术

视觉识别系统是一种通过对一些有特征的图像分析和识别系统，能够对限定的标志、字符、数字等图像内容进行信息的采集。视觉识别技术的应用障碍也是对于一些不规则或不够清晰图像的识别率问题，而且数据格式有限，通常要用接触式扫描器扫描，随着自动化的发展，视觉技术会朝着更细致，更专业的方向发展，并且还会与其他自动识别技术结合起来应用。

5．接触式智能卡技术

智能卡是一种将具有处理能力、加密储存功能的集成电路芯版嵌装在一个与信用卡一样大小的基片中的信息储存技术，通过识读器接触芯片可以读取芯片中的信息。接触式智能卡的特点是具有独立的运算和储存功能，数据不易丢失，数据安全性和保密性都非常好，成本适中。智能卡与计算机系统相结合，可以方便地满足对各种各样信息的采集传送、加密和管理的需要，它在国内外的许多领域如银行、公路收费、电卡充费、水表及煤气收费等方面得到了广泛应用。

6．便携式数据终端

便携式数据终端（PDT）一般包括一个扫描器、一个体积小但功能很强并有储存器的计算机、一个显示器和供人工输入的键盘，所以是一种多功能的数据采集设备，图 5-18 所示的是 PDT 便携式数据采集器。PDT 是可编程的，允许编入一些应用软件。PDT 储存器中的数据可随时通过射频通信技术传送到主计算机。

图 5-18　PDT 便携式数据采集器

职业知识检测

1. 判断题

1）物流信息系统与物流作业系统一样都是物流系统的子系统。(　　)

2）物流信息系统的储存功能就是要确保物流信息能够不丢失、不走样、不外泄、整理得当、随时可用。(　　)

3）射频识别技术是一种接触式的自动识别技术，它通过射频信号自动识别目标来获取相关数据。(　　)

4）地理信息系统主要以地理模型为基础，采用地理数据分析方法，适时地提供多种空间的和动态的地理信息。(　　)

5）物联网技术是超越并独立于互联网技术之外的，进行智能化识别、定位、追踪、监控和管理的一种网络。(　　)

2. 单选题

1）物流企业信息化发展的趋势是(　　)。

A. 无纸化、智能化

B. 标准化、网络化

C. 智能化、标准化

D. 自动化、安全化

2）基于光电技术进行物品识别的物流信息技术是(　　)。

A. 条形码技术

B. 射频识别技术

C. POS 技术

D. GPS 技术

3）条形码的主要功能是对物流中的货物进行(　　)。

A. 识别和跟踪

B. 标识和描述

C. 扫描和记录

D. 定位和监控

4）基于电磁理论技术进行物品识别的物流信息技术是(　　)。

A. 条形码技术

B. 射频识别技术

C. POS 技术

D. GPS 技术

5）GIS 系统是一种为(　　)服务的计算机技术系统。

A. 资源管理和资源配置

B. 货物追踪和车辆定位

C. 城市规划和管理

D. 地理研究和地理决策

3. 多选题

1）物流信息系统的功能包括(　　)。

A. 数据的收集和输入

B. 信息的储存

C. 信息的传输

D. 信息的处理

E. 信息的输出

2）条形码技术的优点不包括（　　）。

A. 输入速度快

B. 不怕油渍、灰尘等恶劣环境

C. 可靠性高

D. 采集信息量大

E. 可长距离识别、跟踪物品

3）构成EDI系统的要素包括（　　）。

A. EDI硬软件

B. 平面文件

C. 通信网络

D. 数据标准化

E. 翻译软件

4）目前，世界上的全球定位系统有（　　）。

A. 中国的北斗星

B. 美国的GPS

C. 日本的苍龙

D. 欧洲的伽利略

E. 俄罗斯的格洛纳斯

5）GPS系统的组成包括（　　）。

A. 空间部分——24颗GPS卫星

B. 空间部分——35颗GPS卫星

C. 地面控制部分——地面监控系统

D. 用户设备部分——GPS信号接收机

E. GPS运营服务中心

4. 简答题

1）物流信息系统有哪些基本功能？

2）常见的物流信息技术有哪些？

3）简述商品条形码的特点。

4）简述射频识别技术的优点。

职业技能训练

案例 1

日本化妆品物流交易中的 EDI 应用

日本化妆品产销商认识到物流交易环节对业绩和利润的密切关系，开始着手对物流环节进行改革。这个活动的中心之一就是 EDI（电子数据交换）的导入。

实际上，当前的日本化妆品业界很多就是通过 EDI 去实现商务电子化，尤其一些著名的百货店和化妆品生产商，都在积极地引入 EDI，希望借助 EDI“无纸化”“电子传输化”“信息共享化”等优势去提高物流和交易环节的效率，降低物流成本和减少所耗费的资源。外资化妆品 MAXFACTOR 和日本老牌百货店三越之间的 EDI 的应用模式，则成了日本化妆品产销商引入 EDI 的楷模。

在引入 EDI 后，两家企业把订货、接受订货、销售额管理、交货、点验货信息、赊账等情报通过网络共享，这就大量节省了不必要的手续和工作时间。例如，生产商在发货后的点验货工序。生产商会把在发货时点验货的记录通过网络和各流通部门共享，而各个部门原则上则不需要再度进行点验货，而三越百货店则会对该生产商的商品进行定期的抽检。另外，电子化的信息共享还在最大程度上减少了纸质交易文书的使用，节省了处理这些文书的时间和劳动力。

在引入了 EDI 后，两家公司也对化妆品的订货手续进行了简化。生产商派驻的导购员无须得到百货店相关负责人的认可，就可直接凭借自己对顾客需求的把握和其他专业的判断去确认订单的内容，并通过网络向公司发订单。百货店每个月会定出下个月订货的限额，只要在这个订货额范围内，导购员都可以自主地决定订单的内容。这样导购员就无须因为每张订单都向百货店确认而浪费本应用在导购服务上的时间，并保证了使商品获得最佳的销售时机。

由于 EDI 在 MAXFCTOR 和三越间的成功运用并取得了良好的收效，日本全国化妆品生产商和百货店组成的“化妆品流通 BPR 委员会”决定以 MAXFCTOR 和三越共同开发的商业模式和系统作为化妆品生产商和百货店之间在线交易的基准。另外，不少日本的化妆品产销商也相应加快了引入 EDI 的步伐，资生堂、佳娜宝、花王、高斯 4 家位于日本化妆品生产业前列的化妆品生产商也相继在不同程度上引入 EDI。如今，在日本引入 EDI 的化妆品产销商也在不断增加。

（资料来源：柳健. 新编物流管理案例及解析［M］. 北京：北京大学出版社，2013）

问题：

1. EDI 与手工传输方式相比有哪些优点？
2. EDI 在化妆品物流交易中具有什么作用？

案例 2

联邦快递利用信息技术获取竞争优势案例

联邦快递（FedEx）是全球最具规模的快递运输公司，为全球超过 235 个国家及地区提供快捷、可靠的快递服务，其年收入高达 320 亿美元。联邦快递之所以取得如此成就，得益于其在专递服务、货运追踪、FedEx 网站和跨国托运 4 个方面利用信息技术而获取的竞争优势。

1. 专递服务

在联邦快递提供的服务类型中，有一项专递服务，是指包裹无论大小、轻重，均保证次日上午 8 时前送达客户手中，此外，还有周日快递服务。联邦快递将他们的赢利不断投入经营规模的扩大，如采用更先进的设备和飞机等。

2. 货运追踪

联邦快递信使前来接送包裹时，会用一个叫 Super Tracker（超级追踪）的扫描仪扫描条形码标签。客户可以用包含在 FedEx Ship 软件中的 FedEx POWERSHIP 2 自动货运系统生成这种条形码，用以标定投递目的地、服务投递类别及投递时限。这些信息用于精确识别各个包裹，以及从始发地到目的地的即定路线，投递信息还可立即由客户查询。

3. FedEx 网站

联邦快递公司在自己的网站（www.fedex.com）上引入了 FedEx Internet Ship 服务，这是网上第一套投入实际运营的自动货运交易系统。客户们能在该网站完成全部托运过程，其中包括准备所有的在线文件；用任何一部激光打印机印下包裹的条形码标签；安排中途接货的信使；以及自动上载账单资料，等等。在其网站提供的服务中，最富创意的是 FedEx Ship Alert（FedEx 托运提醒）服务。当用 FedEx Internet Ship 准备包裹时，托运人可以向收件人或其他人发送电子邮件，提醒他们有包裹即将送到。两年后，联邦快递引入了 Virtual Order（虚拟订购）系统，允许中小型公司发布自己的 Web 页，使联邦快递公司的托运及跟踪系统与在线订购合二为一。Virtual Order 可帮助中小型公司在激烈的市场竞争中多一分胜算。

4. 跨国托运

随着用户对快速、可靠的跨国托运提出越来越高的要求，联邦快递也做出了积极的响应。FedEx 系统中一个重要的环节就是 Express Clear Electronic Customs Clearance（电子化快速关税兑付）。它采用了一套自动化的提前报关系统，精简了跨国托运的手续。托运物品还在途中，Express Clear 系统就已经通过先进的计算机技术为其迅速办理好了入关手续，从而赢得了宝贵的时间。Express Clear 采用了两大高科技系统：一个是电子数据交换（EDI），另一个是成像技术，当需要附加文档时，原始文件扫描进联邦快递的计算机通信系统以传递出去。由于能及时访问与托运有关的信息，用户从中得到了极大的好处。对那些联邦快递提供服务的所有国家，由联邦快递自行开发的一个数据库都能为其提供服务，此外，任何目的地都能立刻查询到需要的托运费是多少。

（资料来源：柳健. 新编物流管理案例及解析［M］. 北京：北京大学出版社，2013）

问题：

1. 说明 FedEx 系统如何对寄送的包裹进行追踪?
2. 联邦快递的 Web 站点都提供了哪些服务?
3. 你认为中国的快递公司在信息技术应用方面应该向联邦快递学习哪些东西?

案例 3

UPS 的核心竞争优势：现代物流信息技术

成立于 1907 年的美国联合包裹服务公司（UPS Express）是世界上最大的快递承运商与包裹递送公司。然而，进入 21 世纪以来，随着竞争对手利用不同的定价策略及跟踪技术对 UPS 的市场进行蚕食，UPS 的收入开始下滑。许多大型的托运人希望通过单一服务来源提供全程的配送服务，进一步，顾客希望通过掌握更多的物流信息，以利于自身控制成本和提高效率。随着竞争的白热化，这种服务需求变得越来越迫切。正是基于这种服务需求 UPS 从 90 年代初开始了致力于物流信息技术的广泛利用和不断升级。今天，提供全面物流信息服务已经成为包裹速递业务中的一个至关重要的核心竞争要素。

1. UPS 公司通过应用三项以物流信息技术为基础的服务提高了竞争能力

第一，条形码和扫描仪使 UPS 公司能够有选择地每周 7 天、每天 24 小时地跟踪和报告装运状况，顾客只需拨个免费电话号码，即可获得“地面跟踪”和航空递送这样的增值服务。

第二，UPS 公司的递送驾驶员现在携带着以数控技术为基础的笔记本电脑到排好顺序的线路上收集递送信息。这种笔记本电脑使驾驶员能够用数字记录装运接收者的签字，以提供收货核实。通过电脑协调驾驶员信息，减少了差错，加快了递送速度。

第三，UPS 公司最先进的信息技术应用，是创建于 20 世纪末的全美无线通信网络，该网络使用了 55 个蜂窝状载波电话。蜂窝状载波电话技术使驾驶员能够把适时跟踪的信息从卡车上传送到 UPS 公司的中央电脑。无线移动技术和系统能够提供电子数据储存，并能恢复跟踪公司在全球范围内的数百万笔递送业务。通过安装卫星地面站和扩大系统，UPS 使适时包裹跟踪成为现实。

2. UPS 公司通过在三方面推广物流信息技术发挥了核心竞争优势

在信息技术上，UPS 已经配备了第三代速递资料收集器Ⅲ型 DIAD，这是业界最先进的手提式计算机，可几乎同时收集和传输实时包裹传递信息，也可让客户及时了解包裹的传送现状。这台 DIAD 配置了一个内部无线装置，可在所有传递信息输入后立即向 UPS 数据中心发送信息。司机只需扫描包裹上的条形码，获得收件人的签字，输入收件人的姓名，并按动一个键，就可同时完成交易并送出数据。Ⅲ型 DIAD 的内部无线装置还在送货车司机和发货人之间建立了双向文本通信。专门负责某个办公大楼或商业中心的司机可缩短约 30 分钟的上门收货时间。每当接收到一个信息，DIAD 角上的指示灯就会闪动，提醒司机注意。这对消费者来说，不仅意味着所寄送的物品能很快发送，还可随时“跟踪”到包裹的行踪。通过这一过程，速递业真正实现了从点到点、户对户的单一速递模式，向除为客户提供传统速递服务外，还包括库房、运输及售后服务等全方位物流服务的发展，从而大大地拓展了传统物流概念。

（资料来源：柳健. 新编物流管理案例及解析［M］. 北京：北京大学出版社，2013）

问题：

1. UPS 采用了什么信息技术？这些信息技术同 UPS 公司的经营战略是怎样相联系的？假如这些技术不存在，情况又会怎样？

2. 结合所学知识，试分析物流信息技术在当今快递行业中的作用体现在哪些方面。

第6章 仓储与库存管理

引导案例

连云港外贸冷库的选址案例

连云港外贸冷库于1973年由中国外经贸部（现为商务部）投资兴建，是我国外贸系统的大型冷藏库之一，由12 000吨的低温库（−18℃）和5 000吨的保鲜库（0℃）组成。连云港外贸冷库另有3 000平方米的普通仓库、100多吨运力的冷藏车队和年加工能力为1 500吨的冷冻品加工厂。其经营范围涉及物资储存、商品流通加工及食用油、副食品、饲料、建筑材料、金属材料的销售、代购、代销和公路运输服务等。

连云港外贸冷库所处的地理位置优越，在连云港港区内，冷库门前公路东接港口，西接宁连、徐连、汾灌高速公路，距离连云港民航机场只有50千米，库内有铁路专用线与亚欧大陆桥东桥头堡相连，毗邻公路、铁路客运站，交通十分便捷。

连云港外贸冷库拥有设备完善的主库，其冷冻冷藏条件一流。保鲜库为国内外客户储存苹果、香蕉等果品和大蒜、洋葱等蔬菜类保鲜食品；冷冻品加工厂设备完善，质保体系严格，采用恒温避光作业，拥有蔬菜、水产品两条加工生产线，可常年同时加工鲜、冻农副产品及水产品，并且仓库在存放商品方面条件优越。

（资料来源：贾争现. 物流配送中心规划与设计[M]. 北京：机械工业出版社，2009.）

讨论：

1. 结合案例，请说明仓库具有哪些功能？
2. 结合案例，谈一谈仓库在选址和功能设计中需要考虑哪些因素？

学习目标

① 了解仓储管理的意义和仓库的功能；
② 了解仓储决策的内容；
③ 了解自营仓库和公共仓库的优缺点；
④ 掌握选择自营仓库和租赁公共仓库的原则；
⑤ 掌握仓库的设计和布局原理；
⑥ 了解库存的作用和弊端；

⑦ 了解库存的分类；
⑧ 掌握定量订货法和定期订货法；
⑨ 掌握 ABC 库存管理方法；
⑩ 掌握经济订货批量的计算。

6.1 仓储管理概述

“仓”也称为仓库，是存放物品的建筑物或场地，可以是房屋建筑、大型容器、洞穴或特定的场地等，具有存放和保护物品的功能；“储”表示收存以备使用，具有收存、保管、交付使用的意思。“仓储”则为利用仓库存放、储存未即时使用的物品的行为。简而言之，仓储就是在特定的场所储存物品的行为。

6.1.1 仓储管理的意义

仓储管理就是对仓库及仓库内的物资所进行的管理，是仓储机构为了充分利用所具有的仓储资源，提供高效的仓储服务所进行的计划、组织、控制和协调过程。具体来说，仓储管理包括仓储资源的获得、仓储商务管理、仓储流程管理、仓储作业管理、保管管理、安全管理等多种管理工作及相关的操作。

仓储管理是一门经济管理科学，同时也涉及应用技术科学，故属于边缘性学科。仓储管理的内涵随着其在社会经济领域中的作用不断扩大而变化。仓储管理是指对仓库及其库存物品的管理，仓储系统是企业物流系统中不可缺少的子系统。物流系统的整体目标是以最低的成本提供令客户满意的服务，而仓储系统在其中发挥着重要作用。仓储活动能够促进企业提高客户服务水平，增强企业的竞争能力。现代仓储管理已从静态管理转化为动态管理，对仓储管理的基础工作也提出了更高的要求。

6.1.2 仓库概述

1．仓库的定义

仓库是保管、储存物品的建筑物和场所的总称，是在物流系统中为企业储存原料、半成品及成品的场所。

2．仓库的功能

仓库作为物流服务的据点，在物流作业中发挥着重要的作用。它不仅具有储存、保管等传统功能，而且还具有拣选、配货、检验、分类、信息传递功能，并具有多品种、小批量，多批次、小批量等配送功能及附加标签、重新包装等流通加工功能。

（1）储存和保管的功能

储存和保管是仓库最基本的功能。仓库具有一定的空间，用于储存物品，并根据物品的特性配备有相应的设备，以保持储存物品的完好性。例如，储存挥发性溶剂的仓库必须设有通风设备，以防止空气中挥发性物质含量过高而引起爆炸；储存精密仪器的仓库需要设置空调、恒温等控制设备，目的是防潮、防尘、保持恒温等。在仓库作业时，还有一个基本要求，就是防止搬运和堆放时碰坏、压坏物品，从而要求搬运器具和操作方法的不断改进和完善。

（2）调节供需的功能

创造物质的时间效用是物流的两大基本职能之一，物流的这一职能是由物流系统的仓库来完成的。现代化大生产的形式多种多样，从生产和消费的连续来看，每种产品都有不同的特点，有些产品的生产是均衡的，而消费是不均衡的，还有一些产品的生产是不均衡的，而消费却是均衡不断进行的。要使生产和消费协调起来，这就需要仓库起到“蓄水池”的调节作用。

（3）流通配送加工的功能

现代仓库的功能已由保管型向流通型转变，即仓库由原来以储存、保管货物为核心转为以流通、销售为核心。仓库不仅具有仓储、保管货物的设备，而且还增加了分拣、配套、捆装、流通加工、信息处理等设施。这样，既扩大了仓库的经营范围，提高了物资的综合利用率，又方便了消费，提高了服务质量。

（4）调节货物运输能力的功能

各种运输工具的运输能力差别较大，船舶的运输能力很大，海运船舶一般都在万吨以上，内河船舶也有几百吨至几千吨的。火车的运输能力稍小，每节车皮能装 30～60 吨，一列火车的运量多达几千吨。汽车的运输能力最小，一般在 10 吨以下。它们之间运输能力的差异也是通过仓库进行调节和衔接的。

（5）信息传递的功能

伴随着以上功能的改变，导致了仓库对信息传递的要求。在处理有关仓库活动有关的各项事务时，需要依靠现代信息技术来提高仓储物品信息的传输速度，及时而准确地了解仓储信息，如仓库利用水平、进出库的频率、仓库的运输情况、顾客的需求及仓库人员的配置等。

3．仓库的保管方式

1）地面平放式——将保管物品直接堆放在地面上。

2）托盘平放式——将保管物品直接放在托盘上，再将托盘平放于地面。

3）直接堆放式——将货物在地面上直接码放堆积。

4）托盘堆码式——将货物直接堆码在托盘上，再将托盘放在地面上。

5）货架存放式——将货物直接码放在货架上。

6.1.3　仓库的分类

仓库的类型根据其在生产及流通领域中所处的地位和功能有所不同，仓库的设置要根据各种物品储存条件的不同要求，与生产及流通各部门的联系程度、地理条件、投资的大小等因素来做出决定。目前我国的仓库根据不同的角度，有如下几种分类方法。

1．按储存商品的性能和技术条件分类

（1）通用仓库

通用仓库又称普通仓库、综合仓库，适用于不需要特殊保管条件的商品，如一般日用工业品。通用仓库根据商品性能一致、护养措施一致的原则，对商品进行分区分类管理，如图 6-1 所示。这类仓库不需要特殊的技术装备，在我国商业仓库中所占的比重较大。

（2）专用仓库

专用仓库是一种配有冷藏、保温等设施的仓库，适用于储存性能比较特殊的商品，或者具有一定技术装备能适应有特殊储存要求的商品。食糖、果品、粮食、药材、禽畜等商品容易溶化、霉变、腐烂，且数量较大，需要单独储存在专用仓库中。

（3）危险品仓库

危险品仓库是一种配置有特殊装备和相应消防手段的专用仓库，如图 6-2 所示。危险品具有易燃、易爆、有毒、有腐蚀性或有放射性等特性，严禁与一般商品混放。危险品仓库的主要任务就是要确保各类危险品的储存安全。

图 6-1　通用仓库内景

图 6-2　危险品仓库外景

2．按仓库的主要职能分类

（1）储备仓库

储备仓库主要是储存常年生产、季节消费，或者季节生产、常年消费的商品。这类仓库可以设在商品流通的起点，也可以设在商品流通的终点。储备仓库对商品的养护要求较高。

（2）批发仓库

批发仓库主要是储存商业批发部门收购进来的商品，然后向零售商店或其他商业批发部门陆续供应。根据要货单位的要求，一般需要办理商品的续配、拆零、分装、改装等业务。这类仓库的业务特点是数量小、批次多，吞吐频率高，大多设在消费地。

（3）零售仓库

零售仓库主要是为零售商店短期存货。零售部门从批发部门进货后，一般要进行必要的拆包、检验、分类、分级，或者重新分装、改装。这类仓库一般附设在零售商店内，规模大的零售商店可以在附近专设零售仓库。

（4）中转仓库

中转仓库主要是解决商品在运输途中，由于换装运输工具暂时停留的需要。这类仓库一般都设在车站、码头、机场附近，也有一部分中转仓库与当地物流部门所属仓库结合在一起使用。

（5）保税仓库

保税仓库是经海关批准，在海关监管下，专供存放未办理关税手续而入境或过境货物的仓库。

3．按运营形态的不同分类

（1）营业仓库

营业仓库是指仓储经营人以其拥有的仓储设施，向社会提供商业性仓储服务的仓库。仓储经营人与存货人通过订立仓储合同的方式建立仓储关系，并依合同约定提供服务和收取仓储费。营业仓库主要有提供货物仓储服务和提供仓储场地服务两种形式。

（2）自备仓库

自备仓库是生产企业或流通企业为了本企业自身物流业务的需要而修建的附属仓库。

（3）公用仓库

公用仓库属于公用服务的配套设施，为社会物流服务的仓库。

4．按仓库的建筑形态分类

（1）单层仓库

单层仓库主要适于储存金属材料、建筑材料、矿石、机械产品、车辆、油类、化工原料、木材制品等物品。水运码头仓库、铁路运输仓库、航空运输仓库多采用单层建筑，以加快装卸速度。单层仓库的布局要求道路贯通，能方便装运车辆、铲车直接进出仓库。

（2）多层仓库

多层仓库一般储存百货、电子器材、食品、橡胶产品、药品、医疗器械、化学制品、文化用品、仪器仪表等。仓库底层应有卸货装货场地，装卸车辆可直接进入。这种仓库占地面积小，节省人力，但储存货物的类别有一定的范围。多层仓库如图 6-3 所示。

图 6-3　多层仓库

（3）罐式仓库

罐式仓库一般为圆筒形和球形仓库，如图 6-4 所示。圆筒形仓库一般储存散装水泥、干矿渣、粉煤灰、散装粮食、石油和液体物品。球形仓库一般储存煤气、天然气等气体。罐式仓库的建筑设计要根据储存物品的种类和进卸料方式确定。库顶、库壁和库底必须防水、防潮，库顶应设吸尘装置。为便于日常维修，要设置吊物孔、入孔（库壁设爬梯）、量仓孔和起重吊钩等。

图 6-4 罐式仓库

6.2 仓储的基本决策

在现代企业仓储管理中，经常会遇见大大小小的决策问题，其中最基本的仓储决策是仓库的产权决策、仓库的数量决策、仓库的选址决策和仓库的布局决策。

6.2.1 仓库的产权决策

仓储决策中第一项考虑的就是选择自建仓库还是租赁仓库。企业既可以自行设置仓库（称为自用仓库），也可以租用公共仓库。使用自营仓库，能有效地实施控制，但缺点是占用资金较多，同时在需要更换仓库地点时缺乏弹性。反之，企业使用公共仓库，只要按使用空间的大小和时间长短支付费用，且公共仓库常为企业提供其他额外服务，如商品检验、包装、代运、提供办公地点及设备等。企业如决定租用公共仓库，需要对仓库地点和类型加以选择。特别要根据储存商品的需要选择专业性仓库，如冷藏仓库、散装仓库等。

1. 租赁公共仓库的优点

（1）节省资金投入

使用公共仓库的最大优点就是可以节省企业资金的投入，减小企业财务方面的压力。公共仓库不要求企业对仓库的设施和设备做任何投资，企业只需支付相对较少的租金即可得到仓储服务。

（2）减少投资风险

一般来讲，仓库设施和设备的使用寿命为 20～40 年。企业自己投资建造仓库及相关设施时，可能会由于技术或业务量的变化而使仓库及其相关设备在其寿命期内提前报废，或者因长期达不到经济使用率而浪费资金。使用公共仓库，就没有这方面的风险，企业可以自由地选择和更换仓库设备。

（3）缓解库存高峰时的库存压力

大多数企业由于产品的季节性、促销活动或其他原因而经常导致存货水平发生变化，利用公共仓库，由于没有仓库容量的限制，从而能够满足企业在不同时期对仓储空间的需求（尤其是库存高峰时大量额外的库存需求），从而带来明显的成本优势。使用公共仓库的成本将直接随着储存货物数量的变化而变动，从而便于管理者掌握成本。

（4）灵活性——最大限度的存货配置灵活性

如果企业自己拥有仓库或长期租赁仓库，那么当仓库所在地的商业经营模式发生了改变，或者企业的经营方向发生转变时，原来的仓库就会成为企业的额外负担。而公共仓库却没有这方面的问题，由于公共仓库的合同是短期的，当市场（如顾客群的扩大或缩小）、运输方式、产品销售或企业的财务状况等发生变化时，企业就能灵活地根据市场形势的要求来改变仓库的位置，自由地进行公共仓库的租赁决策。而且，企业不必因仓库业务量的变化而增减员工；另外，企业还可以根据仓库对整个分销系统的贡献及成本和服务质量等因素，临时签订或终止租赁合同。

（5）降低仓储成本

公共仓库会产生自营仓库难以达到的规模经济。由于公共仓库为众多企业保管大量库存，因此，与自营仓库相比，大大提高了仓库的利用率、降低了存货的单位储存成本；另外，规模经济还使公共仓库能够采用更加有效的物料搬运设备及相关技术，从而提供更好的服务；最后，公共仓库的规模经济还有利于拼箱作业和大批量运输，从而降低货主的运输成本。

（6）掌握保管和搬运成本

当企业使用公共仓库时，由于每月可以得到仓储费用单据，所以可清楚地掌握保管和搬运的成本，有助于企业预测和控制不同仓储水平的成本。而当企业自己拥有仓库时，很难确定其可变成本和固定成本的变化情况。

（7）专业化操作

公共仓库的工作人员一般都受到过良好的仓储管理专业训练。一个受过训练、有经验的工作人员可以减轻用户在操作、劳动、安全、保险、环保、法律等相关方面的责任。

2．租赁公共仓库的缺点

（1）无法提供特定地区的储存空间或特殊服务要求

公共仓库无法提供在某一特定地区的储存空间或特殊服务要求。大多数公共仓库只能提供本地仓库，因此销售市场较分散的企业必须与不同的仓库经营者签订合同并监控这些合同，这自然会增加企业的控制成本。另外，对于一些企业的特殊要求，公共仓库所能提供的个性化服务也很少。

（2）增加包装成本

公共仓库中储存了各种不同种类的货物，而各种不同性质的货物有可能互相影响。因此，企业使用公共仓库时必须对货物进行保护性包装，从而增加了包装成本。

（3）企业对公共仓库中的存货难以控制

企业与仓库经营者都有履行合同的义务，但盗窃、货物损坏等因素给货主造成的损失将远远大于得到的赔偿。因此在控制存货方面，使用公共仓库将比使用自营仓库承担更大的风险。

3．自营仓库的优点

（1）较强的控制能力

由于企业对自营仓库拥有所有权，所以企业作为货主可以按照自己的意愿在仓库内储存产品，能够对仓储实施更大程度的控制。

（2）较高的灵活性

这里的灵活性并不是指能迅速增加或减少仓储空间，而是指由于企业是仓库的所有者，所以可以按照企业的要求和产品的特点对仓库进行有效的设计和布局，使得企业的柔性化程度更高，而公共仓库难以满足这种要求。

（3）较低的仓储成本

如果自营仓库能得到长期的充分利用，则自营仓库的成本将低于公共仓库的成本。

（4）充分发挥人力资源的优势

企业拥有自营仓库时，可以充分利用企业的人力资源。当企业自己的工作人员在管理仓库时，可以对仓库的储存和维护更加细心，同时可以充分利用专业化带来的优势。

（5）为企业树立良好形象

当企业拥有自己的仓库或将产品储存于自营仓库时，会给客户一种企业持续、长久和稳定的商业运作形象。客户会认为企业的经营十分稳定、可靠，企业的产品供给是稳定的和可依赖的，是产品的持续供应者，这将有助于提高企业的竞争优势。

4．自营仓库的缺点

（1）仓库容量有限

不管企业对仓储空间的需求如何，自营仓库的容量是固定的，不能随着需求的增加或减少而扩大或减小。当企业对仓储空间的需求减少时，企业仍须承担自营仓库中未利用部分的成本；而当企业对仓储空间有额外需求时，自营仓库却无法满足。另外，自营仓库还存在位置和结构的局限性，使得企业不能迅速地随市场的变化情况而变化。这将会使企业失去许多重要的商业机会。

（2）投资大且投资回报率较低

建造自营仓库是一项长期的、有风险的投资，并且因其专业性，沉没成本高，以至于以后难以出售。另外，在大多数的情况下，自营仓库的投资回报率一般都很低，它很难获得与其他投资项目一致的投资回报率。而企业若将资金投资于其他项目可能会得到更高的回报。因此，投资建造自营仓库的决策要非常慎重。

5．自营仓库和租赁公共仓库的选择

从以上分析可以看出，自营仓库和公共仓库各有优势，企业决策的依据是仓储的总成本最低。企业是自建仓库还是租赁公共仓库需要考虑以下因素。

（1）周转总量

如果存货周转量较高，自营仓库更经济。相反，当周转量相对较低时，选择公共仓库更为合理。

（2）需求的稳定性

需求的稳定性是自建仓库的一个关键因素。许多厂商具有多种产品线，使仓库具有稳定的周转量，因此自营仓库的运作更为经济。

（3）市场密度

市场密度较大或许多供应商相对集中，有利于修建自营仓库。这是因为零担运输费率相对较高，经自营仓库拼箱后，整车装运的运输费率会大大降低。相反，市场密度较低，则在不同地方使用几个公共仓库要比一个自营仓库服务一个很大的地区更经济。

6.2.2　仓库的数量决策

仓储领域的另一项重要决策是仓库的数量决策，即在整个物流系统中该设多少仓库。一般来说，仓库数量越多，带来的系统总的储存成本和库存成本就越高，同时运输成本和失销成本也越低，所以要在这两者之间寻找平衡。

只有单一市场的中小规模的企业通常只需一个仓库，而产品市场分布广泛的大规模企业要经过仔细分析和慎重考虑才能做出正确选择。但这一决策仍然要基于成本的权衡分析。

1．成本的权衡分析

仓库数量对物流系统各项成本都有重要影响。从图 6-5 所示仓库数量的成本比较中可以看出：随着系统中仓库数量的增加，运输成本和销售丧失成本会减少，而存货成本和仓储成本将增加。但是，当仓库数量增加到一定规模时，存货成本和仓储成本的增加额超过运输成本和失销成本的减少额时，总成本就开始上升。

1）由于仓库数量的增加，企业可以进行原材料或产成品大批量运输，所以运输成本会下降。另外，在销售后勤方面，仓库数量的增加使仓库更靠近客户和市场，因此减少了货物的运输里程，这不仅会降低运输成本，而且由于能及时地满足客户需求，提高了客户服务水平，减少了丧失销售的机会，从而降低了失销成本。

2）由于仓库数量的增加，总的储存空间也会相应扩大，因此仓储成本会上升。

3）当仓库数量增加时，总存货量就会增加，相应的存货成本也会随之增加。存货数量的增加，意味着需要更多的储存空间。

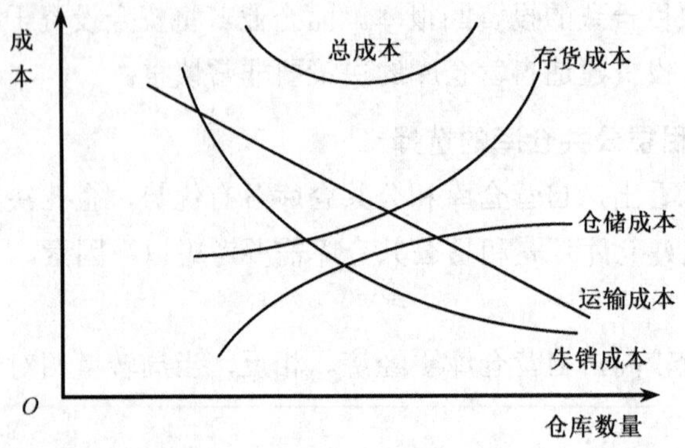

图 6-5　仓库数量的成本比较

2．影响仓库数量的因素

（1）客户服务

影响仓库数量的一个因素是客户服务的需要。一般来说，产品的可替代程度与所需的客户服务水平之间存在着很强的相关关系。当企业的服务反应速度远远低于竞争对手时，它的销售量就会大受影响。如果客户在需要的时候不能买到产品，那么再好的广告和促销活动都不起作用。所以当客户对服务标准要求很高时，需要更多的仓库来及时满足客户需求。

（2）运输服务

另一个影响仓库数量的因素是缺乏合适的运输服务。换句话说，如果需要快速的客户服务，那么就要选择快速的运输服务。由于运输方式的多样性，尤其需要与其他仓储决策结合考虑，使得仓库数量决策变得非常复杂。在不能提供合适的运输服务情况下，就要增加仓库来满足客户对交货期的要求。

（3）小批量购买

仓储分散化的另一个原因是经销商的小批量购买。经销商为了降低维护库存的成本，经常频繁地小批量购买。由于分销渠道对仓库需求的影响非常大，因此企业就有必要建更多的仓库来保证分销渠道的畅通。

（4）单个仓库规模

单个仓库的规模越大，其单位投资就越低，而且可以运用处理大规模货物的设备，因此单位仓储成本也会降低。所以，仓库规模大，则仓库数量可减少；仓库规模小，则仓库数量应增加。

（5）计算机的应用

随着计算机的普及和成本的降低，许多企业已将计算机用于仓储管理和决策，其中包括销售和成本分析、订单处理、存货控制、运输管理和仓库布局等。而且，应用模型及配套软件也广泛应用于现代化仓库中，大大提高了仓库资源的利用率和运作效率。可见计算机的应用使企业对仓库的控制不再受仓库数量与位置的限制。

6.2.3　仓库的选址决策

与仓库数量决策密切相关的是仓库的规模与选址。如果企业租赁公共仓库，那么仓库规模问题相对重要，而选址决策的重要性相对小一些，可以根据需要随时改变。如果企业自建仓库，尤其对于市场遍及全国甚至全球的大型企业来说，仓库的规模与选址就变得极为重要。

仓库选址也需要对成本进行权衡分析。必须根据仓库在分销渠道中的作用来确定仓库的具体位置。例如，服务功能强的仓库设在市场附近，而保管功能强的仓库靠近生产线。仓库选址必须综合考虑许多因素，如运输条件、市场状况和地区特点等，还需要评估设备安装和作业费用。此外，在确定仓库的选址之前，还必须满足其他几个要求，其中包括该地点必须提供足以扩充的空间、必要的公用设施、地面必须能够支撑仓库结构及该选址必须有充分的排水系统等。另一些要求须视具体情况而定，主要取决于建设的结构。概括地说，最终的选择必须进行广泛的分析。这些决策一旦实施，再进行改变的成本是非常高的，尤其是自有仓库。因此，适当考虑所有因素是非常重要的。

1. 影响仓库选址的因素

在进行仓库选址决策时，需要考虑各种影响因素和要求，必须懂得仓库选址的原则与仓库位置的特殊性，列出仓库选址规划的要点。在研究规划要点的时候，要从仓库有关的外部因素和内部因素两个方面来考虑，如表 6-1 和表 6-2 所示。

表 6-1　仓库选址的外部因素

外 部 因 素	规 划 要 点
国土开发计划	考虑国土开发计划中，有什么规定影响仓库选址
城市规划	了解城市未来的规划和发展，以便确定仓库有利的位置
道路与铁路规划	了解有关国家、省、县、市、镇、村道路、高速公路和铁路的发展计划，了解道路的宽度、桥梁的负荷能力、高速公路和出口位置等
其他公共设施规划	调查电力、煤气、医院、学校等公共设施的计划作为参考
气候、水木	这个问题对仓库非常重要，针对仓库存放的物料必须特别留意
温度、湿度	了解四季最高与最低温度、湿度，将这些数据作为判断的资料
运费及交通设备	对运输线路、运输时间、交通状况等的调查
水路、河流	了解航道宽度、深度、河流日常水量、上游的情况、过去洪水情况、水质、堤防状况及其维护状况等，根据情况利用水路或河流对仓库是有利的
港湾	调查港湾状况及利用效果等，了解海流、潮水涨落时的状况、潮流速度、涨落潮差等。调查港湾的风向、台风的情况及风向等
用地及地形	了解仓库用地的地势、地形等情况
给、排水	要切实调查给、排水是否方便等资料
电力、燃料等	了解供电电力容量和城市煤气供气的状态
确保劳动力	调查和判断劳动力是否容易获得
公害	了解在仓库附近有无污染环境的企业
废弃物处理	仓库所产生废弃物和垃圾的处理状况
市场情况	市场需求的时间、数量、地点

表 6-2　仓库选址的内部因素

内部因素	规划要点
经营政策和方针	根据政策去选定位置、性质及建设的形态
预测未来	预测仓库的未来需求
仓库技术	从确定技术水平的高低及其未来的理想状态方面进行研究
仓库的经费与核算	根据客观条件和企业的具体情况，分解仓库建设的成本
物料的装卸、堆放	仓库作业的工艺流程
卡车等车辆的周转	卡车出库的等待时间及行驶路线，是否存在障碍的情况
废物的处理	废物处理的渠道和场所

2．仓库选址的方法

仓库选址的方法有很多，主要从宏观角度来进行评价，考虑仓库的选址是否与企业的战略利益相符合，能否满足企业对原材料和市场营销的要求，能否提高对顾客的服务水平和降低总体的成本费用。

在仓库选址过程中，目前被认为最好的方法就是由美国选址理论专家埃德加·胡佛提出的传统的分类方法，即将仓库的选址划分为以市场营销定位的选址、以生产制造定位的选址和以快速配送定位的选址等几种选址方法。

（1）以市场营销定位的仓库选址

以市场营销定位的仓库选址方法就是以充分满足市场营销为前提，在最靠近顾客的地方选择仓库地址，追求顾客服务水平的最大化，缩短将产品配送给顾客的时间。同时，这可以在一定程度上获得仓库运输方面的规模经济（从生产工厂或原材料产地到仓库地址）。采用这种方法，主要应考虑将产品从仓库运输到配送中心或最终市场的影响因素（即产品运输成本、顾客订货时间、产品生产进度、产品订货批量、本地化运输的可行性和顾客服务水平等）。

（2）以生产制造定位的仓库选址

以生产制造定位的仓库选址方法就是选择最靠近原材料产地或生产加工地点的位置建造仓库，这种选址决策是专门为方便原材料的运输和集结及产成品加工而设定的，它能够给公司带来生产制造方面的便利。对于那些生产多种产品的公司来说，运输经济主要得益于从原材料产地到产成品流通过程中所带来的批量优势和整合装运优势。在这种方式下，影响仓库选址的因素主要有原材料的可获得性、工厂生产的产品数量和产品种类、顾客订单的分发配送情况及运输整合的效率等。

（3）以快速配送定位的仓库选址

以快速配送定位的仓库选址方法主要强调快速的配送，在最终顾客和生产厂商之间进行适当的权衡，从而进行仓库选址。一般来讲，它综合以上两种方法的优点，快速的配送运输使得最终顾客的服务水平大大提高，增强了原材料的及时供给能力和产成品的及时配送分销，缩短了产品投入市场的周期。它主要考虑运输能力和运输成本、运输路线的选择及运输配送数量的合理分配等方面的因素。如果是一个以顾客服务为中心的企业，生产出的多种产品需要配送到各个不同地点的配送中心，采取这种方法特别有效。

6.2.4　仓库的布局决策

1．仓库的总体设计

仓库的总体设计是指在已经选定的库址上，对仓库各种主要建筑物，包括库房、货棚、露天货场、铁路专用线、公路运输线、机械修理车间、办公和生活建筑物等，在规定的库区范围内进行合理的布置并协调它们之间的相互关系，其中又以主要建筑物与铁路专用线、公路位置为重点。

在已经选定的库址上，正确、合理的仓库总体设计可以为企业节约大量资金，大大加快建设速度，并且可以为仓库创造良好的经营管理条件，从而提高仓库的运营效率和效益。

（1）仓库总体设计的任务

根据库区场地条件和仓库的业务性质、规模大小、技术设备等特点，合理地综合解决各建筑物和公用设施等在库区内的平面与竖向布局；合理设置交通线路和附属工程；有效地利用土地面积；在建设投资小、收效快的情况下，为安全、方便、多储商品、提高仓储服务质量和仓库的运营效率创造有利的条件。

（2）仓库总体设计的主要内容

1）根据地形和地质情况，决定合理的库房、货场平面组合，以及相应的附属工程。

2）根据地形、地质、地下水等具体情况，进行库区平面和竖向布局。

3）根据仓库性质（储存、中转、加工、特种库等），决定库内外的运输系统。

4）制定地面和地下排水方案。

（3）仓库总体设计的基本要求

1）体现国家经济发展的方针、政策，并结合当地情况，在满足使用的要求下，做到经济合理，尽量减少投资，降低造价。

2）近期和远期相结合。每个仓库应根据其发展条件，有一个长远规划。而近期工程不应影响整个工程的安排，也不应过多、过早地占用土地。

3）有利于提高仓库经济利益。与地形和工程地质情况密切结合，因地制宜地选择仓库结构，合理分区，布置紧凑。

4）有方便的运输设施与合理的运输线路，使运输线路最短捷，避免交叉和往返迂回现象，适应储运生产的流程，有利于储运生产正常进行。

5）注意消防、安全设施和位置配设，库区与生活区应适当隔离，以及避开外界不安全因素的影响，有利于安全生产和文明生产。

（4）对仓库总体设计影响较大的因素

对仓库总体设计影响较大的因素包括：仓库规模，仓库的业务性质、吞吐量和储存量，仓库的专业化程度，储存商品的种类和特性，运输方式，地形和地质条件。

（5）仓库的总体设计安排

仓库的总体设计安排主要取决于仓库的业务流程和运输条件。仓库的总体设计安排应当尽量保证商品从验收入库、保管养护直至出库这一系列作业过程中不发生重复搬运、迂回运输等问题，各作业环节之间紧密联系又互不影响，并且促进仓库作业能力的提高和仓库各项费用的降低。仓库的总体设计安排是新建或扩建仓库时考虑的问题，对已经建起的仓库，则主要考虑如何更加合理地使用和进一步规划，使之满足仓库技术作业过程的要求。

通常在确定仓库总体设计安排时，应当考虑以下4点。

1）仓库的库房、货棚、货场、装卸站台等。这些是仓库的主体，在仓库中，应该尽可能使其成直线布置，避免斜向布置，并使之互相平衡。这样，既可以使运输线路布置合理，又可以使仓库场地得到充分利用。要注意将存放性质相同或相近，互相之间没有不良影响的商品库房（或货棚）布置在同一个区域内，把互有不良影响的商品库房（或货棚）相互隔开。

2）铁路、公路交通运输线。库内外的运输通道必须保持畅通。铁路专用线必须与库内各条交通运输线相通，形成一个完整的交通运输网。铁路专用线与主要公路线应当沿着仓库场地的长边布置，以充分利用仓库内的面积，而且最好在仓库宽度的正中央或宽度的2/3的位置。要用并列双轨铁道，中间或两头设1～2股渡线，以方便调车作业，大大地缩短库内的装卸搬运距离，减少仓库内装卸搬运的工作量。为避免在专用线装卸车时阻塞内部交通，应设有两条以上铁路专用线和公路的交叉口。仓库内部的铁路专用线如图6-6所示。

图6-6　仓库内部的铁路专用线

3）为了便于接洽业务和管理，仓库的办公室和生活区一般应设在仓库入口处附近，但必须和储存商品的库房、货棚、货场分开，并保持一定距离，以保证安全。如果条件允许，应尽可能将其集中在仓库的横头一侧，同时，最好在常年的上风方向，以免灰尘和有害气体侵入库内。

4）仓库的内部安排应使仓库内部运输及仓库到主要送货单位或主要码头、车站的运输线路最短，并尽可能减少运输线路和行人通道之间的交叉布置。库内建筑物之间的距离必须符合防火安全与卫生安全的要求，也要保证最大限度地利用场地面积。仓库的内部安排还应当考虑到将来扩建的可能性。

（6）仓库建筑总体规划

1）仓库建筑面积规划。所建仓库面积主要根据商品周转量大小及储存商品种类、储存方法而定，一般包括存货面积、走道和交通线路面积、储运作业面积及办公和生活场所面积。

2）场库内交通线路规划。

① 铁路。商品场库内的铁路线最好是用贯通式，一般应顺着库长方向铺设，并应使岔线的直线长度达到最大限度，其股数应根据场库宽度和货场运量确定，并应使所有库房都通铁路。

② 汽车道。主要用于起重搬运、机械调动及防火安全，同时也保证仓库和办公室、社会活动场所之间的畅通。汽车道宽度应在 3.5～6.0 米，道路应直达库边站台。

③ 库内消防安全道。消防车要尽量利用生产用交通道，如另设消防车道，宽度不得小于 3.5 米。

（7）仓库的总体构成

仓库内部结构如图 6-7 所示。

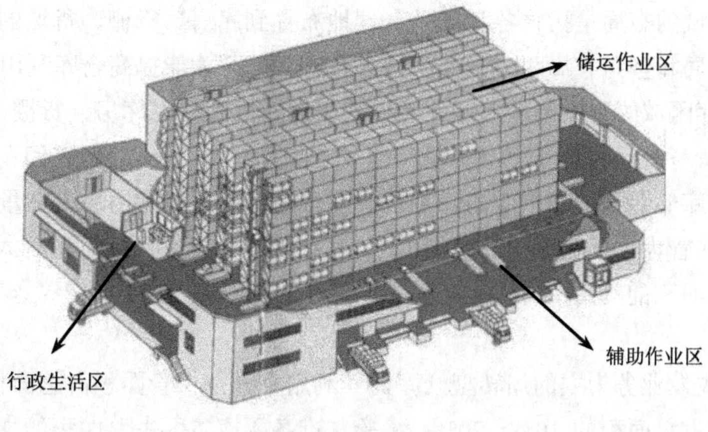

图 6-7　仓库内部结构

1）储运作业区。储运作业区是仓库的主体部分，是商品储运活动的作业场所，主要包括储货区、铁路专用线、道路、装卸台、码头等。

2）辅助作业区。辅助作业区是为商品储运保管工作服务的辅助车间或服务台，包括车库、变电室、油库、维修车间等。

3）行政生活区。为了便于业务接洽和管理，仓库行政管理机构一般设在仓库入口附近。行政生活区与储运作业区应分开，并保持一定距离，以保证仓库的安全及行政办公和居民生活安全。

2. 仓库的内部布局

仓库布局决策是指对仓库内部通道空间、货架位置/方向、货架层数、配备设备及设施等实物布局进行决策，其目的是充分利用储存空间、提高存货的安全性、便于存放拣选货物、有效利用搬运设备、提高仓库运作效率和服务水平。

（1）影响仓库布局的主要因素

1）仓库的职能。仓库的职能即仓库除了提供储存功能外，是否同时提供货物集中、拆装、混合等多项服务。

2）仓库所储存货物的种类。仓库所储存货物的种类即看仓库是存放单一货物还是多种货物。

3）货物储存的规格。货物储存的规格是指储存货物的重量、体积。

4）货物的属性。货物的属性是指储存货物的特点和性质对储存条件的要求。

5）货物的包装。货物的包装指储存货物的包装形态，是否采用托盘等成组包装形式。

6）货物储存定位的方法。货物储存定位的方法一般分为定位储存和随机储存。定位储存一般对特定货物指定固定储存位置；随机储存一般没有此类要求，进库货物可根据当时情况随机选择存放位置，通常该方法可更充分地利用储存空间，但管理难度较大。因此，采用固定法的仓库需要针对所经营的货物分别指定储存位置。

7）库存周转速度。现代仓库一般对周转慢的货物特别划定储存区进行保管。

（2）储存区域的合理布局

储存区域的布局是指将各种商品合理地布置到库房、货棚、货场的平面和空间。它包括平面布局和竖向布局两个方面，只有合理布局，才能提高仓库利用率。

1）储存区域的平面布局。储存区域的平面布局是指对库房、货棚、货场内的货垛、货架、通道、货垛间距、收发货区等进行合理的划分，正确处理它们在平面上的相互位置关系。仓库储存区域的平面布局是否合理可用仓库面积利用率来衡量。

① 以保管为主要业务的储备型仓库，其利用率为：保管面积占总面积的 60%～80%；检验区占总面积的 5%～10%；入出库通道占总面积的 10%～20%；集结区占总面积的 5%～10%。

② 以收发业务为主的周转型仓库，其利用率为：保管面积占总面积的 30%～60%；入出库通道占总面积的 10%～20%；检验与准备入库货区占总面积的 15%～25%；集结区占总面积的 5%～10%。

2）仓库储存区域的竖向布局。竖向布局是库存商品在仓库立体空间上的布置，即货垛和货架的实际高度与仓库建筑高度的布置关系。竖向布局可采取就地码垛、货架储放、托盘货架、托盘堆码、架上平台、悬臂存放等方式，如图 6-8 所示。

（a）就地码垛

（b）货架储放

（c）托盘货架

（d）托盘堆码

（e）架上平台

（f）悬臂存放

图 6-8　仓库内部货物存放方式

（3）仓库储存区域平面及竖向布局应遵循的原则和要求

1）要尽量扩大存放商品的储存面积，同时也要合理安排作业通道、货垛间距、收发货场和墙距所占用的非保管面积。

库内作业通道用于装卸搬运设备行驶，其宽度视装卸设备类型而异。例如，叉车所需通道宽度为 1.65～2.5 米，移动式起重机为 2～4 米，桥式起重机则为 1 米。

仓库收发货场地的面积要保证一次收发货批量检验时所需的面积。一般利用主通路作为收发货场地时，不需要另开辟场地。

存货与库房内墙之间留出 0.6～1.5 米的间距（墙距）以利通风散潮和便于库内作业，有时作为仓库墙壁基础的安全地带。

在仓库的储存总面积内，要考虑一定的备用系数，以适应仓库储存量增长和商品储存量不均衡等因素的需要。

2）库内平面布局要保证仓库作业的连续性，使商品的收发保管作业互不干扰，一般较常采用的是横列式布局和纵列式布局，如图 6-9 所示。

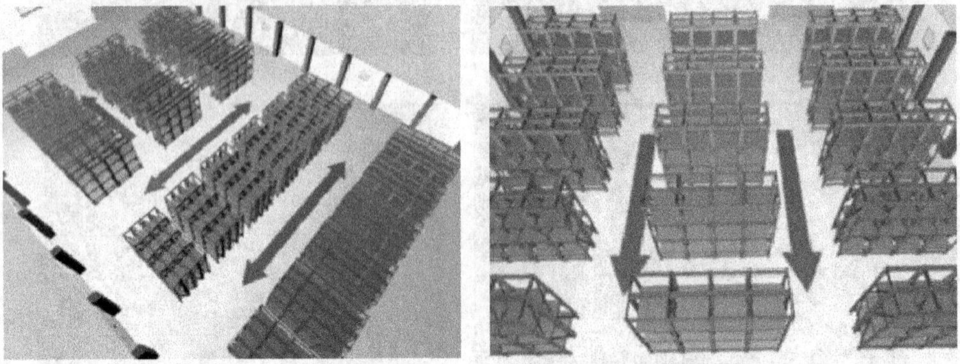

（a）横列式布局　（b）纵列式布局

图 6-9　一般仓库内部布局

3）合理利用仓库地坪建筑承载能力。仓库地坪单位面积建筑承载能力因地面、垫层和地基的结构而有所不同。例如，在坚硬的地基上采用 300 毫米厚的片石，地面用 200 毫米厚的混凝土，其建筑承载能力为 5～7 吨/平方米。可采用装卸机械化、各种形式货垛和货架来充分利用地坪承载能力。

4）要注意保证商品的存放安全。如确定货垛高度要考虑到商品的承压能力、库内设备的操作条件等。

对不同性质的企业来讲，仓库的内部布局和设计是不一样的，但最根本、最关键的一点，是首先应当充分利用现有仓库的内部空间，然后根据储存产品的特点、公司的财务状况、市场竞争环境和顾客的需求情况来适时改变仓库布局。另外，仓库经理必须考虑成本方面的因素，在仓库职工的工资和福利开支、仓库设备能力的大小、仓库空间的使用率和仓库管理信息系统的配置等方面进行必要的权衡和考虑。

仓库选址决策和仓库内部布局是一项很重要的工作，它涉及仓库大小、库址选择、内部布局及仓库管理等多方面的内容。近年来，计算机技术和通信设备在仓库管理过程中扮演着越来越重要的角色，随着网络经济和电子商务时代的到来，全球化经营的趋势已经越来越明显，企业将面对全球仓库选址和仓库内部布局的决策问题。

3．仓库的布局原则

仓库内部商品搬运主要有手工搬运、机械化搬运、自动化搬运和混合搬运等几种方式。商品搬运系统是仓库计划最初要考虑的因素之一。在一个仓库内，库存商品的移动是其主要功能。因此，早在仓库设计阶段的初期，就应该考虑好物料搬运系统，仓库的布局和结构设计需要最大限度地为商品流动提供便利，仓库的布局原则主要包括以下几点。

1）为使物品出入库方便，容易在仓库内移动，基本条件是将物品面向通道保管。

2）货物尽可能地向高处码放，提高保管效率，有效利用库内容积。为防止破损，保证安全，应当尽可能使用棚架等保管设备。

3）根据出库频率选定位置。出货和进货频率高的物品应放在靠近出入口、易于作业的地方；流动性差的物品放在距离出入口稍远的地方；季节性物品则依其季节特性来选定放置的场所。

4）同一品种在同一地方保管。为提高作业效率和保管效率，同一物品或类似物品应放在同一地方保管，员工对库内物品放置位置的熟悉程度直接影响着出入库的时间，将类似的物品放在邻近的地方也是提高效率的重要方法。

5）根据物品重量安排保管的位置。安排放置场所时，重的物品放在下边，把轻的物品放在货架的上方。需要人工搬运的大型物品则以腰部的高度为基准。这对提高效率、保证安全是一项重要的原则。

6）依据形状安排保管方法。依据物品形状来保管也是很重要的，如标准化的商品应放在托盘或货架上来保管。

7）依据先进先出的原则。对于易变质、易破损、易腐败的物品和机能易退化、老化的物品，应尽可能按先进先出的原则，加快周转。由于商品的多样化、个性化、使用寿命长短不一，所以按这一原则布局仓库是十分重要的。

6.3　仓库作业组织

6.3.1　商品入库作业组织

商品入库作业组织是商品储存的准备工作。商品入库作业的整个过程包括商品接运、商品入库验收、办理入库手续等一系列业务活动。

1．商品接运

商品接运是指仓库对于通过铁路、水运、公路、航空等方式运达的商品，进行接收和提取的工作。接运的主要任务是准确、齐备、安全地提取和接收商品，为入库验收和检查做准备。接运的方式主要有车站码头提货、铁路专用线接车、自动提货和库内提货。

2．商品入库验收

商品入库验收要进行数量点收和质量检验。数量点收主要是根据商品入库凭证清点商品数量，检查商品包装是否完整，数量是否与凭证相符。质量检验主要是按照质量规定标准，检查商品的质量、规格和等级是否与标准符合，对于技术性强，需要用仪器测定分析的商品，须有专职技术人员进行检验。

3. 办理入库手续

入库手续主要是指交货单位与库管员之间所办理的交接工作，其中包括商品的检查核对，事故的分析、判定，双方认定，在交库单上签字。仓库一面给交货单位签发接收入库凭证，并将凭证交给会计、统计入账、登记；一面安排仓位，提出保管要求。

6.3.2 商品保管作业组织

商品保管作业组织是商品仓库作业的中心工作，它体现了储存对商品所有权和使用价值的保护职能。商品保管作业组织包括商品的保管、仓库的账务统计工作和商品的养护。

1. 商品的保管

（1）分区分类

储存商品时，一般根据商品的自然属性，考虑仓库的设备条件，按照商品的类别，把仓库和货场划分为若干货区，每个货区再分成若干货位，编成顺序号。在分区分类的基础上，按号储存商品，实行分类存放、对号入座、分区管理。

分区分类储存商品能保证商品储存的安全，减少商品耗损，有利于商品的合理堆码，便于熟悉商品的性能特点，做好商品的养护工作，便于查找，有利于检查、入库和出库。商品分类储存方法应根据不同的仓库类别确定。一般仓库按商品的自然属性和类别进行分区储存；公用仓库可按业务部门商品经营的分工进行储存；中转仓库和备货待运仓库可按商品发往地区进行分区分类储存。

（2）商品堆码

商品堆码是库存商品摆放的一种方法。它对维护商品质量，充分利用库房容积和提高装卸作业效率，以及对采用机械作业和保证商品安全等具有重大影响。商品堆码要遵守合理、牢固、定量、整齐、节约、先进先出等要求。

商品堆码包括散堆式、货架堆码式、垛堆式等几种方式。要根据商品的品种、性质、包装、体积、重量等情况选择商品的堆码形式，做到科学合理。

商品堆码要做到货堆之间，货垛与墙、柱之间保持一定距离，留有适宜的通道，以便商品的搬运、检查和养护。要把商品保管好，“五距”很重要。五距是指顶距、灯距、墙距、柱距和堆距。

1）顶距是指货堆的顶部与仓库屋顶平面之间的距离。留顶距主要是为了通风，顶距应在 50 厘米以上。

2）灯距是指在仓库里的照明灯与商品之间的距离。留灯距主要是防止火灾，商品与灯的距离一般不应少于 50 厘米。

3）墙距是指货垛与墙的距离。留墙距主要是防止渗水，便于通风散潮。

4）柱距是指货垛与屋柱之间的距离。留柱距是为防止商品受潮和保护柱脚，一般留 10～20 厘米。

5）堆距是指货垛与货垛之间的距离。留堆距是为便于通风和检查商品，一般留 10 厘米即可。

2. 仓库的账务统计工作

由于保管账、货签和仓库档案是对商品实行控制和管理的有效措施，是库存商品的信息源，所以登账、挂签、建账是库存管理的重要内容。

1）保管账。保管账是详细反映商品入库、发出和结存的动态记录。

2）货签。货签是货位与库存商品的显示标志，便于检点作业和库存数量管理。

3）仓库档案。每类商品必须建立商品档案，以集中该类商品的技术资料和各种单据，必要时以供查考之用。档案要由专人管理，资料要齐全完整。

3. 商品的养护

养护即保养和维护，是指储存过程中对商品所进行的保养和维护工作。在农副产品中，有时也称储藏保管。在储存期间，对商品进行养护，有利于维护好商品的质量，降低商品的损耗，有效地维护商品的使用价值，满足市场的需求。对仓储商品进行养护，就是根据各种商品不同的自然属性，分析其质量变化的不同形式，研究各种环境因素对商品质量变化的影响及其程度，掌握仓储商品质量变化的规律，以便创造和利用各种有利的条件，控制不利因素的影响，保证商品在储存期间的数量没有缺损和质量完好。

（1）影响商品质量变化的因素

影响库存商品质量的因素很多，主要有两个方面：一是商品内在因素，二是商品外在因素。外在因素通过内在因素而起作用。

1）内在因素。商品质量变化的内在因素有商品的组织结构、化学成分及理化性质等，所有这些都是在生产中决定的。在储存过程中，要充分考虑这些性质和特点，创造适宜的储存条件，减少或避免其内在因素发生作用而造成商品质量的变化。

2）外在因素。商品质量变化的外在因素可分为社会因素和自然条件因素两方面。社会因素包括国家的方针政策、生产经济形势、技术政策、企业管理、人员素质及规章制度等。这些因素影响商品的储存规模、储存水平及储存时间，对储存质量具有间接影响。自然因素包括大气温、湿度的影响，臭氧和氧的作用，日光照射，有害气体的影响，微生物及虫鼠害的侵害，机构损伤，卫生条件的影响等。所有这些都是直接作用因素，都会造成商品变质和损坏。因此，必须采取有效措施，防止有害因素的影响，保证商品的储存安全。

（2）防止商品质量变化的措施

防止商品质量变化的措施，目前主要是对仓库的温湿度进行调节和控制。

对于仓库温度的调节和控制。当仓库温度过高时，通常采取自然通风和机械通风方法降温；当冬季储存防冻商品时，在北方常采用暖气设备来提高温度，在南方一般采用自然通风的办法来提高温度。对于仓库湿度的调节控制：当需要降低相对湿度时，通常采用吸潮剂吸潮、生石灰吸潮、硅胶吸潮和吸潮机吸潮等方法；当需要加湿时，一般采用加湿器加湿等方法。

除仓库温湿度的控制外，还可采取密封储藏、涂敷防护层、防霉、防锈、防腐蚀、防虫害，搞好仓库清洁卫生等措施。

（3）商品的救治

在储存过程中，商品一旦发生了损坏和变化，应立即采用措施救治，如对破损商品进行修复，对霉变商品进行晾晒等。

6.3.3 商品出库作业组织

商品的出库作业与入库作业要求基本上是一致的，即要求对出库商品的数量、品种、规格进行一次核对，经复核与发货凭证所列项目无误后，当场与收货单位办妥交接手续，明确责任。为保证商品及时、准确、迅速出库，商品出库必须坚持按一定的程序进行。出库程序一般包括以下几个步骤。

1）核对领发凭证：商品出库，必须首先核对和审查领发凭证，准确掌握出库商品的名称、编号、型号、实发数量、印签及审批手续。

2）集中备货：按照商品储存秩序，顺序取货，减少往复行走距离。

3）复核：对所有出库商品实行检查核对制度，保证实发货物准确无误。

4）办理交货手续：库管员与领货人办理交接手续，商品要当面验证，在移交单上签字认定。

5）善后处理：库管员在办完交接手续后要整理现场，清理单据，登记账册，资料归档，并制订出库计划，妥善安排出库的人力和车辆。

6.4 库存管理概述

不管是制造型企业还是流通型企业，如何设置和维持一个合理的库存水平，以平衡存货不足带来的短缺风险和损失，同时防止库存过多而增加仓储成本和资金成本，这些都是企业面临并亟待解决的问题。

6.4.1 库存的定义

库存是指一个组织机构为未来销售或使用，同时为满足业务的任何需要而持有的所有物品和材料。库存与储存概念的差别在于前者是从物流管理的角度出发强调合理化和经济性，后者是从物流作业的角度出发强调效率化。库存具有整合需求和供给，维持各项活动顺畅进行的功能。

在某种意义上而言，库存就是仓库中实际储存的货物。库存可以分两类：一类是生产库存，即直接消耗物资的企业、事业单位的库存物资，它是为了保证企业、事业单位所消耗的物资能够不间断地供应而储存的；一类是流通库存，即生产企业的成品库存、生产主管部门的库存和各级物资主管部门的库存。此外，还有特殊形式的国家储备物资，它们主要是为了保证及时、齐备地将物资供应或销售给基层企业、事业单位的供销库存。

6.4.2　库存的作用

1．企业保有库存可以提高客户服务水平

在买方市场的趋势下，客户对服务水平的要求日渐提高。客户不仅要求得到自己所期望的商品，往往要求在提出需求意愿后能立即得到商品。换言之，他们渴望享受现货服务，否则就会转向其他供应商。库存的设置提高了产品的现货供应比例，使供应商可以用库存商品来满足客户的需求，迎合了客户越来越强烈的即时服务的要求，对提高客户服务水平有积极影响，同时为企业赢得市场奠定基础。

2．企业保有库存可以有效地平衡供给和需求

供给与需求之间的另一种脱节就是时间的脱节，表现为消费的季节性波动与生产能力有限性之间的矛盾，这在消费品供给中尤为明显。例如，换季时的服装、中秋月饼、圣诞节及春节特殊节日商品的销售都有明显的淡、旺季交替的特点。如果以旺季销售量设定企业的生产能力，不仅会导致投资金额巨大、融资困难，而且造成淡季生产能力的大量闲置，经营效率低下，因此供应商往往在淡季仍然坚持大量生产，并保有适当的存货，而在旺季时就能以淡季时的存货来弥补旺季产能的不足，满足消费需求。

还有一种时间上的脱节表现为原料供应的季节性与生产能力有限性的矛盾。农产品加工制造企业就往往面临这样的困境。在世界上的很多区域，农产品的成熟期固定在一年中的某些时段。例如，春天的嫩笋、秋天的瓜果，罐头食品的生产商往往需要在这样的季节大量购进原料（嫩笋、瓜果）形成原料库存，逐渐用于生产需要。

3．企业保有库存有助于实现规模经济

库存的出现将有助于实现企业生产、采购和运输中的规模经济效益。企业总会选择批量生产或批量购买，运输后保有适量成品库存，以有效降低物流总成本。

运输成本的特性决定了大型运输工具可以实现较低的单位运价，囤积大批量待运的货物也比较容易向承运人争取较为优惠的运费。类似情况同样出现在生产和采购等各环节。更换最终产品意味着需要调整生产线、对新员工进行培训、重新安排各工位的零部件等，这些都决定了大批量、专业化生产的低成本。同时，大批量采购往往可以降低单位摊销交易成本（在国际采购中尤为明显），或者享受到一定数量的折扣，所有这些都对降低总成本有积极作用。

4．企业保有库存可以避免各种不确定性因素造成的影响

市场需求存在一定的随机性，而随着经济全球化的深入、供应链的拉长，供给方面的不确定性也在增加。为避免需求的膨胀、供给的短缺，就需要保有库存来保障企业生产运作的平稳进行。

特别在国际物流方面，由于运输时间长、物流运作涉及的环节多、渠道广，尤其容易出现因自然灾害、政府管制、社会动荡造成的物资供应的中断或困难，如近年来波斯湾地区政局的不稳定使更多参与国际物流的企业意识到全球供应链的脆弱，意识到在当代即使地区性事件也很容易演化成全球事件而对自身的国际物流造成影响，因此保有适量库存应对国际市场价格的变化、避免各种突发事件造成的恶劣影响已经成为企业的共识。

6.4.3 库存的弊端

库存对市场的发展、企业的正常运作及发展起到了非常重要的作用，但是库存的作用都是相对的，不适当的库存会带来很多弊端。20 世纪 80 年代以来，随着各国市场经济的不断完善、竞争的日益激烈，企业对库存产生的不良后果也越来越重视，因而不断涌现出精简库存的呼声。库存的弊端主要表现在以下几个方面。

1．库存造成资金积压，引起资金周转困难

库存就是暂时闲置不用的物资，而闲置必然造成资源的浪费。因此库存一直以来都是物流成本中非常重要的一项。如果滞销的商品和闲置的物资增多，则资金占用也会相应增加，所有这些最终体现为库存成本的扩大，成为许多企业背负的沉重包袱。据统计，在美国，生产商资产总投资的 30%要用于库存，批发商、零售商的比例更高，达到 50%，库存已是生产商、批发商、零售商最大的单项资产。

2．库存造成潜在投资利益的损失

如果将库存变为资金用来返还贷款，可以减少企业利息的支出，将库存节约所带来的资金用在企业的其他项目中，就存在获得利润的可能性。

3．由于库存物品价值变化，造成利润降低

如今，消费需求日益呈现多样化、个性化、时尚化的趋势，科技的快速发展也在不断刺激产品的升级换代。为迎合市场，许多企业纷纷采取成倍增加经营品种、缩短产品生命周期等措施以期满足市场竞争的需要。但与此同时，品种的增加造成库存水平不断攀升，品种更新速度的加快导致库存积压越来越严重，企业不得不降价销售，这样就不得不损失本应得到的产品利润。

4．影响新产品上市

在许多行业，特别是快速消费品行业，成品库存过多将会直接影响新产品的上市时间，结果造成恶性循环，使企业逐步丧失市场竞争能力。

5．增加储存成本

大量的产品形成库存，必然需要相应的仓储管理活动以维持，其结果是增加了仓储相关的成本。

6．库存的存在掩盖了企业管理中的缺陷

库存的存在掩盖了许多产品质量上的缺陷。由于产品生产出来不是立即投入使用，而是先经过或长或短的储存期，生产中的质量问题就与仓储保管中可能产生的问题相混淆，不利于快速发现生产管理中的缺陷。同时，由于生产、消费存在一定的时间差，生产中的质量问题不能得到及时有效的纠正，可能导致更多缺陷产品的出现，造成巨大的浪费，也导致企业形象受损。

库存的存在还掩盖了企业众多管理问题，如计划不周、采购不当、生产不均衡、产品质量不稳定、预测不准、供应商不可靠、需求不稳定及市场销售不力等，如图 6-10 所示。这就像水位很高，航船不容易发现暗礁一样，大量库存的存在会使管理者忽视这些方面的不足，致使问题长期存在，造成企业运营效率的低下。

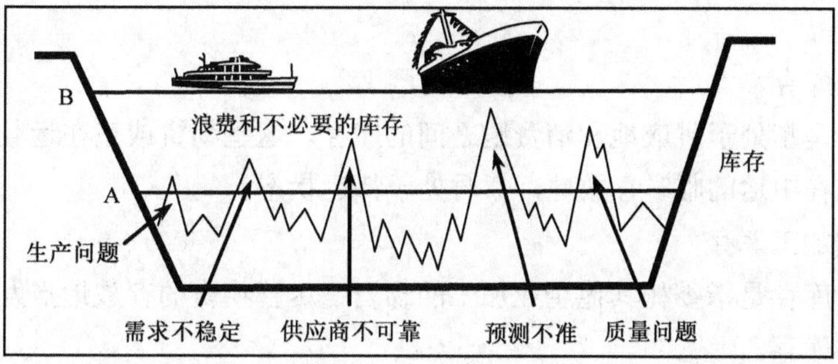

图 6-10　库存掩盖的诸多管理问题

6.4.4　库存的分类

1．按经济用途分类

（1）商品库存

商品库存是指企业购进后供转售的货物，其特点是企业不改变货物原有实物形态。

（2）制造业库存

制造业库存是指企业购进后直接用于生产制造的货物，其特点是在出售之前需要经过生产加工过程，改变其原有的实物形态或使用功能。

1）原材料库存。原材料库存是指企业通过采购或其他方式取得的用于制造并构成产品实体的物品，以及取得的供企业耗用但不构成产品实体的辅助性材料等。外购半成品一般也归在此类。企业也可以按照其用途再细分为原材料、辅助材料、燃料、零部件和外购半成品等若干小类。

2）在制品库存。在制品库存是指企业正处于加工过程中的、有待进一步加工制造的物品。

3）半成品库存。半成品库存是指企业部分完工的产品，在销售以前还需要进一步加工，但也可作为商品对外销售。

4）维修库存。维修库存是指用于维修与养护的经常消耗的物品或部件，例如，石油润滑脂、机床零件、维护产成品所用的物品或部件。

5）产成品库存。产成品库存是指企业已经生产完毕、准备市场销售的制成品。这类库存通常由销售或物流职能部门来控制。

（3）消耗品库存

消耗品库存是指企业进行一般消耗用的用品库存和为生产经营服务的辅助性物品。其主要目的是满足企业各种消耗性的需要，而不是为了加工出售或直接销售的制成品，如包装物和低值易耗品等。

2. 按存放地点分类

（1）库存存货

库存存货是指已经运到企业，并已验收入库的各种材料和商品，以及已验收入库的半成品和制成品。

（2）在途库存

在途库存是指处于供应地和消费地之间的库存。这些物资或正在运载工具上，处于运输状态，或在中途的临时存放地，暂时处于待运状态。

（3）委托加工库存

委托加工库存是指委托其他企业加工的物资，尽管物资的存放地点发生了改变，但仍属于企业的库存。

（4）委托代销库存

委托代销库存是从商品所有权转移的角度来讲的，受托代销商品在销售以前，所有权仍属于委托方，也应是委托企业的库存。

3. 按库存来源分类

（1）外购库存

外购库存是指企业从外部采购的物资库存，如外购材料等。

（2）自制库存

自制库存是指由企业内部制造的物资库存，如自制材料、半成品、产成品等。

4. 按物品所处状态分类

（1）静态库存

静态库存是指长期或暂时处于储存状态的库存，这是人们一般意义上认识的库存概念。

（2）动态库存

动态库存是指处于制造加工状态或运输状态的库存。

5. 按经营过程的角度分类

（1）经营库存

经营库存是指企业在正常的经营环境下为满足日常的需要而建立的库存。这种库存随着每日的需要不断减少，当库存降低到某一水平时（如订货点），就要进行订货来补充库存，这种库存补充是按一定的规则反复地进行的。

（2）安全库存

安全库存是指为防止不确定因素（如大量突发性订货、交货期突然延期等）而准备的缓冲库存。

（3）季节性库存

季节性库存是为了满足特定季节中出现的特定的需要（如夏天对空调的需要）而建立的库存，或者为了季节性产品生产所需要的原材料（如冰淇淋），在出产的季节大量收购所建立的库存。

（4）预期库存

预期库存是指企业为了应对预期的需要而建立的库存（如为节假日的到来而预先建立的销售库存）。

（5）批量库存

要按照商品的销售速率去制造或采购物料，往往是不可能或不切实际的。因此，要以大于眼前所需要的数量去获得物料，由此而造成的库存就是批量库存。为批量库存而实施的批量采购同时也是为了获得价格折扣。

（6）投机库存

投机库存是指为了避免因商品价格上涨造成损失，或者为了从商品价格上涨中获取利润而建立的库存。企业通过在价低时大量购进那些价格易于波动的物料而实现大量的节约，这种库存也是投机性库存。

（7）积压库存（或沉淀库存）

积压库存是指因商品品质变坏不再有效用的库存或因没有市场销路而卖不出去的商品库存。对高价值商品、易腐烂变质、有效期短及产品生命周期短的商品要尽量减少存货，避免因为积压库存过大而带来的损失。

6.4.5 库存管理的定义、目的和总目标

1. 库存管理的定义

库存管理是根据外部对库存的要求、企业订购的特点、预测、计划和执行一种补充库存的行为，并对这种行为进行控制，重点在于订货方法、订货数量及订货时间。

2. 库存管理的目的

库存管理的目的在于保持存货量与订购次数的均衡。一方面维持适当的库存；另一方面合理地运用资金，以提高效率和利润。简单来说，库存管理主要是解决何时补货、补货的数量、库存系统的安全库存量、平均库存量及库存周转率等问题所采取的方法。

3. 库存管理的总目标

库存管理的总目标是以最合理的成本为用户提供所期望水平的服务。为了达到这个目标，应尽量使库存水平在两者之间寻求平衡。因此，库存管理人员必须做出订货时间与订货批量两项基本决策。

6.5 库存控制方法

6.5.1 库存控制概述

1. 库存控制的定义

库存控制是对制造业或服务业生产、经营全过程的各种物品、产成品及其他资源进行管理和控制，使其储备保持在经济合理的水平上。

2. 库存控制的作用

库存控制是企业管理的一个重要过程。在企业的生产经营过程中，库存量过大或过小均会产生一系列的问题。

1）库存量过大产生的问题：

① 增加仓库面积和库存保管费用，从而提高了产品成本。

② 占用大量的流动资金，造成资金呆滞，既加重了货款或还款利息等负担，又会影响资金的时间价值和机会收益。

③ 造成产成品和原材料的有形损耗和无形损耗。

④ 造成企业资源的大量闲置，影响其合理配置和优化。

⑤ 掩盖了企业生产经营全过程的各种矛盾和问题，不利于企业提高管理水平。

2）库存量过小产生的问题：

① 造成服务水平的下降，影响销售利润和企业信誉。

② 造成生产系统原材料或其他物料供应不足，影响生产过程的正常进行。

③ 使订货间隔期缩短，订货次数增加，使订货（生产）成本提高。

④ 影响生产过程的均衡性和装配时的成套性。

库存控制就是在保证企业生产经营需求和满足顾客服务要求的前提下，通过对企业的库存水平进行控制，力求尽可能以最合理的库存水平，提高物流系统的效率，并最终提高企业的市场竞争力。

3. 库存控制的内容

1）使库存量经常保持在合理的水平。

2）掌握库存量动态。

3）适时、适量提出订货，避免超储或缺货。

4）减少库存空间占用，降低库存总费用。

5）控制库存资金占用，加速资金周转。

6.5.2 定量订货法

1. 定量订货法概述

定量订货法是指当库存下降到预先设定的订货点时，按预定的批量进行订货补充的一种库存管理方式。它主要通过控制订货点和订货批量两个参数来控制订货进货，以达到在满足客户需求的同时，又保持最低库存量。定量订货模型如图 6-11 所示。

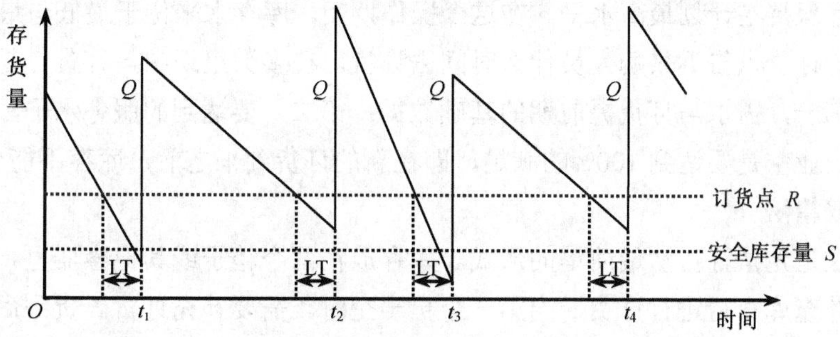

图 6-11　定量订货模型

定量订货法以库存费用与采购费用总和最低为原则。每当库存量下降到订货点 R 时，即按预先确定的订购量 Q 发出订货单，经过订货提前期（订货至到货间隔时间）LT，库存量继续下降，到达安全库存量 S 时，收到订货 Q，库存水平上升。

该方法主要靠控制订货点 R 和订货批量 Q 两个参数来控制订货，达到既最好地满足库存需求，又能使总费用最低的目的。在需求固定、均匀和订货提前期不变的条件下，订货点 R 的公式为

$$R = \frac{\mathrm{LT} \times D}{365} + S$$

式中，D 是每年的需要量；S 是安全库存量。

订货量的确定依据条件不同，可以有多种确定的方法。

2．定量订货法的应用范围

（1）所储物资具备进行连续检查的条件

并非所有的物资都能很方便地随时进行检查，定量订货法所针对的必须是连续使用、有规律且便于查询的物资。具备进行连续检查条件是选用定量订货法的前提条件。

（2）价值低但需求数量大的物资及价格昂贵的物资

价值低但需求数量大的物资及价格昂贵的物资，这些均是需要严格重点控制的物资，应该考虑采用连续检查控制方式控制。前者是因为此类物资价低量大，采用连续检查控制方式可以简化控制程序；后者是因为连续检查控制方式可以及时收集库存信息，较灵活地优化库存控制与管理。

（3）每种物资需分别处理

对于不同类别的库存物资，其消耗速度不一样，订货点量也会不同，所以定量订货法要求对每种库存物资进行随时检查。

3．定量订货控制方法

（1）订货警戒点法

定量订货法中会将一个特定的库存水平作为订货点，通常把这个特定的库存水平称为订货警戒点。订货警戒点法的特点是要长期保存每种物品的库存记录。计算机（或人

工）持续记录所有物品的库存，直到低于订货点，这时系统提醒相关的采购人员补充库存，使库存保持在计划最高水平。在这个操作期间，库存水平位于最低与最高点之间。

预定的订货点告诉采购人员什么时间去订货。在多数组织中，订货点是由以下因素决定的：第一，需求与订货提前期的基础数据；第二，要达到的服务水平，对大多数物品来说，企业都是要达到100%的满足，即在新的订货到来之前，库存不能全部用完。

（2）双箱法

双箱法是定量订货法最简单的形式。库存放在两个箱子或其他容器里，以一个箱子的量作为补充库存量进行订货，当第一个箱子空时，需要补充订货。货到后，物品用来补充第一个箱子，多余的放在第二个箱子里，如图6-12所示。双箱法适用于消耗量低、消耗稳定、订货提前期短的物品。

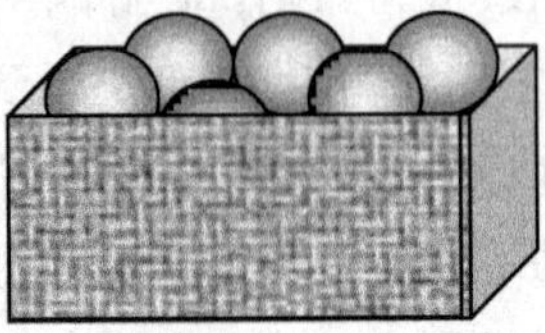

图6-12　双箱库存系统

（3）三箱法

有时，可以在二箱之外放置第三个箱子，专门存放安全库存，这就是三箱系统，如图6-13所示。这样，库存管理人员就可以一目了然地判断出是否应该订货（当第一个箱子里的物品用完时），所订的货是否应该到货了（当第二个箱子里的物品用完时）。

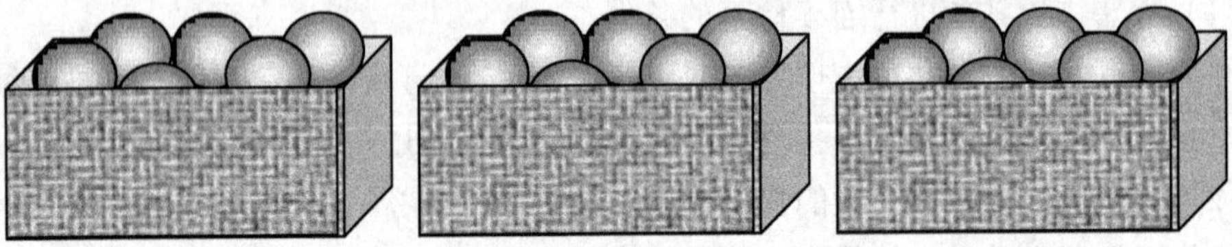

图6-13　三箱库存系统

4．经济订货批量

在企业的一般库存管理活动中，采购大批量物品会导致库存增加（库存费用增高），但是采购又不能频繁进行。所以，小批量的采购会使库存费用降低，而订货费用增加。企业每次订货数量的多少直接关系到库存水平和库存总成本的大小，因此，企业希望找到一个合适的订货数量使它的库存总成本下降。可以采用的方法就是经济订货批量（Economic Order Quantity，EOQ）来找到这个合适的订货数量。

经济订货批量就是通过平衡采购进货成本和保管仓储成本核算，以实现总库存成本最低的最佳订货量，可以用来确定企业一次订货（外购或自制）的数量。经济订货批量的计算原理如图 6-14 所示。

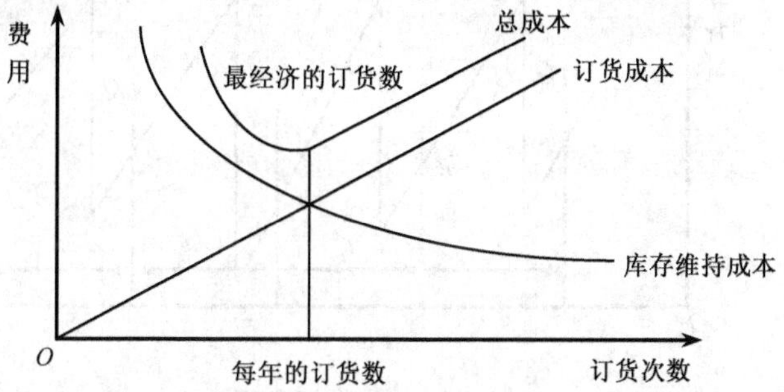

图 6-14　经济订货批量的计算原理

当企业按照经济订货批量来订货时，可实现订货成本和储存成本之和最小化，其公式为

$$EOQ=\sqrt{\frac{2\times 年使用量\times 每次订货成本}{单位库存费用}}$$

【例 6-1】某食品公司对原材料食糖采用定量库存控制法进行管理。已知食糖年需求量为 1 600 吨，订购成本每次 800 元，食糖的库存持有成本为每吨每年 16 元。试计算该公司食糖的经济订货批量。

解：

$$EOQ=\sqrt{\frac{2\times 年需求量\times 每次订货成本}{单位库存费用}}=\sqrt{\frac{2\times 1\,600\times 800}{16}}=400(吨)$$

所以经济订货批量是 400 吨。

需要说明的是，定量订货法事先确定了经济订货批量和订货点，适用于常年销售、销售量比较稳定的商品。对于销售不稳定的商品，由于很难预测一年内的需求量，而每天的需求差异又比较大，所以经济订货批量和订货点都很难确定，不适合用定量订货法控制库存。

6.5.3　定期订货法

1. 定期订货法概述

定期订货法是指按照预先确定的订货时间进行订货补充库存的一种库存管理模式。定期订货法是基于时间的订货控制方法，它设定订货周期和最高库存量，从而达到库存控制的目的。只要订货周期和最高库存量控制得当，既可以节约库存费用，又可以不造成缺货。如图 6-15 所示的定期订货模型表明了定期订货系统的库存变化情况。

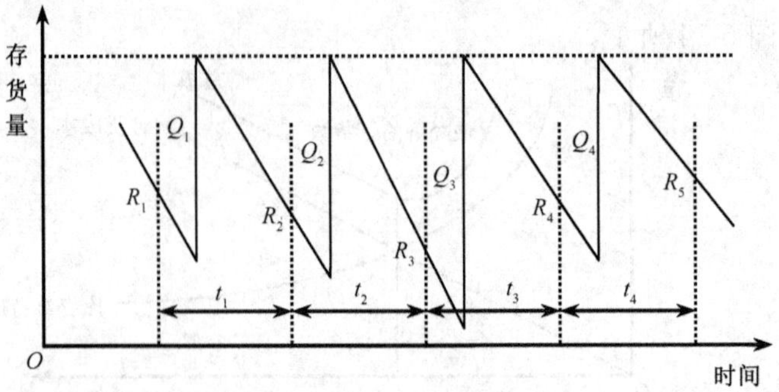

图 6-15 定期订货模型

由图 6-15 可见，每相邻两次订货的时间间隔是固定的（$t_1=t_2=t_3=t_4$），与定量订货法相反，订货批量通常是变化的，订货点也往往不同。定期订货法同样以订货费用和采购费用总量最低为原则，关键是确定订货间隔期。与定量订货控制法不同的是，事先确定一个相对固定的订货周期（通常以月或季来划分）和订货水准（订货后应达到的库存数量），届时再根据当时的实际库存量来确定每次具体订货数量。就是说，采购批量为订货水准与盘存量之差。这种方法是通过订货周期、订货水准和每次订货量来控制库存的。订货量的计算公式为

订货量=最高库存量–现有库存量–订货在途库存+安全库存量

2．定期订货法的应用范围

（1）需要定期盘点和定期采购或生产的物资

这些物资主要指成批需要的各种原材料、配件、毛坯和零部件等。在编制上述物资的采购计划时通常均要考虑现有库存的情况，由于计划是定期制订并执行的，因此，这些物资需要定期盘点和定期采购。

（2）具有相同供应来源的物资

这些物资是指同一供应商生产或产地在同一地区的物资，由于物资来源的相似性，采用同一采购策略，不仅能够节约订货和运输费用，而且还可以获得一定的价格折扣，降低购货成本。另外，还可以保证统一采购的顺利进行。

（3）消耗具有固定周期性规律的物资

这类物资（如一般日用品），其消耗周期较为稳定，企业可在每个周期末对这类物资进行库存盘点，再根据剩余盘存量和最高库存要求来确定订货数量。

3．定量订货法与定期订货法的区别

（1）提出订购请求时点的标准不同

定量订购法提出订购请求的时点标准是，当库存量下降到预定的订货点时，即提出订购请求；而定期订购法提出订购请求的时点标准则是，按预先规定的订货间隔周期，到了该订货的时点即提出请求订购。

（2）请求订购的商品批量不同

定量订购法每次订购商品的批量相同，都是事先确定的经济批量；而定期订购法每到规定的订购期，订购的商品批量都不相同，可根据库存的实际情况计算后确定。

（3）库存物品管理控制的程度不同

定量订购法要求仓库作业人员对库存物品进行严格的控制、精心的管理，经常检查、详细记录、认真盘点；而用定期订购法时，对库存物品只是进行一般的管理、简单的记录，不需要经常检查，只在每个周期末进行盘点。

（4）适用的物品范围不同

定量订购法适用于品种数量少、平均占用资金大、需重点管理的 A 类物品；而定期订购法适用于品种数量大、平均占用资金少、只需一般管理的部分 B 类、C 类物品。

关于两种订货方法的控制程度和适用的商品类型有不少的争论。在实际中，定量订货法每次订货的时候，都须检查库存是否减少到了订货点，因此需要经常了解和掌握库存的动态，也就是经常进行检查和盘点，正因如此，定量订货法的工作量大且花费大量时间，如果对于每种物品都经常进行检查盘点，就会增加库存保管成本，因此这种方式适合于少量的重要商品，即 A 类物品，而定期订货法则相反。

6.5.4　ABC 库存分类管理方法

1. ABC 库存分类管理法概述

ABC 库存分类管理法的基本思想是：将库存物品按品种和占用资金的多少分为特别重要的库存（A 类）、一般重要的库存（B 类）和不重要的库存（C 类）三个等级，然后针对不同等级分别进行控制。对金额高的 A 类物资，应作为重点加强管理与控制；B 类物资按照通常的方法进行管理和控制；C 类物资品种数量繁多，但价值不大，可以采用最简便的方法加以管理和控制。

2. ABC 库存分类管理法的实施

（1）把各种库存物资全年平均耗用量分别乘以它的单价，计算出各种物资耗用总量及总金额。

（2）按照各品种物资耗费的金额的大小顺序重新排列，并分别计算出各种物资所占领用总数量和总金额的比重，即百分比。

（3）计算各项物资领用数占总领用数的百分比，分段累计耗费金额占总金额的百分比，按照一定标准将它们划分为 A、B、C 三类。

ABC 分类法的分配比例如表 6-3 所示。

表 6-3　ABC 分类法的分配比例

物 资 类 别	占物资品种数的百分比（%）	占物资金额数的百分比（%）
A	5～15	60～80
B	15～25	15～25
C	60～80	5～15

【例 6-2】某企业 10 种物料的年使用量与资金占用情况如表 6-4 所示。

表 6-4 某企业 10 种物料的年使用量与资金占用情况

物料编号	年使用量（件）	单件（元）	年使用量的价值额（元）
001	1 000	4.8	4 800
002	1 000	1.4	1 400
003	1 400	28	39 200
004	700	8	5 600
005	600	45	26 000
006	1 000	3.4	3 400
007	1 000	1.5	1 500
008	200	4.5	900
009	100	3	300
010	1 000	3.2	3 200
合计			86 300

将 10 种物料进行 ABC 分类的结果如表 6-5 所示。

表 6-5 对 10 种物料进行 ABC 分类的结果

物料编号	年使用量价值额（元）	累计价值额（元）	累计价值额比重（%）	分类
003	39 200	39 200	45.42	A
005	26 000	65 200	75.55	A
004	5 600	70 800	82.04	B
001	4 800	75 600	87.60	B
006	3 400	79 000	91.15	B
010	3 200	82 200	95.25	C
007	1 500	83 700	96.99	C
002	1 400	85 100	98.61	C
008	900	86 000	99.65	C
009	300	86 300	100.00	C

对 10 种物料的 ABC 分类整理结果如表 6-6 所示。

表 6-6 10 种物料的 ABC 分类整理结果

类别	物料编号	种类百分比（%）	每类费用（元）	费用百分比（%）
A	003、005	20	65 200	75.55
B	001、004、006	30	13 800	16.00
C	002、007、008、009、010	50	7 300	8.45

3. ABC 分类控制方法

（1）A 类物资的库存控制方法

A 类物资具有品种较少、价格较高的特点，并且多为生产、经营的关键物资，往往是库存控制的重点。对 A 类物资一般采用连续控制方式，随时检查库存情况，一旦库存量下降到一定水平（订货点），就要及时订货。A 类物资一般采用定量订货方法，但每次订货量以补充目标库存水平为限。

（2）B 类物资的库存控制方法

B 类库存物资介于 A 类和 C 类之间，一般采取中等控制程度，按大类确定订购数量和储备金额；根据不同情况灵活选用库存控制方法，既可采用一般（或定期）控制方式，也可按经济订货批量进行订货。

（3）C 类物资的库存控制方法

C 类库存物资数量多，占用金额不大，库存管理成本也较低。在库存管理上可采取定期盘点、集中采购，以减少订货次数，并适当控制库存。对于 C 类物资，一般可采用比较粗放的定量与定期并用的订货方式，订货量则按经济订货批量确定。

职业知识检测

1. 判断题

1）与自建仓库相比，租赁公共仓库具有占用资金较少，存货配置灵活，商品能有效地实施控制，为企业树立良好形象的优点。（　　）

2）仓库物品存放原则是，出货和进货频率高的物品应放在靠近出入口，流动性差的物品放在离出入口稍远的地方。（　　）

3）库存管理的总目标是以最合理的成本为用户提供所期望水平的服务，库存管理人员必须做出采购预算和订货周期两项基本决策。（　　）

4）经济订货批量就是通过平衡货物保管时间和保管仓储成本核算，以实现总库存成本最低的最佳订货量。（　　）

5）双箱法是定量库存控制方法的主要形式，而三箱法是定期库存控制方法的主要形式。（　　）

2. 单选题

1）仓库的布局和结构设计，需要最大限度地为商品流动提供便利，商品尽可能按照（　　）的原则，加快周转。

A. 先进后出

B. 后进先出

C. 先进先出

D. 以上都有

2）定量订货法是指当库存下降到预先设定的订货点时，按（　　）进行订货补充的一种库存管理方式。

A. 客户要求的批量

B. 最高库存量

C. 预定的批量

D. 经济订货批量

3）下列关于定量订货法的叙述不正确的是（　　）。

A. 定量订货法适用于需要连续盘点的物资

B. 定量订货法的每次订货量固定

C. 定量订货法的每次订货量固定

D. 定量订货法的订货周期固定

4）定期订货法是指按（　　）进行订货补充库存的一种库存管理方式。

A. 预先确定的订货点

B. 预先确定的订货时间

C. 客户事先要求的订货时间

D. 经济订货批量

5）根据 ABC 分类管理法，对下列物品控制程度最高的是（　　）。

A. A 类

B. B 类

C. C 类

D. 以上三类都不是

3. 多选题

1）一般来讲，下列各项仓储所有权决策因素，适合采用自建仓库的有（　　）。

A. 商品存储数量大

B. 市场需求变动幅度大

C. 市场集中度高

D. 商品需要特殊控制

E. 客户对服务的要求高

2）仓库的内部结构一般包括（　　）。

A. 行政生活区

B. 检验收货区

C. 储运作业区

D. 设备管理区

E. 辅助作业区

3）商品入库验收，需要重点做好的工作是（　　）。

A. 检查包装

B. 数量点收

C. 质量检验

D. 检查规格

E. 查验凭证

4）经济订货批量模型中考虑的成本是（　　）。

A. 仓储运输成本

B. 缺货成本

C. 库存持有成本

D. 订单处理成本

E. 订货成本

5）定期订货法的应用范围包括（　　）。

A. 所储物资需要连续检查

B. 需要定期盘点、采购或生产的物资

C. 具有相同供应来源的物资

D. 价值高价格昂贵的物资

E. 消耗具有固定周期性规律的物资

4. 简答题

1）仓储决策的内容有哪些方面？

2）企业应该如何选择是自营仓库还是租赁公共仓库？

3）简述仓库的设计和布局原理。

4）简述仓库的作业组织程序。

5）简述库存的作用和弊端。

6）怎样理解库存控制在企业中的作用？

7）库存控制主要是从哪几个方面进行控制的？

8）简述定量订货法和定期订货法各自的应用范围。

9）试述“双箱法”和“三箱法”的原理。

10）试在图 6-16 所示的定量定期订货库存模型中标出下列项目：① 最低存量；② 最高存量；③ 平均存量；④ 安全存量；⑤ 购备期间；⑥ 订购量；⑦ 订购点；⑧ 平均消费速度。

11）试述库存控制 ABC 分类法的实施流程。

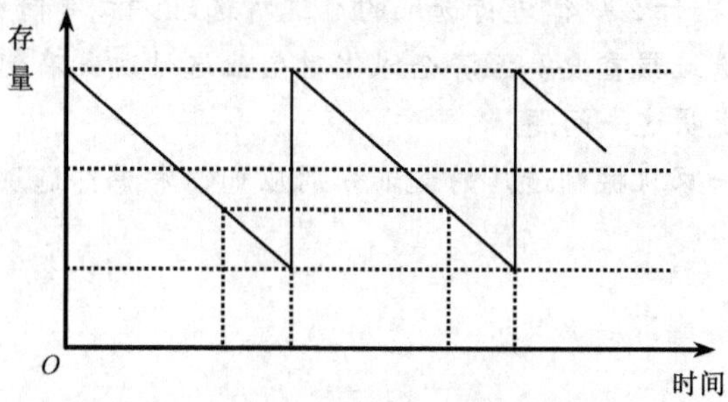

图 6-16　定量定期订货库存模型

职业技能训练

案例 1

家乐福的选址策略

家乐福，其名字 Carrefour 的法文意思就是十字路口，因而家乐福的选址也不折不扣地体现了这一个标准——所有的门店都开设在十字路口，巨大的招牌 500 米开外的多个角度都可以看得一清二楚。而一个投资几千万的店，当然不会是拍脑袋想出的店址，其背后精密和复杂的计算常令行业外的人士大吃一惊。根据经典的零售学理论，一个大卖场的选址需要经过下面两方面的详细测算：

（1）商圈内的人口消费能力

家乐福（中国）一般是借助市场调研公司的力量来收集这方面的数据。通常的做法是以某个原点出发，测算 5 分钟的步行距离会到什么地方，然后是 10 分钟步行会到什么地方，最后是 15 分钟步行会到什么地方。根据中国的本地特色，还需要测算以自行车出发的小片、中片和大片半径，最后是以车行速度来测算小片、中片和大片各覆盖了什么区域。如果有自然的分隔线，如一条铁路线，或者是另一个街区有一个竞争对手，商圈的覆盖就需要依据这种边界进行调整。

然后，需要对这些区域进行进一步的细化，计算这片区域内各个居住小区的详尽的人口规模和特征的调查，计算不同区域内人口的数量和密度、年龄分布、文化水平、职业分布、人均可支配收入等许多指标。家乐福的做法还会更细致一些，根据这些小区的远近程度和居民可支配收入，再划定重要销售区域和普通销售区域。

（2）研究区域内的城市交通和周边商圈的竞争情况

如果一个未来的店址周围有许多的公交车，或者是道路宽敞、交通方便，那么销售辐射的半径就可以放大。家乐福（中国）很聪明的做法是，如果门店周围的公交线路不多，家乐福就干脆自己租用中巴车定点在一些固定的社区间穿行，方便这些离得较远的社区居民上门一次性购齐一周的生活用品。

（资料来源：柳健. 新编物流管理案例及解析［M］. 北京：北京大学出版社，2013.）

问题：

1. 家乐福是遵循什么规律进行选址的？这种选址方式有何利弊？

2. 为什么企业选址很重要？经济全球化对企业选址决策有何影响？请结合世界制造中心向中国转移来说明这一问题。

3. 一家超市和一家机械制造厂的选址分别应如何考虑？选址对它们的运营成本与收益各有什么影响？

案例 2

詹姆电子：寻找有效的库存管理策略

詹姆（JAM）电子是一家生产工业继电器等产品的韩国制造商企业。公司在远东地区的 5 个国家拥有 5 家制造工厂，公司总部在汉城。美国詹姆公司是詹姆电子的一个子公司，专门为美国国内提供配送和服务功能。公司在芝加哥设有一个中心仓库，为分销商和原始设备制造商提供服务。分销商一般持有詹姆公司产品的库存，根据顾客需要供应产品。原始设备制造商使用詹姆公司的产品来生产各种类型的产品，如自动化车库的开门装置。

詹姆电子大约生产 2 500 种不同的产品，所有这些产品都是在远东制造的，产成品储存在韩国的一个中心仓库，然后从这里运往不同的国家。在美国销售的产品是通过海运运到芝加哥仓库的。

近年来，美国詹姆公司已经感到竞争大大加剧了，并感受到来自顾客要求提高服务水平和降低成本的巨大压力。不幸的是，正如库存经理艾尔所说："目前的服务水平处于历史最低水平，只有大约 70%的订单能够准时交货。另外，很多没有需求的产品占用了大量库存。"在最近一次与美国詹姆公司总裁和总经理及韩国总部代表的会议中，艾尔指出了服务水平低下的几个原因。

1）供应链存在很长的提前期。美国仓库发出的订单一般要 6～7 周后才能交货。存在这么长的提前期主要因为：一是韩国的中央配送中心需要 1 周来处理订单；二是海上运输时间比较长。

2）公司有大量的库存。如前所述，美国公司要向顾客配送 2 500 种不同的产品。

3）总部给予美国子公司较低的优先权。美国的订单提前期一般要比其他地方的订单早 1 周左右。

但是，总经理很不同意艾尔的观点，他指出：可以通过用空运的方式来缩短提前期。然而，艾尔针锋相对，认为如果这样，运输成本肯定会提高。

怎样进行成本节约呢？最终，公司决定建立一个特别小组解决这个问题。

（资料来源：杨华龙，刘进平. 供应链管理（第 2 版）[M]. 辽宁：东北财经大学出版社，2011.）

问题：

1. 根据案例，试分析如何平衡服务水平和库存水平之间的关系？
2. 提前期和提前期的变动对库存有什么影响？詹姆公司该怎么处理？
3. 根据案例，请你为詹姆公司找出有效的库存管理策略。

案例 3

日本学研社仓储的运营

位于日本东京和平岛流通基地内的学研社以出版和销售杂志、书籍为主营业务，兼营与教育相关的教学器材、教材、体育用品、文具、玩具等。学研社为日本的 4 000 多家特约销售店服务，每天的物流量高达 1 万吨左右。

为适用迅速发展的业务需要，学研社曾几次改进仓储进出库作业方式。1997 年公司决定将传统的仓库改建为仓储配送中心，为此专门引进了托盘化作业、传送带包装拣货等设备和技术，为迅速转型打下了基础。2004 年学研社采用了自动化立体仓库技术，商品出入库作业全部实现自动化，并将计算机用于库存管理和编制出库作业路线图等。2008

年以来，学研社为提升服务，节省成本，开发了新一代仓储、配送信息网络系统。

学研社的书籍、教材类均属于多品种、小批量，规格、形状、尺寸各异的商品。该类入库商品在 4 楼卸车验收后，打包成标准包装进入拣选作业线。在拣选作业线上，拣选商品的标准包装被贴上标签随后进入自动分拣系统，再经激光扫描器扫描标签上的条形码后，由计算机系统自动分拣到指定的分拣滑道，最后准备出库。

杂志类属于少品种、大批量，规格、形状、尺寸基本统一的商品。该类入库商品在 1 楼收货、验货，热缩包装集装化后装载在托盘上，暂时储存在托盘重力式货架上保管。部分存放在 2 楼重力式货架的杂志，得到补货指令，自动通过垂直输送机运到 1 楼出库。根据出库的信息，商品自动地被拣选，计算机系统打印出配送用的标签，自动粘贴在纸箱上。在 1 楼的出货站台，一旦汽车到达，出货商品由水平输送机等自动送到出货处装车。而零星商品在 3 楼拣货、配货后，由垂直输送机向 1 楼运送出货，一天的出货量达到约 300 吨。

（资料来源：浙江省高等教育自学考试试题）

问题：

1. 根据案例，试指出学研社的各类商品是如何进行拣选的？

2. 仓储企业在实施自动化立体仓库改造的过程中应注意哪些问题？

第7章 运输与配送管理

引导案例

家乐福中国公司的运输策略

成立于1959年的法国家乐福集团是欧洲第一、全球第二的跨国零售企业，也是全球国际化程度最高的零售企业。家乐福于1995年进入中国市场，截至2015年年底已在中国各个大中城市相继开设了超过237家分店。家乐福中国公司经营的商品95%来自本地，因此家乐福的供货很及时。

家乐福中国公司在网络设计方面主要体现为运输网络分散度高，一般流通企业都是自己建立仓库及配送中心，而家乐福的供应商直送模式决定了它的大量仓库及配送中心事实上都是由供应商自己解决的，由家乐福集中配送的货物只占少数。这样的经营模式不但可以节省大量建设仓库和管理仓库的费用，商品运送也比集中，配送更方便，而且能及时供应商品，不仅对家乐福的销售，对供货商了解商品销售情况也是极有利的。

在运输方式上，除了较少数需要进口或长途运送的货物使用集装箱挂车和大型货运卡车外，由于大量商品来自本地生产商，因此家乐福中国公司大多采用送货车。这些送货车中有一小部分是家乐福租的车，绝大部分则是供应商自己长期为家乐福各分店送货的车，家乐福自身需要的车数量不多，所以它并没有自己的运输车队，也省去了大量的运输费用，从另一方面提高了效益。

在供应商直送的模式下，商品来自多条线路，而无论各供应商还是家乐福自己的车辆都采用了“轻重配载”的策略，有效利用了车辆的各级空间，使单位货物的运输成本得以降低，进而在价格上取得主动地位。而先进的信息管理系统也能让供应商在最短时间内掌握家乐福货架上各种商品的货物数量及每天的销售情况，补货和退货因此而变得更为方便，同时也能让供应商与家乐福之间相互信任，建立长期的合作关系。

（资料来源：中国企业培训网 www.chinacpx.com）

讨论：

1. 根据案例，分析家乐福采用的是什么样的供货模式？
2. 通过了解家乐福中国公司的货运策略，你能得到哪些启示？

学习目标

① 了解运输管理的意义和特征;
② 了解现代运输方式的特点;
③ 掌握运输经营决策层的方法;
④ 掌握运输方式的选择方法;
⑤ 了解配送中心的功能;
⑥ 了解配送中心的作业流程;
⑦ 掌握配送路线的设计方法。

7.1 运输管理概述

7.1.1 运输管理的定义和意义

1. 运输管理的定义

运输管理是指产品从生产者手中到中间商手中再至消费者手中的运送过程的管理，它包括运输方式的选择、时间与路线的确定及费用的节约。运输管理的实质是对铁路、公路、水运、空运、管道 5 种运输方式的运行、发展和变化，进行有目的、有意识的控制与协调，实现运输目标的过程。

2. 运输管理的意义

(1) 运输管理能保证劳动过程顺利进行，从而提高劳动生产效率

一家规模较大的物流或运输企业，有几百人乃至几千人在一起共同劳动，这是一种协作性的劳动。凡是共同劳动都有程度不同的分工，而有分工就有协作，分工越细，各个部门、环节之间的联系性就越强，协作关系也越密切。为了保证劳动过程顺利进行，就必须有管理。这就是由共同劳动过程的性质产生出来的管理职能。

物流企业或运输企业的管理，就是对整个运输过程的各个环节——运输计划、发运、接运、中转等活动中的人力、运力、财力和运输设备，进行合理组织、统一使用、调节平衡、监督完成，以求用同样的劳动消耗（活化劳动和物化劳动）运输较多的货物，提高劳动效率，取得最好的经济效益。

(2) 通过有效的运输管理降低运输费用

在物流业务活动过程中，所支付的直接费用主要有运输费、保管费、包装费、装卸搬运费、运输损耗费等。而其中运输费所占的比重最大，是影响物流费用的一项主要因素。在物流各环节中，如何搞好运输工作，积极开展合理运输，不仅关系到物流时间问题，也影响物流费用问题。物流企业只有千方百计节约运输费用，才能降低物流费用，以及整个商品流通费用，提高企业经济效益，增加利润。

7.1.2　运输管理的基本特征

运输在形态和方法上十分复杂、多种多样，针对不同的目标、需求等情况，具体的管理方法和措施也是千变万化的。但是多样、复杂的运输管理活动也表现出一定的共有特征，主要有以下几个方面。

1．运输方式的选择

运输可以通过多种运输方式来实现，不同的运输方式与其技术特性相适应，决定了各自不同的运输服务成本和运输服务质量。货物运输方式主要有公路、铁路、航空、船舶及管道。各种运输方式因为各自的技术特性，有不同的运输单位、运输时间和运输成本，所以产生了各种运输方式不同的服务质量。运输服务的利用者可以根据货物的性质、大小、所要求的运输时间、所能支付的运输成本等条件来选择相适应的运输方式，合理运用多种运输方式，实行联合运输，以取得整体运输费用最小。

2．运输服务的形态

运输服务有自用型和营业型两种形态。自用型运输是指企业自己拥有运输工具，并且自己承担运输责任，从事货物的输送活动。自用型运输多限于载货汽车运输，水路运输中也有部分这种状况，但数量很少。而航空、铁路这种需要巨大投资的运输方式，自用型运输基本无法开展。营业型运输以输送服务作为经营对象，为他人提供运输服务，营业型运输在公路、铁路、水路、航空等运输业者中广泛开展。对于一般企业来讲，可以在自用型和营业型运输中进行选择，基本趋势是企业逐渐从自用型向营业型运输方向转化。

3．运输行业的竞争

运输业者不仅在各自的行业内开展竞争，而且还与运输方式相异的其他运输行业企业开展竞争。各种运输方式都存在着一些与其特性相适应的不同的运输对象，也存在着很多各种运输方式都适合承运的货物，围绕这类货物的运输就形成了不同的运输手段、不同运输业者相互的竞争关系。这种不同运输方式、运输业者间的竞争关系的形成为企业对运输服务和运输业者的自由选择奠定了基础。

4．运输服务的形式

在运输业中存在着实际运输和利用运输两种形式。实际运输是指实际利用运输手段进行输送，完成商品在空间的移动；利用运输是自己不直接从事商品运输，而是把运输服务再委托给实际运输商进行，这种利用运输业的代表就是代理型物流业者。他们从事广范围的物流活动，通过协调、结合多种不同的运输机构来提供运输服务，充分发挥各种运输手段的优点并实现运输整体最优。

7.1.3　现代运输方式的特点

1．公路运输

（1）公路运输的分类

在物流供应链中公路运输是最主要的货运方式。公路运输业务分成整车运输和零担运输两部分。

1）整车运输。整车运输就是按整车办理承托手续、组织运送和计费的货物运输。整车满载运输方式的运输成本相对较低，只需拥有少量汽车就可以从事满载经营，使得社会上有为数众多的满载承运商。由于运输不能持续地进行，存在着闲置时间和空驶距离，这就增加了整车运输的成本。因此，承运人要力图规划好运输，以便在满足客户需求的同时，缩短汽车的闲置时间和空驶时间。

从运距的角度来说，整车运输体现出了它的规模经济。考虑到拖车容量的不同，整车运价对所用的拖车来说也体现了规模经济。这种运输方式比较适合货物在工厂、仓库之间或供应商、生产商之间的运送。例如，宝洁公司使用满载方式将货物送到客户的仓库。

2）零担运输。零担运输就是按零散货物办理承托手续、组织运送和计费的货物运输。非满载的零担运输适于小批量货物的运送，一般小于汽车最大运量的一半。相对来说，用满载大批量运输货物更便宜。就所运输的货物数量和运输距离来说，非满载运输也具有某种意义上的规模经济。由于零担运输要进行其他货物的装卸，所以其运转时间比整车满载运输的时间会长一些。零担运输适用于那些体积较大（不能进行包裹邮政递送），但又不超过汽车最大运量一半的货物。

（2）公路运输的成本与价格

公路运输的单位物资运费比铁路运输的高。满载运输按照整车收费，不考虑货运量，费率随运距的不同而变化。非满载运输则按照货物的运量和运距两个因素来收费。非满载运输的费率可反映规模经济的特点。

（3）公路运输的运营特点

公路运输速度快，运输经济里程短，在送货和提货之间无须转运，因此能节约运输时间，而且能提供“门到门”运输。

2．铁路运输

（1）铁路运输的成本与价格

铁路运输的固定成本较高，而运营成本较低。铁路运输在轨道、机车、车厢、调车等方面要花费高额的固定成本。此外，还包括劳动力和燃料这两项巨大、与行程有关的成本。它们与车厢的数量无关，而只随运距和运输时间变化。一旦车辆启动，任何时间上的闲置都将造成昂贵的成本支出，因为即使车辆原地不动，仍有劳动力、燃料成本发生。

（2）铁路运输的运营特点

铁路运输适用于大批量的货物运输。铁路运输的价格结构和超强的装载能力使其成为远距离、高速度、大吨位货物最理想的运输方式。但由于铁路运输要耗费较长时间，所以通过此种运输方式运送的货物，一般是大规模、低价值、非时间敏感性产品。

3．水路运输

（1）水路运输的成本与价格

水路运输是最低廉的运输方式，其成本与费用往往同船舶吨位、货物性质、航运路线等因素相关。

（2）水路运输的运营特点

水路运输是以船舶为主要运输工具，以港口为运输基地，以海洋、河流和湖泊为运输活动范围的一种运输方式。由于水路运输的自然特性，它只存在于世界上的某些特定区域。水运非常适合于低成本的大宗货物的运送。但水运也是最慢的一种运输方式，最大的延误都发生在港口码头。这使得水运很难用于短距离运输，尽管在日本和欧洲的部分地区，它被有效地应用于近距离的短途运输。

4．航空运输

（1）航空运输的成本与价格

航空运输是最快捷的运输方式，然而航空运输在基础设施和装备方面的固定成本极高，固定成本和可变成本加在一起使其成为最昂贵的运输方式，短途运输尤其如此。航空运输的劳动力和燃料耗费主要取决于航程，与一次飞行运载的乘客数量或货物重量无关。

（2）航空运输的运营特点

航空运输提供了快速但费用较高的运输方式。小件、高价值的物品或是需进行长距离运输的物品，最适合选用航空运输。通常情况下，航空承运人只承运 200 公斤以下的货物，包括高价值、低重量的高技术产品。

5．管道运输

（1）管道运输的成本与价格

管道运输总体成本相对低廉，固定成本与运营成本相当。管道运输的价格构成通常包括两个部分，一是与托运人的最大运量相关的固定部分；二是与实际运量相关的部分。这种价格结构促使托运人使用管道运输，来运送需求量可预测的那部分货物，而采用其他方式来运送需求量变动的货物。

（2）管道运输的运营特点

管道运输主要用于运送原油、提炼的石油制品及天然气。这种运输方式适用于相对稳定、大流量物体。将原油运送至港口或炼油厂，管道运输也许是最有效的方式。但应当注意的是，管道运输并不适合汽油的运送，而用汽车运送汽油效果会更好一些。

6．多式联运

（1）多式联运的含义

多式联运就是采用两种或两种以上的运输方式将同一批货物运抵目的地的运输形式。多式联运可以有多种方式，通常情况下是铁路和公路联运。对于国际贸易来说，因为工厂和市场很可能并不靠近港口，多式联运常常是唯一选择。

（2）多式联运的优点

在内陆，采用铁路、汽车结合的联运系统的优点在于：这种方式比单一的汽车运送成本低，而比铁路运输更省时间。多式联运通过整合多种运输方式，提供单一运输方式无法比拟的服务价格比，同时也给托运人带来极大的方便：一个多式联运方式通常是由多个承运方构成的，而托运人只需与其中一方打交道即可；相比之下，如果采用单一运输方式，托运人就不得不跟多个承运人打交道。

现在，越来越多的货物采用集装箱运输，从而使得汽车、水运、铁路相结合的多式联运方式得到了发展。集装箱多式联运是一种以集装箱为运输单元，将不同的运输方式有机组合在一起，构成连续的、综合性的一体化货物运输。通过一次托运、一次计费、一份单证、一次保险，由各运输区段的承运人共同完成货物的全程运输。

多式联运应注意的主要问题是为使货物在两种运输方式之间顺利转移，不同承运商之间必须进行信息交流，原因在于货物在不同承运商之间的转移会导致大量的延迟，从而极大地影响运输性能。

7．包裹运输

（1）包裹运输的含义

包裹运输是指包裹承运人利用航空、汽车、铁路等运输方式运送对时间敏感的小件货物的运输方式。包裹承运人提供给托运人的主要是快速、可靠的递送，不仅如此，还提供其他增值服务，以加速库存流通及追踪订货状况，因而包裹的承运价格昂贵。

（2）包裹运输的运营特点

鉴于包裹较小而且要经过几个转运点，为提高利用率，减少成本，在包裹运输中进行联合运输是一个值得关注的问题。包裹承运人在当地使用货车装载货物，然后将货物运送到大的分类中心，再送到离转运点最近的次分类中心，最后由承运人将货物从次分类中心使用小型货车，采用上门方式为客户送货。在这一过程中，涉及的关键性问题包括中转站的选址和吞吐量，以及便于跟踪货流的信息获取能力。在把产品送达客户的最终运送环节中，承运人还需考虑送货车的行驶线路和日程安排，这一点非常重要。

7.1.4　各种运输方式的技术经济特点

运输决策的一个重要内容是根据运输商品对运输时间和运输条件的具体要求，选择适当的运输方式和运输工具，使企业能用最少的时间，走最短的路线，花最少的费用，安全地把商品从产地运送到销售地。

1．运输速度

运输速度是指单位时间内的运输距离。决定各种运输方式运输速度的一个主要因素是各种运输载体能达到的最高技术速度。目前我国各种运输方式的技术速度分别是：航空最快达到 900～1 000 千米/小时，铁路 350～400 千米/小时，公路 80～120 千米/小时，水路运输速度慢、准时性差，海运 10～25 节（1 节=1.852 千米/小时），河运 8～20 千米/小时。

在运输实践中，由于考虑交通环境、安全、经济等原因，各种运输方式的服务速度是低于运输载体的技术速度的。

2．运输成本

运输成本是由多个项目构成的，而不同运输方式的构成比例又不同。

（1）铁路运输

铁路运输的固定成本很高，变动成本相对较低，这使近距离的运费较高；对于批量大、运输距离长的货物，运费比较低。所以，铁路运输适合长距离、大运输量、时间性强、可靠性要求高的货物运输。

（2）公路运输

公路运输的固定成本低，但变动成本相对较高，中小批量商品一般适用于公路近距离运输，在高速公路长距离运输时，运费较低。

（3）水路运输

水路运输成本低，沿海运输成本只有铁路的 40%，长江干线成本只有铁路的 84%，在运输大宗货物或散装货物时，采用专用的船舶运输，可以取得更好的技术经济效果，但搬运和装卸费用高，装卸作业量大。

（4）航空运输

航空运输成本高，适用于价值高、质量轻、易损、鲜活商品和急需商品的运输。

（5）管道运输

管道运输耗能少、成本低、效益好、专用性强，适用于大批量不间断的气体、液体和部分固体粉末物的运输。

3．运输能力

由于技术及经济的原因，各种运输方式的运载工具都有其适当的容量范围，从而决定了运输线路的运输能力。水路运输是运输能力最强的运输方式，从几千吨到几十万吨的船舶都有，世界上最大的油船已超过 50 万吨级；其次是铁路运输，铁路货车运载量一般为 60～100 吨，一般的货物运输列车的运输能力通常在 3 000 吨以上，重载列车可装 20 000 多吨货物；管道运输的运输量也很大，国外一条直径 720 毫米的输煤管道，一年可输送煤炭 2 000 万吨，几乎相当于一条单线铁路的单方向的输送能力。公路运载工具的容量最小，通常载重量在 10 吨以下。航空运输的运输能力也相对很小。

4．运输灵活性

灵活性是指一种运输方式在任意给定两点间的服务能力。道路运输的灵活性最大，因为它能直接行驶到起点和终点，可以选择不同的行车路线，灵活制定营运时间表，服务便利，实现门到门运输，市场覆盖率高。水路运输营运范围受到江、河、湖、海地理分布的限制，航空运输需要航空港设施，铁路运输需要站场设施，只能在固定线路上实现运输，且要与其他运输手段配合衔接。管道运输不易随便扩展管道，服务的地理区域十分有限，而且大多数管道运输属于单向输送，每隔一段距离必须经泵站加压，所以灵活性相对较差。

5．经济里程

经济性是指单位运输距离所支付费用的多少。运输的经济性与运输距离有紧密的关系，不同运输方式的运输距离与成本之间的关系有一定的差异。铁路的运输距离增加的幅度要大于成本上升的幅度，而公路则相反。从国际惯例来看，200 千米以内被称为短距离运输，该距离内的货运量应该尽量分流给公路运输，200～500 千米主要选择铁路运输，500 千米以上则选择水路运输。

7.1.5 影响运输方式选择的因素

各种运输工具都有优点和缺点，企业进行选择时，必须结合自己的经营特点和要求，商品性能、市场需求的缓急程度，对各种工具的运载能力、速度、频率、可靠性、可用性和成本等进行综合考虑和合理筛选。

1．商品性能特征

商品性能特征是影响企业选择运输工具的重要因素。一般来讲，粮食、煤炭、矿石等大宗货物适宜选择水路运输；水果、蔬菜、鲜花等鲜活商品，电子产品，宝石及节令性商品等适宜选择航空运输；石油、天然气、碎煤浆等适宜选择管道运输。

2．运输速度和路程

运输速度的快慢、运输路程的远近决定了货物运送时间的长短。而在途运输货物犹如企业的库存商品，会形成资金占用。因此，运输时间的长短对能否及时满足销售需要，减少资金占用有重要影响。所以，运输速度和路程是选择运输工具时应考虑的一个重要因素，一般来讲，批量大、价值低、运距长的商品适宜选择水路或铁路运输；而批量小、价值高、运距长的商品适宜选择航空运输；批量小、距离近的适宜选择公路运输。

3．运输的可得性

对自用型运输而言，运输的可得性意味着其运输能力，一般以能够应付某一时期的最大业务量为标准。运输能力的大小对企业分销影响很大，特别是一些季节性商品，旺季时会使运输达到高峰状态，若运输能力小，不能合理、高效率地安排运输，就会造成货物积压，商品不能及时送往用地，进而使企业错失销售良机。对营业型运输企业而言，运输的可得性涉及其业务的性质、运输能力及运输服务覆盖的范围。不同运输方式的运输可得性也有很大的差异，公路运输最可得，其次是铁路运输，水路运输与航空运输只有在港口城市与航空港所在地才可得。

4．运输的一致性

运输的一致性是指在若干次运输中履行某一特定的运次所需的时间与原定时间或与前多次运输所需时间的一致性，它是运输可靠性的反映。近年来，托运方已把一致性看作高质量运输的最重要的特征。如果给定的一项运输服务第一次花费 2 天、第二次花费 6 天，这种意想不到的变化就会给生产企业产生严重的物流作业问题。厂商一般首先要寻求实现运输的一致性，然后再提高交付速度。如果运输缺乏一致性，就需要安全储备存货，以防预料不到的服务故障。运输一致性还会影响买卖双方承担的存货义务和有关风险。

5. 运输的可靠性

运输的可靠性涉及运输服务的质量属性。对质量来说，关键是要精确地衡量运输可得性和一致性，这样才有可能确定总的运输服务质量是否达到所期望的服务目标。运输企业如要持续不断地满足顾客的期望，最基本的是要承诺不断地改善。运输质量来之不易，它是经仔细计划，并得到培训、全面衡量和不断改善支持的产物。在顾客期望和顾客需求方面，基本的运输服务水平应该现实一点。必须意识到顾客是不同的，所提供的服务必须与之相匹配。对于没有能力达到的过高服务目标必须取缔，因为对不现实的全方位服务轻易地做出承诺会极大地损害企业的信誉。

6. 运输费用

企业开展商品运输工作，必然要支出一定的财力、物力和人力，各种运输工具的运用都要求企业支出一定的费用。因此，企业进行运输决策时，要受其经济实力及运输费用的制约。例如，企业经济实力弱，就不可能使用运费高的运输工具如航空运输，也不能自设一套运输机构来进行商品运输工作。

7. 市场需求的缓急程度

在某些情况下，市场需求的缓急程度也决定着企业应当选择何种运输工具。市场急需的商品须选择速度快的运输工具，如航空或汽车直达运输，以免贻误时机；反之，则可选择成本较低，而速度较慢的运输工具。

7.2　运输经营决策

7.2.1　运输经营方式

1. 自营运输

企业内部的自营运输体现了组织的总体采购战略，便于控制，但是实施低成本、高效率的自营运输需要企业内部各部门之间广泛的合作和沟通。企业之所以会自营运输，最主要的原因是考虑到承运人不一定能达到自己所需要的服务水平。通常而言，企业自营运输的原因包括：服务的可靠性；订货提前期较短；意外事件反应能力强；与客户的合作关系。

2. 外包运输

外包运输减轻了企业的压力，可以使企业集中精力于新产品的开发和产品的生产。但是，外包运输需要处理与企业外部的承运商之间的关系，增加了交易成本，也增加了对运输控制的难度。

关于自营运输还是外包运输的决策不仅是运输决策和管理决策，更是财务决策。

7.2.2 运输经营决策分析

运输经营决策的合理与否直接关系到企业的物流成本和客户服务水平，掌握自营运输与外包运输各自的优缺点和选择原则是做出合理经营决策的前提。

1．外包运输的意义

（1）获取业务优势

企业通过将运输业务外包给第三方物流公司，可以获得自身不能提供的物流服务。第三方物流公司能提供专业化的物流服务，并且价格便宜。

（2）获取成本优势

企业通过将运输业务外包，可避免在运输设备和设施上的盲目投资，将有限的资金用于更急需的方面。

（3）获取客户服务优势

一般来说，专业的第三方物流公司具有专业的资源优势和管理经验，在提高顾客满意度上具有独到的优势。对于企业而言，外包避免了企业进入不熟悉的领域，又能依托第三方物流公司获取客户服务的优势。

2．外包运输的风险

（1）物流企业素质问题

我国物流企业不少，但良莠不齐。有些物流企业的业务水平、人员素质、管理水平均不高，如果把运输业务完全交给这些物流企业去做，不一定能达到预期效果。

（2）企业物流资源处理问题

一些企业存在着大量的沉没成本，即企业在退出某一行业时，其固定资产不能被转卖或只能低价转卖，造成不可收回的资本损失。由于企业都从自身角度出发经营物流活动，在物流设施的建设上具有极强的专用性，如企业的专用铁路和仓库。当企业打算退出物流领域而采取外包时，这些设施很难或只能以低价转让，给企业带来巨大的沉没成本，形成较高的退出障碍。另外，企业退出物流领域时，要解雇相关的物流从业人员，若企业解雇职工，需要支付解雇工资等，这笔费用也构成了退出障碍。

（3）信用风险问题

企业将运输业务外包，一则极易因信息不对称而导致信用风险；二则企业的客户关系容易被专业化的物流公司所掌握，间接导致双方产生合作的短期行为，增加物流服务的交易成本。这两种情形均可能造成企业支出的增加和企业信誉度下降的问题。

所以，一般而言，企业运输外包的关键在于运输业务对企业核心能力的影响程度，若影响力具有决定性因素，则运输业务不可外包。

3．自营运输的优点

（1）掌握控制权

企业自营运输便于企业掌控采购、制造、销售各环节；掌控、管理供应商和销售商；掌握最详尽的供应商及市场相关资料，利于企业随时调整经营战略。

（2）盘活企业原有资产

企业自营运输能够盘活企业自有的物流资源，加快物资运输，带动资金流转，最终创造利润空间。

（3）降低交易成本

企业自营运输使企业避免了因采购及销售信息的不对称而造成的损害；使企业能更好地掌握完整、真实的采购及市场资料，并减少交易费用，降低交易风险。

（4）避免商业秘密的泄漏

外包的物流公司往往是企业商业机密泄露的窗口。因为企业的客户往往也是企业的竞争对手的客户，外包的物流公司很容易掌握企业的供应商、市场渠道和客户，从而影响企业的竞争力。

（5）提高企业品牌

企业通过自营运输，能够自主地控制营销活动。企业亲自为客户服务：一方面，拉近了企业和客户的距离，使客户更好地了解企业和产品；另一方面，企业能在第一时间了解市场，掌握信息。例如，海尔、TCL、肯德基等企业均有自己的物流公司，海尔不仅负责本企业的物流运输及配送业务，还承担其他企业（如雀巢）的物流业务。

4．自营运输的缺点

（1）资源配置不合理

企业若自营运输，可能因物流资源配置上的不足或浪费，容易造成生产力与运力的不符，淡季产品积压，设备车辆闲置，而旺季运力跟不上，失去商机。

（2）管理机制约束

我国有很多企业，其物流部门在企业中的地位不清晰，经常造成责权不明确，各部门相互推诿，物流要求无法有效执行的现象，使得企业的整体利益被弱化。

7.2.3　自营运输和外包运输决策

1．自营运输和外包运输的定量分析

对于企业而言，选择自营运输或外包运输不仅取决于上述的各种因素，还与企业的生产规模、企业自营运输成本、专业运输公司的实力和运输价格密切相关，这几个因素都是可以定量化的因素，然而一旦市场发生变化，这些因素均可能随之变化。

运输经营决策定量分析一般是从成本的角度来考虑，企业自营运输成本由固定设施成本、运输设备拥有成本和运营成本 3 部分组成，其具体关系如下：

固定成本（与业务量的多少无关）=人员薪金+厂房设备折旧+基本动力费水电费+…

变动成本（随业务量的多少而增减）=油料损耗+…

运输成本=固定成本+变动成本

若 C——总成本，F——固定成本，V——变动成本，X——经营数量，则

$$C = F + VX$$

企业在进行运输决策时，可以通过将总费用投入（即固定成本和可变成本之和）与

外包运输的费用进行比较，求出经营数量的平衡点。若企业经营数量小于平衡点，则采用运输外包策略；若经营数量大于平衡点，则采用自营运输方式。

【例 7-1】 某工厂的产品要运往销售地，可以自营或外包运输。如果自己运输，需要添置运输装卸设备，每年将增加设备固定成本 12 万元；此外，运输每件产品的直接成本为 40 元。如果外运，即委托一专业运输公司，每件要支付 100 元。试分析两种方案的优劣。

（1）选择原则

设每年产品运输量为 X，则外运（方案①）的总成本为：$C_1 = 100X$

自运（方案②）的总成本为：$C_2 = 40X + 120\,000$

令 $C_1 = C_2$，求出平衡点：$X_0 = 2\,000$（件）

结论：当运输量 X 大于 2 000 件时，宜采用方案②；当运输量 X 小于 2 000 件时，宜采用方案①。

（2）方案选择

若通过对历史资料和企业生产能力的分析预测，该产品运输量及概率的分布如表 7-1 所示。试分析企业应选择何种运输方案。

表 7-1　运输量及概率分布

产品运输量 X（件）	1 000	1 500	2 000	2 500	3 000
概率（%）	20	25	30	15	10

依照表内数据，该产品年运输量的期望值为：

$$EX = 1\,000 \times 20\% + 1\,500 \times 25\% + 2\,000 \times 30\% + 2\,500 \times 15\% + 3\,000 \times 10\% = 1850(\text{件})$$

根据选择原则，因为平衡点为 2 000 件大于 1 850 件；所以该企业应采用运输方案①，即运输外包。

例 7-1 表明，从成本的角度考虑运输经营决策，对于采用外包运输还是自营运输，是与企业的运输规模和运输数量密切相关的。企业的规模与运输成本之间的关系决定了企业的运输经营决策。从表 7-2 企业规模与运输成本的关系中可以看出，企业规模（以销售额来衡量）与运输成本呈负相关关系。企业越大，运输成本相应越小。

表 7-2　企业规模与运输成本的关系

美国公司运输成本				
年销售额（百万美元）	<200	200～500	500～1 250	>1 250
运输成本占销售额比例	10.45%	8.73%	7.36%	3.4%
加拿大公司运输成本				
年销售额（百万美元）	<200	200～500	500～1 250	>1 250
运输成本占销售额比例	10.1%	10.97%	10.24%	3.4%

2．运输外包的决策

运输业属于服务型行业，企业自行承担的运输业务对于第三方物流而言是潜在的物流需求，企业如将自身物流系统全部卖给或承包给第三方物流供应商，则被称为“物流系统剥离”，外包的可以由两种方式进行。

（1）逐步外包

对于运输设备和设施资产较多、运输人员较多、运输业务也较多的企业，可以实施逐步运输业务外包。企业可以自营核心运输业务，外包次要业务；自营重要运输环节，外包次要环节。

（2）彻底外包

对于运输设备和设施资产不多、运输人员少、运输业务也少的企业，可以将运输业务彻底外包，以减轻企业负担。

7.3　配送中心概述

7.3.1　配送中心的定义

《中华人民共和国国家标准物流术语》（GB/T 18354—2006）中对配送中心的定义为“从事配送业务且具有完善信息网络的场所或组织”。具体来讲，配送中心是从供应者手中接收种类多、数量大的商品，通过转运、分类、保管、流通加工和信息处理等作业，然后根据众多用户的订货要求备齐商品，并能迅速、准确和廉价地进行配送的设施。

7.3.2　配送中心的功能

1．集散功能

货物由几个公司集中到配送中心里，再进行发运，或者向几个公司发运。集散功能也可以将其他公司的货物放入该配送中心来处理、发运，以提高卡车的满载率，降低费用成本。

2．储存保管功能

储存有两个功能：一是为解决季节性货物生产计划与销售季节性的时间差问题；二是为解决生产与消费之间的平衡问题。为保证正常配送的需要，满足用户的随机需求，在配送中心不仅应保持一定量的商品储备，而且要进行储存商品的保管和保养工作，以保证储备商品的数量，确保质量完好。

3．分货、拣货与配货功能

将集中的大量商品按用户的需要重新分拣、配齐后送至用户，是配送中心的主要功能之一，也是区别传统仓库的主要方面。

4．流通加工功能

配送过程中，为解决生产中大批量、少品种和消费中的小批量、多品种要求的矛盾，按照用户对商品的不同要求对商品进行分装、配装等加工活动，也是配送中心功能之一。

5．送货功能

送货是配送中心的核心活动，也是备货和理货工序的延伸。在物流活动中，送货实际上就是货物的运输。在送货过程中，常常进行运输方式、运输路线和运输工具的选择。

6．物流信息、汇总及传递功能

配送中心除了具有以上所述的各种功能外，更能为配送中心本身及上下游企业提供各式各样的信息情报，作为配送中心营运管理政策制定、商品路线开发、商品销售推广政策制定的参考。每个配送中心一般都具有这些功能，根据对其中某一功能的重视程度不同，决定着该配送中心的性质，并且它的选址、房室构造、规模和设施等也随之变化。

7.3.3 配送中心的分类

配送中心是一种新兴的经营管理行业，其形态不同，配送中心的功能、构成和运营方式就会有很大区别。

1．按运营主体分类

（1）制造商型配送中心

制造商型配送中心是以制造商为主体的配送中心。这种配送中心里的物品绝大多数是由制造商自已生产制造的，制造商可以降低流通费用、提高售后服务质量和及时地将预先配齐的成组元器件运送到规定的加工和装配工位。从物品制造到生产出来后条码和包装的配合等多方面都较易控制，所以按照现代化、自动化的配送中心设计比较容易，但不具备社会化的要求。

（2）批发商型配送中心

批发商型配送中心是由批发商或代理商成立的配送中心，是以批发为主体的配送中心。批发是物品从制造者到消费者手中之间的传统流通环节之一，一般是按部门或物品类别的不同，把每个制造厂的物品集中起来，然后以单一品种或搭配向消费地的零售商进行配送。这种配送中心的物品来自各个制造商，它所进行的一项重要的活动是对物品进行汇总和再销售，而它的全部进货和出货都是社会配送的，社会化程度高。

（3）零售商型配送中心

零售商型配送中心是由零售商向上整合建立的配送中心，是零售业为主体的配送中心。零售商发展到一定规模后，就可以考虑建立自己的配送中心，为专业物品零售店、超级市场、百货商店、建材商场、粮油食品商店、宾馆饭店等服务，其社会化程度介于前两者之间。

（4）专业物流配送中心

专业物流配送中心是以第三方物流企业（包括传统的仓储企业和运输企业）为主体的配送中心。这种配送中心有很强的运输配送能力，其地理位置优越，可迅速将到达的货物配送给用户。专业物流配送中心为制造商或供应商提供物流服务，而配送中心的货物仍属于制造商或供应商所有，配送中心只是提供仓储管理和运输配送服务。这种配送中心的现代化程度往往较高。

2．按经营的商品范围分类

（1）经营散装货物的配送中心

经营散装货物的配送中心主要为加工厂提供原料、石油、汽油、煤等，大多建造在铁路沿线或港口。

（2）经营原材料的配送中心

这里的原材料多是以集装箱为装载单元的货物。

（3）经营件货的配送中心

件货通常是指用集装箱和托盘来运输的商品，其中主要是制成品如食品。

（4）经营冷冻食品的配送中心

经营冷冻食品的配送中心具有冷冻功能，一般都有冷冻及保鲜设备。

（5）经营特种商品的配送中心

经营特种商品的配送中心主要经营特种商品，如有毒货物、易燃易爆货物、药品等。这类配送中心都必须要获得经营特种商品的资质。

3．按配送的范围分类

（1）城市配送中心

由于城市范围一般处在汽车运输的经济里程之内，配送中心可将商品送到最终用户，且采用汽车配送。这种配送中心常常和零售经营中心相结合，由于运距短，反应能力强，因而从事多品种、少批量、多用户的配送较有优势。

（2）区域配送中心

区域配送中心就是以较强的辐射能力和库存能力，向省际、全国乃至国际范围的用户配送的配送中心。这种配送中心规模大、用户大、配送批量也较大。而且，往往是配送给下一级的城市配送中心，也配送给营业所、商店、批发商和企业用户。

4．按配送中心的功能分类

（1）储存型配送中心

储存型配送中心是有着很强的储存功能的配送中心。一般来讲，在买方市场下，企业成品销售需要有较大库存支持，其配送中心可能有较强储存功能；在卖方市场下，企业原材料，零部件供应需要有较大库存支持，这种供应配送中心也有较强的储存功能。大范围配送的配送中心，需要有较大库存，这种配送中心就是储存型配送中心。

（2）流通型配送中心

流通型配送中心是基本上没有长期储存功能，仅以暂存或随进随出方式进行配货、送货的配送中心。这种配送中心的典型方式是：大量货物整进并按一定批量零出，采用大型分货机，进货时直接进入分货机传送带，分送到各用户货位或直接分送到配送汽车上，货物在配送中心里仅做少许停留。

（3）加工型配送中心

加工型配送中心是以流通加工为主要业务的配送中心。配送中心按照用户的要求进行包装、分割、计量、分拣、刷标志、拴标签、组装等加工活动。

5．按照配送中心承担的流通职能分类

（1）供应型配送中心

配送中心执行供应的职能，专门为某个或某些用户（如连锁店、集团公司）组织供应的配送中心。例如，为大型连锁超级市场组织供应的配送中心；代替零件加工厂送货的零件配送中心，使零件加工厂对装配厂的供应合理化。供应型配送中心的主要特点是配送的用户有限并且稳定，用户的配送要求范围也比较确定，属于企业型用户。因此，配送中心集中库存的品种比较固定，配送中心的进货渠道也比较稳固，同时，可以采用效率比较高的分货式工艺。

（2）销售型配送中心

销售型配送中心是一种执行销售的职能，以销售经营为目的，以配送为手段的配送中心。销售型配送中心大体有两种类型：一种是生产企业为本身产品直接销售给消费者的配送中心，在国外这种类型的配送中心很多；另一种是流通企业作为本身经营的一种方式，建立配送中心以扩大销售，我国目前拟建的配送中心大多属于这种类型，国外的例证也很多。销售型配送中心的用户一般是不确定的，而且用户的数量很大，每个用户购买的数量又较少，属于消费者型用户。这种配送中心很难像供应型配送中心一样，实行计划配送，计划性较差。销售型配送中心集中库存的库存结构也比较复杂，一般采用拣选式配送工艺，销售型配送中心往往采用共同配送方法才能够取得比较好的经营效果。

7.4 配送作业管理

7.4.1 配送的主要活动

配送中心管理的关键是组织配送作业任务，其要点是在提高客户服务水准的同时，削减流通成本，提高配送作业效率。不同类型的配送中心，其作业流程的长短不一，内容各异；但作为一个整体，配送的主要活动却是一致的，都包括备货、理货、送货三个基本活动。

1．备货

备货是配送的准备工作和基础工作。配送的优势之一就是可以集中若干用户的需求进行一定规模的备货。备货包括筹集货源、订货、采购、集货、进货及有关的质量检查、结算、交接等工作。备货是决定配送成败的初期工作，如果备货成本太高，会大大降低配送的效益。

2．理货

理货是配送的一项重要内容，也是配送区别于一般送货的重要标志。理货包括货物储存、分拣、配货和包装等经济活动。

3．送货

送货是配送活动的核心，也是备货和理货工序的伸延。配送运输属于运输中的末端运输、支线运输，它和一般运输形态的主要区别在于：配送运输是较短距离、较小规模、频度较高的运输形式，一般使用汽车和其他小型车辆作为运输工具。与干线运输的另一个区别是，配送运输路线选择问题是一般干线运输所没有的：干线运输的干线是唯一的运输线，而配送运输由于配送用户多，一般城市交通路线又较复杂，如何组成最佳路线，如何使配装和路线有效搭配等是配送运输的特点，也是难度较大的工作。

7.4.2　配送中心的作业流程

配送中心的特性或规模不同，其营运涵盖的作业项目和作业流程也不完全相同，但其基本作业流程大致由订单处理作业、进货作业、储存作业、拣货及配货作业、出货及送货作业等环节构成。配送中心作业流程如图 7-1 所示。

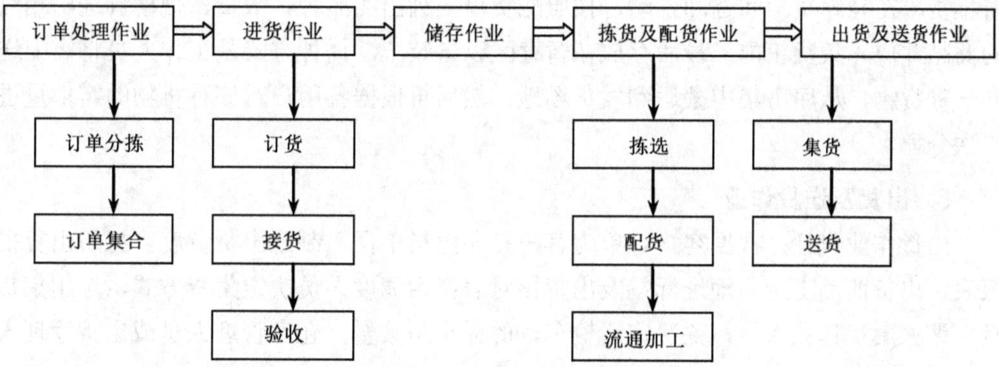

图 7-1　配送中心作业流程

1．订单处理作业

配送中心收到客户新的订单和汇总门店的订货单后，首先要对这些订单进行分拣和重组集合，确定配送货物的种类和数量，然后要查询配送中心现有库存中是否有所需的现货。如果有现货，则转入拣选流程；如果没有，或者虽然有现货但数量不足，则要及时向总部采购部门发出订单，进行订货。

2．进货作业

通常，在商品资源宽裕的条件下，采购部门向供应商发出订单以后，供应商会根据订单的要求很快组织供货，配送中心接到通知后，就会组织有关人员接货，在送货单上签收，对货物进行检验。

对接收的货物进行检验包括数量和质量的检验。若与订货合同要求相符，则可以转入下一道工序；若不符合合同要求，配送中心将详细记录差错情况，并拒绝接收货物。按照规定，质量不合格的商品将由供应商自行处理。经过验收之后，配送中心的工作人员随即要按照类别、品种将其分开，分门别类地存放到指定的仓位和场地，或者直接进行下一步操作。

3. 储存作业

储存主要是为了保证销售需要的常备储存，但要求是合理库存。同时还要注意在储存业务中做到确保商品不发生数量和质量变化。

还有一种储存形态是暂存，是在具体执行配送时，按分拣配货要求，在理货场地所做的少量储存准备；或者是在分拣配货之后，形成的发送货物的暂存，其作用主要是调节配货与送货的节奏，暂存时间不长。

4. 拣货及配货作业

配送中心的工作人员根据信息中心打印出的要货单进行拣货配货作业。这项工作要求按照要货单上列明的商品、要货时间、储存区域，以及装车配货要求、门店位置的不同，将货物挑选出来。拣选的方法一般是摘果方式和播种方式。摘果方式是工作人员托着集货箱在仓库货架间巡回走动，按照配货单上列出的品种、数量、规格挑选出相对应的商品并放入集货箱内，最后存放在暂存区以备装车。播种方式是工作人员将需配送的同一种货物，从库房集中搬运到发货场地，然后再根据各用户对该种货物的需求量进行二次分配。

5. 出货及送货作业

出货作业包括：根据客户订单为客户打印出货单据，制定出货调度，打印出货批次报表、出货商品上所需地址标签及出货核对表；由调度人员决定集货方式，选用集货工具、调派集货作业人员，并决定运输车辆的大小与数量；仓库管理人员或出货管理人员决定出货区域的规划布置及出货商品的摆放方式。

送货作业包括商品装车并实际配送。完成这些作业需事先规划配送区域的划分或配送路线的安排，由配送路线选用的先后次序来决定商品装车顺序，并在商品配送途中进行商品跟踪、控制及配送途中意外状况的处理。

7.4.3 配送中心采用的配送作业模式

1. 单纯配送形式

配送业务开展的初期应以送货入手。这个时期通过与客户的广泛接触，选择那些没有运输能力，或者主动提出要求配送的，货物需要量比较稳定的客户。通过与用户协商，制订配送计划。配送中心根据客户的要货计划，即何时、向何处送货等要求，制订详细的送货计划，包括客户所需要的商品的品种、规格、数量及运输路线等。然后对符合要求的商品进行分货及配货，并进行适当的包装，且详细标明客户名称、地址、到货时间和商品明细后，交给司机或随车送货人。车辆按指定的路线运达客户并由客户在回执上签字，配送工作完成后，通知财务部门结算。在此阶段，由于配送规模不是很大，且配送中心的劳动力过剩，因此，分拣工作主要由人力完成。

2. 代理配送形式

在开展单纯的配送业务时，应积极争取成为客户的代理，以取得好的经济效益。配送中心通过代理销售，可以利用其配送业务直接批发给零售，且送货上门；还可以作为中转，利用铁路专用线把货物发送到全国各地。这样的配送不仅有物流，而且在一定程度上与商流结合在一起，逐步向正规的配送中心转变。

3．批发配送形式

通过单纯配送、代理批发等形式，增加了配送中心的营销能力，而且扩大了业务范围，联系了众多客户，了解了市场行情，为进一步扩大贸易范围打下了基础。此时，配送中心可以通过举办批发市场吸引更多的批发商和用户，利用这个机会，销售自己组织的货源，然后进一步扩大自行采购的商品比重，使商流、物流合二为一，从而成为真正意义上的配送中心。

7.4.4　国外配送发展现状

1．配送组织的共同化

配送的初期是以单独企业为主体的配送。此时的配送出现了配送车辆利用率低、不同配送企业间交叉运输、交通紧张等许多不合理的现象。经过一定时期的发展，出现了联合配送，配送企业互通信息、共同计划，大大提高了配送车辆的利用率和配送企业的效率。

2．配送区域的扩大化

随着交通运输条件的改善，一些发达国家的配送已突破了一个城市的范围。美国已经开展了洲际配送系统，日本不少配送中心的业务是在全国范围或在很大区域范围内进行的。

3．配送方式的多样化

由于流通过程、流通对象及流通手段复杂，在各自领域出现了多种多样经过优化了的配送方式。例如，在日本出现的 30 千克以下货物的“宅急送”“宅配便”式的配送，小批量快递系统、准时供应系统、分销配送等多种形式。

4．配送运输的专业化

在欧美和日本，不仅运输的社会化程度相当高，而且有大量集装箱车和专用车辆投入运营，这种专业化运输提高了物流质量。日本的企业一般不配备自营汽车，他们认为外雇车辆更经济便利，配送中心定期与运输公司签订合同，这样运输企业就可以根据物流量变化灵活调度车辆，最大地满足需求。

5．配送服务的信息化

随着计算机的发展，物流公司都在开发和采用信息管理系统。配送中心不仅要与生产商和客户联系，了解厂家、客户需求的信息，并沟通厂商、客户双方；还要与运输企业和内部各部门联系，以了解各项物流活动的进程，这都需要信息系统提供支持。

7.5 配送流程的优化

配送作为物流系统中的一个小系统，具备了物流中的各个要素，具有与大型物流活动一致的地方。它与物流只有大与小的区别，两者本质是一样的。物流配送中心在运转过程中，必须努力为客户探索降低成本的道路，在进行配送活动时，力求流程成本的最小化。配送流程的优化不单单是企业降低成本的需求，而且是整个社会物流产业发展的关键，最终对促进地区乃至国家经济的良好发展起着举足轻重的作用。

如何优化配送流程，提高配送效率始终是困扰物流企业的一个问题。针对这个问题，物流配送中心的实际运作可以从加强配送的计划性、确定合理的配送路线等环节加以改善。

7.5.1 加强配送的计划性

在配送活动中，临时配送、紧急配送或无计划的随时配送都会大幅度增加配送成本。临时配送由于事先计划不善，未能考虑正确的装配方式和恰当的运输路线，到了临近配送截止时期时，不得不安排专车，单线进行配送，造成车辆不满载，里程多。紧急配送往往只要求按时送货，来不及认真安排车辆配装及配送路线，从而造成载重和里程的浪费。而为了保持服务水平，又不能拒绝紧急配送。但是，如果认真核查并有调剂、准备的余地，紧急配送也可纳入计划。随时配送对订货要求不做计划安排，有一笔送一次。这样虽然能保证服务质量，但是不能保证配装与路线的合理性，也会造成很大的浪费。

为了加强配送的计划性，需要制定配送申报制度。配送申报制度就是零售商店订货申请制度。解决这个问题的基本原则是：在尽量减少零售店存货、尽量减少缺货损失的前提下，相对集中各零售店的订货。应针对商品的特性，制定相应的配送申报制度。

1．对鲜活商品，应实行定时定量申报、定时定量配送

为保证商品的鲜活，零售店一般一天申报一次，商品的量应控制在当天全部销售完为度。实行定时定量申报的商品，在商品量确定以后，分店除特殊情况外，不必再进行申报。由配送中心根据零售店的定量，每天送货。

2．对普通商品，应实行定期申报、定期配送

定期申报是指零售店定期向配送中心订货，订货量为两次订货之间的预计需求量。实行定期申报的优点如下：

① 各零售店的要货相对集中，零售店同时发出订货申请，配送中心将订货单按商品分类、汇总，统一完成配送。

② 零售店不必经常清点每种产品的盘存量，减少了工作量。

③ 零售店是向众多单个消费者销售商品，不确定因素多。

实行定期申报，零售店只需预测订货周期较短时间内的需求量，降低了经营风险。零售店定期发出订货申请，配送中心定期送货。送货与订货的时间间隔一致，如每 7 天订 1 次货，每 7 天送 1 次货。问题的关键是如何确定合理的时间间隔。时间太长，每次的发货量必定很多，这无疑将配送中心的存货分散到零售店储备；时间太短，每次发的货太零星，既增加了配送难度，也增加了配送次数。一个合理的时间间隔应该使零售店保持较少的库存而又不缺货。在实际操作中应通过数据来分析和经验来确定。

7.5.2　确定合理的配送路线

配送线路设计就是整合影响配送运输的各种因素，适时适当地利用现有的运输工具和道路状况，及时、安全、方便、经济地将客户所需的商品准确地送达客户手中。

在配送运输线路设计中，需根据不同客户群的特点和要求，选择不同的线路设计方法，最终达到节省时间、运距和降低配送运输成本的目的。配送路线合理与否对配送速度、成本、效益影响很大。因此，采用科学的方法确定合理的配送路线是配送的一项重要工作。无论采用何种方法都必须满足一定的约束条件：

① 满足所有零售店对商品品种、规格、数量的要求。

② 满足零售店对货物到达时间范围的要求。

③ 在交通管理部门允许通行的时间内进行配送。

④ 各配送路线的商品量不超过车辆容积及载重量的限制。

⑤ 在配送中心现有的运力允许的范围之内配送。

确定配送路线可以采用各种数学方法（或几何方法）和在此基础上发展和演变出来的经验方法。一般较常采用的方法有邮路法、最短路径法和节约里程法。

1．邮路法

我国著名数学家管梅谷教授最早提出“中国邮路问题”（国际上称之为“中国邮递员问题”）。“中国邮路问题”最初是基于以下问题的解决：“一个邮递员从邮局出发递送邮件，必须至少一次地走过他管辖范围内的每条街道，然后再返回邮局。在此前提下，如何选择递送路线，以便走尽可能少的路程。”

在现实生活里中，许多配送路线的设计问题都可以归纳为“中国邮路问题”。例如，要求配送车辆往某城市的 N 条街道进行送货，要求尽可能不重复地走遍所有街道后：

① 回到出发点，从一点出发送货回到该点，如图 7-2 所示。

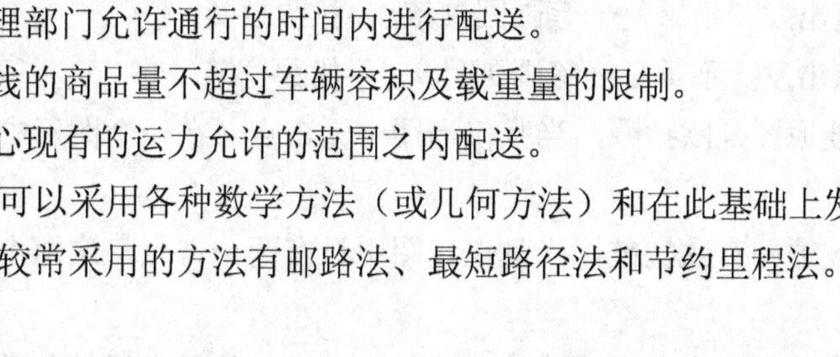

图 7-2　从一点出发送货回到该点

② 行驶到另一点，从一点出发送货至另一点，如图 7-3 所示。

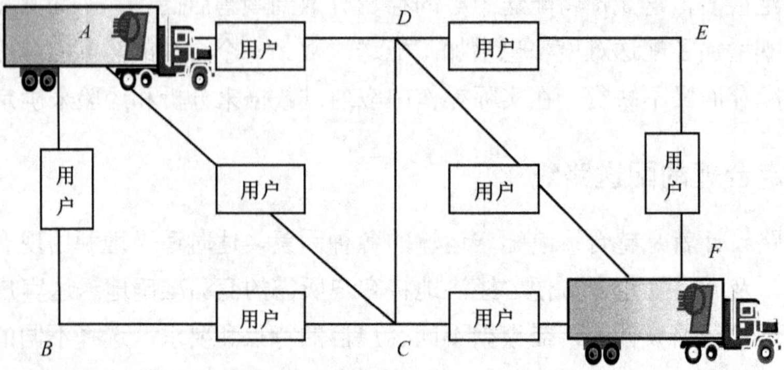

图 7-3 从一点出发送货至另一点

在配送过程中，要求配送车辆将货物送到每个不同街道的用户，并且要避免车辆走重复的路线。从另一个意义上说，就是要求从由配送车辆、用户和街道构成的平面图形上，用一笔画勾勒出有可能不重复行驶的路线，具体由欧拉（瑞士数学家）定理来求解：

① 从一点出发，不重复一笔画回到该点=找欧拉圈。

② 从一点出发，不重复一笔画到另一点=找欧拉链。

③ 一个连通图是欧拉圈，当且仅当图中无奇点（在一个图形中，奇点的个数必为偶数）。

④ 一个连通图有欧拉链，当且仅当图中只有两个奇点，这两个奇点就是欧拉链的起点和终点。

奇点和偶点就是由多条直线连接而成的一个点，如果直线的条数是奇数，则该点为奇点；如果直线的条数为偶数，则该点为偶点。奇点和偶点的示例如图 7-4 所示。

在图 7-2 中，要求配送车辆从 *A* 点出发，不重复走遍所有的街道送货给每个用户，最后回到 *A* 点（找欧拉圈）。根据上述的欧拉定理第 3 条进行判断，可知图中 *A*、*B*、*C*、*D*、*E* 5 个点均是偶点，所以车辆从 *A* 点出发一次走遍所有的街道后回到 *A* 点，可走 *A*→*B*→*C*→*D*→*B*→*E*→*D*→*A* 路线。

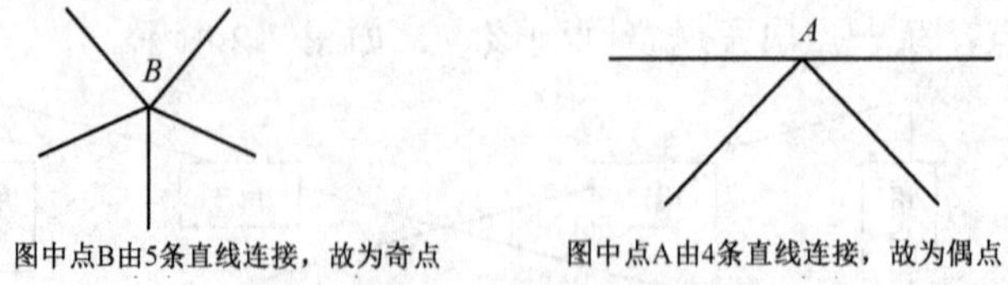

图 7-4 奇点和偶点示例

在图 7-3 中，要求配送车辆从 *A* 点出发，不重复走遍所有的街道送货给每个用户，最后到达 *F* 点（找欧拉链）。根据上述的欧拉定理第 4 条进行判断，可知图中 *A* 点、*F* 点这两个点为奇点，所以车辆从 *A* 点出发一次走遍所有的街道后到达 *F* 点，可走 *A*→*B*→*C*→*A*→*D*→*C*→*F*→*D*→*E*→*F* 路线。

实际上，在上例图 7-2、图 7-3 中符合要求的，能够一笔画的路线还有多条，所有能够一笔画的路线，车辆走的总里程数是一样的。

如果有的图中不能够实现一笔画，则可相应地添加重边（车辆走重复路线），原则是选择一条最短的街道去走。这样在添加重边，消灭奇点的过程中做到有的放矢，避免盲目。

在实际配送中，可能还要根据不同用户的送货时间要求，选择能够满足所有用户对货物达到时间有规定的、最合适的路线进行送货。配送企业尽量在寻求降低车辆运行成本的同时，提高客户满意度。

2．最短路径法

最短路径法一般适用于直送式配送运输，即配送中心对某个客户的专门送货。从物流优化的角度看，直送式客户的基本条件是其需求量接近或大于可用车辆的额定载重，需专门派一辆或多辆车一次或多次送货。因此，直送情况下，货物的配送追求的是多装快跑，选择最短配送线路，以节约时间和费用，提高配送效率。

目前解决最短路径问题的方法有很多，现以位势法为例，介绍如何解决物流网络中的最短路径问题。

【例 7-2】已知物流网络如图 7-5 所示，各节点分别表示为 A、B、C、D、E、F、G、H、I、J、K，各节点之间的距离如图 7-5 所示各数据，试确定各节点间的最短线路。

解：寻找最短线路的方法步骤如下：

第一步：选择货物供应点 I 为初始节点，并取其位势值为“零”即 $V_i=0$。

第二步：考虑与 I 点直接相连的所有线路节点。设其初始节点的位势值为 V_i，则其终止节点 J 的位势值可按下式确定：

$$V_j=V_i+L_{ij}$$

式中，L_{ij} 为 I 点与 J 点之间的距离。

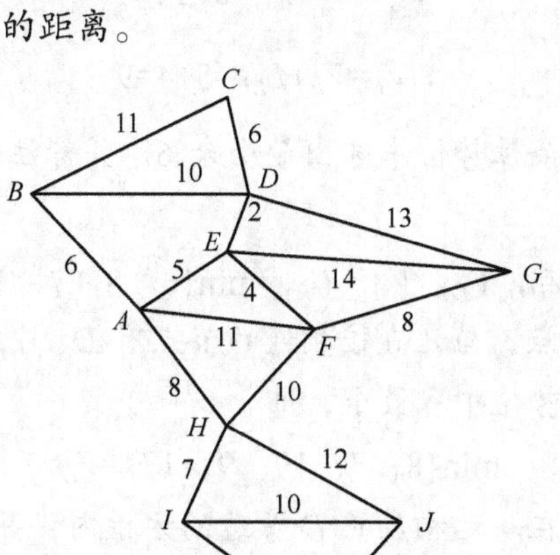

图 7-5　物流网络

第三步：从所得到的所有位势值中选出最小者，此值即为从初始节点到该点的最短距离，将其标在该节点旁的方框内，并用箭头标出该连线 $I \rightarrow J$，以此表示从 I 点到 J 点的最短线路走法。

第四步：重复以上步骤，直到物流网络中所有的节点的位势值均达到最小为止。

最终，各节点的位势值表示从初始节点到该点的最短距离。带箭头的各条连线则组成了从初始节点到其余节点的最短线路。分别以各点为初始节点，重复上述步骤，即可得各节点之间的最短距离。

【例 7-3】在图 7-5 中，试寻找从供应点 A 到客户 K 的最短线路。

解：根据以上步骤，计算如下：

（1）取 $V_A=0$。

（2）确定与 A 点直接相连的所有节点的位势值：

$$V_B=V_A+L_{AB}=0+6=6$$

$$V_E=V_A+L_{AE}=0+5=5$$

$$V_F=V_A+L_{AF}=0+11=11$$

$$V_H=V_A+L_{AH}=0+8=8$$

（3）从所得的所有位势值中选择最小值 $V_E=5$，并标注在对应节点 E 旁边的方框内，并用箭头标出连线 AE，即

$$\min\{V_B, V_E, V_F, V_H\}=\min\{6, 5, 11, 8\}=V_E=5$$

（4）以 E 为初始节点，计算与之直接相连的 D、G、F 点的位势值（如果同一节点有多个位势值，则只保留最小者）

$$V_D=V_E+L_{ED}=5+2=7$$

$$V_G=V_E+L_{EG}=5+14=19$$

$$V_F=V_E+L_{EF}=5+4=9$$

（5）从所得的所有剩余位势值中选出最小者 6，并标注在对应的节点 F 旁，同时用箭头标出连线 AB，即

$$\min\{V_B, V_H, V_D, V_G, V_F\}=\min\{6, 8, 7, 19, 9\}=V_B=6$$

（6）以 B 点为初始节点，与之直接相连的节点有 D、C，它们的位势值分别为 16 和 17。从所得的所有剩余位势值中取最小，即

$$\min\{8, 7, 19, 9, 17\}=V_D=7$$

将最小位势值 7 标注在与之相应的 D 旁边的方框内，并用箭头标出其连线 ED。

如此继续计算，可得最优路线，如图 7-6 所示，由供应点 A 到客户 K 的最短距离为 24。

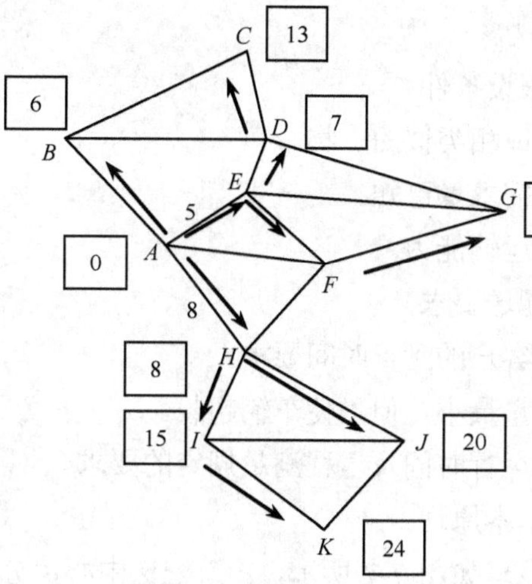

图 7-6　最优线路

依照上述方法，将物流网络中的每个节点当做初始节点，并使其位势值等与“零”，然后进行计算，可得所有节点之间的最短距离，如表 7-3 所示。

表 7-3　节点之间的最短距离

节点	A	B	C	D	E	F	G	H	I	J	K
A	0	6	13	7	5	9	17	8	15	20	24
B	6	0	11	10	11	15	23	14	21	26	30
C	13	11	0	6	8	12	19	21	28	33	37
D	7	10	6	0	2	6	13	15	22	27	31
E	5	11	8	2	0	4	12	13	20	25	29
F	9	15	12	6	4	0	8	10	17	22	26
G	17	23	19	13	12	8	0	15	22	27	31
H	8	14	21	15	13	10	15	0	7	12	16
I	15	21	28	22	20	17	22	7	0	10	9
J	20	16	33	27	25	22	27	12	10	0	8
K	24	30	37	31	29	26	31	16	9	8	0

3．节约里程法

节约里程法适用于分送式配送运输。分送式配送是指由一个配送中心对多个客户的拼装送货。其基本条件是同一条线路上所有客户的需求量总和不大于一辆车的额定载重量。送货时，由这一辆车装着所有客户的货物，沿着一条精心挑选的最佳路线依次将货物送到各个客户手中，这样既保证按时按量将用户需要的货物及时送到，又节约了车辆，节省了费用，缓解了交通紧张的压力，并减少了运输对环境造成的污染。

（1）节约里程法的目的

1）满足客户的配送需要。

2）进行合理的车辆配载，减少配送车辆使用。

3）缓解交通紧张压力。

（2）节约里程法的假设条件

1）配送的是同一种或相类似的货物。

2）各用户的位置及需求量已知。

3）配送方有足够的运输能力。

（3）节约里程法的配送要求

1）方案能满足所有客户的到货时间要求。

2）使车辆总的周转量最小，但不使车辆超载。

3）每辆车每天的总运行时间及里程满足规定的要求。

（4）节约里程法的基本原理

节约里程法的基本原理如图 7-7 所示，P 为配送中心，分别向用户 A 和 B 送货。P 到 A 和 B 的距离分别为 a 和 b，两个用户 A 和 B 之间的距离为 c。

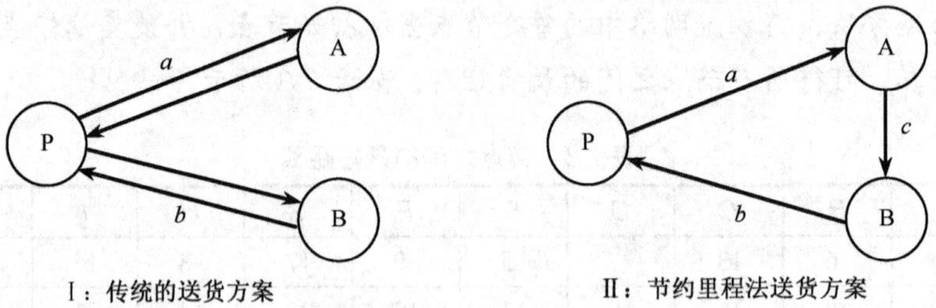

图 7-7　节约里程法的基本原理

如按图Ⅰ送货方案：车辆先在配送中心 P 装上 A 用户的货物，送货给 A 用户，然后空车返回配送中心，此过程行驶里程为 $2a$；车辆在配送中心 P 再装上 B 用户的货物，向 B 用户送货，送完货后返回配送中心，此过程行驶里程为 $2b$。在Ⅰ方案的整个过程里，车辆从配送中心 P 出发送货给 A、B 两个用户总共行驶里程为（$2a+2b$）。

如按图Ⅱ送货方案：车辆在配送中心 P 装上 A 用户和 B 用户共同的货物，先送货给 A 用户，然后再送货给 B 用户，最后送货车辆返回配送中心 P，此送货过程共行驶里程为（$a+b+c$）。

比较两种配送方案：方案Ⅱ比方案Ⅰ送货行驶里程缩短为

$$(2a+2b)-(a+b+c)=a+b-c$$

所以，根据节约里程法的基本思想，如果一个配送中心分别向 N 个客户配送货物，在汽车载重能力允许的前提下，每辆汽车的配送线路上经过的客户个数越多，里程节约量越大，配送线路越合理。

【例 7-4】某配送中心 P 向其周围的 10 家连锁商店配送商品，其配送网络如图 7-8 所示。图中括号内的数字表示每家连锁店的需求量 t（单位：吨），线路上的数字表示两节点之间的距离（单位：千米）。配送中心现有 $2t$ 和 $4t$ 载重的车辆可供使用，并且每辆车配送距离不得超过 30 千米。请为该配送中心制定最优的配送方案。

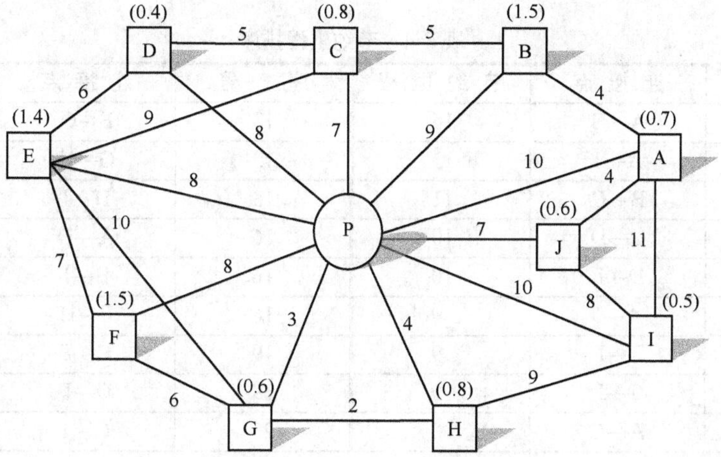

图 7-8 某配送中心的配送网络

解：（1）做出最短距离矩阵，从配送网络图中列出配送中心至用户相互间的最短距离矩阵，如图 7-9 所示。

距离	P										
A	10	A									
B	9	4	B								
C	7	9	5	C							
D	8	14	10	5	D						
E	8	18	14	9	6	E					
F	8	18	17	15	13	7	F				
G	3	13	12	10	11	10	6	G			
H	4	14	13	11	12	12	8	2	H		
I	10	11	15	17	18	18	17	11	9	I	
J	7	4	8	13	15	15	15	10	11	8	J

图 7-9 最短距离矩阵

（2）从最短矩阵中，计算用户相互间的节约里程，如图 7-10 所示。

P	A									
B	15	B								
C	8	11	C							
D	4	7	10	D						
E	0	3	6	10	E					
F	0	0	0	3	9	F				
G	0	0	0	0	1	5	G			
H	0	0	0	0	0	4	5	H		
I	9	4	0	0	0	1	2	5	I	
J	13	8	1	0	0	0	0	0	9	

图 7-10 节约里程计算过程

（3）将节约里程按大小顺序排列分类，如表 7-4 所示。

表 7-4　节约里程排序

序　号	连 接 点	节 约 里 程	序　号	连 接 点	节 约 里 程
1	A—B	15	13	F—G	5
2	A—J	13	13	G—H	5
3	B—C	11	13	H—I	5
4	C—D	10	16	A—D	4
4	D—E	10	16	B—I	4
6	A—I	9	16	F—H	4
6	E—F	9	19	B—E	3
6	I—J	9	19	D—F	3
9	A—C	8	21	G—I	2
9	B—J	8	22	C—J	1
11	B—D	7	22	E—G	1
12	C—E	6	22	F—I	1

（4）按节约里程大小的顺序组成配送线路，如图 7-11 所示。

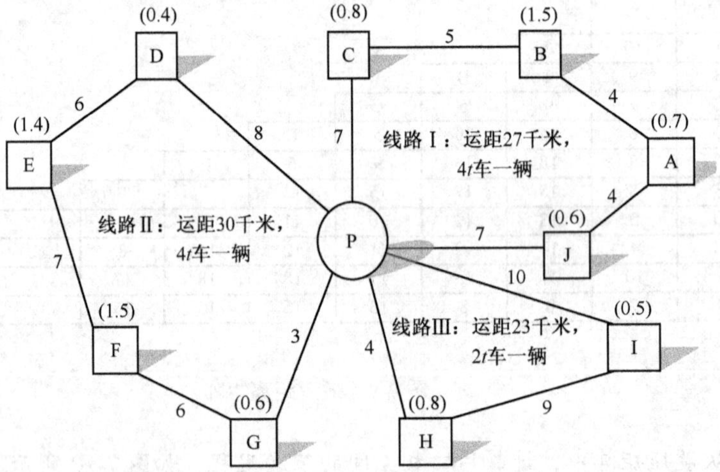

图 7-11　节约里程配送线路

（5）列出最优配送方案为：

线路一：P→J→A→B→C→P；需 1 辆 4*t* 货车，载货 3.6*t*，总行程 27 千米。

线路二：P→D→E→F→G→P；需 1 辆 4*t* 货车，载货 3.9*t*，总行程 30 千米。

线路三：P→H→I→P；需 1 辆 2*t* 货车，载货 1.3*t*，总行程 23 千米。

由例 7-4 可以看出，里程节约法的根本出发点是根据配送中心的运输能力、其到客户之间的距离、各客户之间的相对距离及客户的要货量来制定配送车辆总的周转量，使其达到或接近最小的配送方案。节约里程法在实际运用时要注意以下事项：

1）节约里程法适用于有稳定客户群的配送中心。

2）各配送线路的负荷要尽量均衡。

3）实际选择线路时还要考虑道路状况。

4）要考虑驾驶员的作息时间及客户要求的交货时间。

5）尽量采用大载重量的货车，以节约运输次数。

职业知识检测

1. 判断题

1）运输服务有自用型和营业型两种形态，基本趋势是企业逐渐从营业型向自用型运输方向转化。(　　)

2）多式联运就是采用两个或两个以上的运输工具将同一批货物运抵目的地的运输形式。(　　)

3）在运输实践中，各种运输方式的服务速度是高于运输载体的技术速度的。(　　)

4）按照用户对商品的不同要求对商品进行分装、配装等加工活动，是生产企业的功能，而非配送中心的功能。(　　)

5）配送企业的供应保障能力是一个科学合理的概念，如果供应保障能力过高，超过了实际的需要，就属于不合理。(　　)

2. 单选题

1）运输速度快，运输经济里程短，在送货和提货之间无须转运，且能够提供“门到门”运输的是（　　）。

A. 公路运输

B. 铁路运输

C. 水路运输

D. 管道运输

2）决定各种运输方式运输速度的一个主要因素是各种运输载体能达到的（　　）。

A. 实际平均速度

B. 实际安全速度

C. 最高技术速度

D. 理论最高速度

3）一般而言，运输能力最强的是（　　）运输方式。

A. 公路运输

B. 铁路运输

C. 水路运输

D. 航空运输

4）由多家配送中心联合起来共同制订计划，对某一地区的用户实施的配送，称为（　　）。

A. 集中配送

B. 共同配送

C. 分散配送

D. 销售配送

5）配送路线规划中“不重复走遍所有街道送货”是基于（　　）方法。

A. 邮路法

B. 最短路径法

C. 节约里程法

D. 以上都不是

3. 多选题

1）多式联运通过整合多种运输方式，提供单一运输方式无法比拟的服务价格比，其便利在于（　　）。

A. 一次托运

B. 一次计费

C. 一份单证

D. 一次保险

E. 一种运输工具

2）管道运输适用于下列（　　）物品的运输。

A. 气体

B. 液体

C. 固体

D. 部分固体粉末物

E. 小件商品

3）运输经营决策的合理与否直接关系到企业的物流成本和客户服务水平，而选择外包运输是为了（　　）。

A. 获取业务优势

B. 掌握控制权

C. 获取成本优势

D. 提高企业品牌

E. 获取客户服务优势

4）配送作业的基本活动包括（　　）。

A. 订货

B. 备货

C. 理货

D. 送货

E. 运输

5）流通型配送中心是基本上没有长期储存功能，仅以（　　）方式进行配货、送货的配送中心。

A. 暂存

B. 不定期储存

C. 先进先出

D. 先进后出

E. 随进随出

4. 简答题

1）简述各种运输方式的成本特征。

2）简述自营运输和外包运输的决策因素。

3）影响运输方式选择的主要因素有哪些？

4）配送中心可供选择的作业模式有哪些？

5）为什么说配送企业不能无限度地追求过高的供应保障能力？

职业技能训练

案例 1

从事危险品运输的宝华物流

危险品运输对成立仅十年的宝华物流有限公司来说是一个全新的课题。危险品运输的特殊性，对车辆提出了更高的要求。为此宝华物流公司几乎考察了所有品牌的卡车经销商，几经比较，沃尔沃的“全金程”全面物流解决方案吸引了宝华物流公司的目光。宝华物流购入了 100 台沃尔沃牵引车和 105 台挂车，并向国内集装箱生产企业的巨头中集集团引入了 35 台罐式集装箱。

沃尔沃卡车公司的“全金程”全面物流解决方案最独特处在于能够针对不同行业提供不同解决方案。危险品货物运输过程中存在着很高的风险性，基于此，“全金程”全面物流解决方案在运输设备保障、运输流程优化、运输管理等方面都有严格的保障体系：危险品运输行业为客户服务的特点是需要较高的准点率，沃尔沃卡车的精准性、高完好率能有效确保高效、准时、准点；危险品运输需要车辆具有超强的减震性能，沃尔沃卡车采用世界一流的空气悬挂技术，进一步提高了公路运输的安全性和稳定性。

为了加强运输途中的监控管理力度，沃尔沃卡车配置的 GPS 全球定位系统，可对所有在途车辆进行实时监控。为了更加安全、快捷地运输危险化学品，公司特配备有专用的应急车辆，为可能发生的一切事故提供应急救援和维修服务。公司设施齐全，场地设计合理，进一步确保了企业硬件方面的高安全性。

危险品运输是特殊的物流系统，为确保运输安全，“全金程”全面物流解决方案为宝华物流公司制定了一套现代化的管理模式、科学的调度监控模式、规范化的运作模式、严格的人员培训考核和奖惩机制等，“全金程”要求不放过任何微小的安全隐患，从源头上杜绝意外事故的发生。根据“全金程”的要求，宝华物流公司对所有的管理人员、驾驶员和押运员都定期进行安全培训和演练。要求驾驶员必须掌握危险品运输的安全知识，经政府交通部门考核合格，取得上岗资格证方可上岗作业；驾驶员必须了解所运载的危险物品的性质、危害特性、包装容器的使用特性和发生意外时的应急措施；运输危险物品，必须配备应急处理器材和防护用品。此外，“全金程”还为宝华物流公司制定了完善合理的应急处理预案，以确保快速、及时地避免一切安全事故。

市场和行业规范日益健全的危险品运输系统，沃尔沃卡车公司、中集集团将辅助宝华物流有限公司雄心勃勃地争做危险品运输行业的标杆企业。

（资料来源：柳健. 新编物流管理案例及解析［M］. 北京：北京大学出版社，2013）

问题：

1. 结合案例，请谈一谈你所了解的危险品运输行业。
2. 从事危险品运输必须要具备哪些资质?
3. 结合所学的知识，试说明危险品运输的注意事项。

案例 2

孟买批发分公司的共同配送

美国得克萨斯州的沃斯堡孟买家具及配件公司，近来想要成立一家服务于成千上万家零售店和网上商店的批发分公司，原计划利用其原有的物流网络来组织新的商业物流。但是孟买公司的物流副总裁很快就意识到：孟买批发分公司要想成功，就必须采用全新的物流方式。因为孟买公司配送中心的设计是专门符合家具的储存和分拣配送的，而新成立的批发分公司所销售产品的性质和零售渠道和家具是完全不同的，他们必须要有能力履行位于不同地方的成千上万个客户的订单。由于服务的集约化及运量的不同，他们几乎需要使用所有的运输方式，很多客户同时还要求采用特殊的条形码和标签。

由于孟买公司的配送中心初期并不具有灵活处理订单的能力，因此，他们打算寻求物流业务外包，但是新的批发分公司刚刚起步，未来的发展如何还不能确定，因此与第三方物流公司签订长期的个体租用合同对其来说是一种冒险，因此孟买公司的总裁说：“在我们不知道业务会做到多大时，我们需要更多的柔性。”于是综合各方面的因素，共同配送成为孟买批发分公司的首选。所以，孟买批发分公司选择了 USCO 物流公司作为其物流服务商，共享其物流设施。他们之间的协议是一月一签约，并且是采用按件计费的收费方式。这样就使得孟买批发分公司避免了支付人工、设备和设施等高额的管理费用，这同样给孟买公司更大的发展空间，并为他们的服务能力带来了更大的柔性。

随着客户订单的快速增长，对不同客户订单的自动处理能力对于孟买批发分公司的成功至关重要。而该能力恰恰是孟买批发分公司的物流系统所不具备的，因此孟买批发分公司依靠 USCO 物流公司来帮助公司实现订单履行程序的自动化，并提供帮助该公司建立为顾客定制条形码和标签的技术支持。孟买批发分公司同样也把公司所有的外向运输业务交给了USCO物流公司，这在一定程度上比孟买批发分公司自己与运输公司谈判签约所付的运费要低。

孟买批发分公司的物流经理相信：共同配送、高交付率、订单履行能力这三项优势将帮助孟买批发分公司为客户提供优于其竞争对手的服务。更重要的是，这三种竞争优势将帮助孟买批发分公司树立良好的服务品牌。

（资料来源：中国物流与采购网 www.chinawuliu.com.cn）

问题：

1. 根据案例，试分析孟买公司为何要改变原有的物流模式。
2. 根据案例，试分析孟买批发分公司选择共同配送的目的是什么？

案例3

雅芳公司的直达配送案例

雅芳公司的多元化销售模式使其销售业绩持续攀升。但是，雅芳产品从各地分公司到专卖店、专柜的过程中，却常常发生问题。

究其原因，雅芳公司发现是经销商的满意度发生了偏移，而这种偏移主要是物流不畅导致的。雅芳公司规定经销商必须到各地分公司取货，但由于经销商分布很广，取货时，有的经销商常常要坐一整天车才能到达分公司仓库，有些没车的经销商拿到货物后还要租车运回、自行装卸，这给他们造成了很大困难。

不仅经销商感到吃力，雅芳公司也感到运作成本太高。雅芳采用这种方式通过长途陆运或空运将货物从广州工厂运到各地分公司的仓库，然后通知经销商到各分公司提货，要配合这种物流模式，雅芳在中国的75家分公司就要建75个大大小小的仓库，分散的库存导致信息的不畅通，雅芳销售额流失巨大。加上多个环节操作使雅芳不得不投入大量的人力成本，这种消耗大、速度慢、管理难的物流模式严重阻碍了雅芳的发展。

为了解决这一问题，雅芳公司决心重组在中国的供应链体系。

经过将近一年的考察、研究，雅芳公司最终拿出了一套叫作“直达配送”的物流解决方案。雅芳在北京、上海、广州、重庆、沈阳、郑州、西安、武汉等城市共设立了8个物流中心，取消了原来在各分公司设立的几十个大大小小的仓库。雅芳生产出的货物直接运输到8个物流中心，各地经销商、专卖店通过上网直接向雅芳总部订购货物，然后由总部将这些订货信息发到所分管的物流中心，物流中心据此将经销商所订货物分拣出来整理好，在规定的时间内送到经销商手中。

这其中涉及的干线运输、仓储、配送、退货处理、信息服务、代收货款等多项服务，雅芳全部交给专业的第三方物流企业“大通国际运输”和“中邮物流”去打理。如此一来，雅芳的供应链开始变得紧凑起来。重新调整物流系统给雅芳公司带来的最明显的变化是：过去70多家分公司仓库减少为8个区域分拨中心后，物流操作人员由过去的600人减少到182人，降低了物流成本和物流资产占用。

而且，在配送时间上，实行直达配送前，如果厦门的一家经销商要货，必须先通过雅芳厦门分公司订货，由分公司统计好各经销商的订单后给总部下订单，再由广州工厂将货物运到厦门分公司，分公司通知经销商自提。这样的过程通常需要5~10天。实行直达配送以后，从经销商上网订货到送达只需要2~3天时间，降低了缺货损失。

事实上，在将物流外包到物流公司以后，雅芳开始专注于企业产品的生产和销售方面的业务，各分公司也从过去的烦琐事务当中摆脱出来，专注于市场开拓，一年间产品销售量平均提高了45%，北京地区达到70%，市场份额不断扩大。通过雅芳物流转换的成功，可以看出物流对于企业，尤其是对于跨国企业的重要性。

（资料来源：柳健. 新编物流管理案例及解析［M］. 北京：北京大学出版社，2013）

问题：

1. 是什么原因促使雅芳公司决心重组在中国的供应链体系？
2. 雅芳公司为什么要实施“直达配送”？
3. 雅芳公司是如何实施“直达配送”的？
4. 该案例给了我们什么启示？

第8章 供应链管理

引导案例

夏普公司的供应链改造

夏普公司是一家总部位于日本大阪的全球化电子消费品公司，公司共有66 000名员工，服务于分布在全球30个国家的生产工厂、销售公司、技术研发机构和信贷公司。夏普公司作为推出电子计算器和液晶显示器等电子产品的创始者，始终勇于开创新领域，运用领先世界的液晶、光学、半导体等技术，在家电、移动通信、办公自动化等领域实现丰富多彩的“新信息社会”。

但是，面对着竞争日益复杂的电子消费品市场，该公司越来越感觉到电子消费品市场的快速变化，特别是电子消费品的生命周期越来越短，电子消费品的市场普及率越来越接近饱和状态，企业的经营风险加大，与此同时，客户对电子消费品个性化的需求越来越高。因此，如何在竞争激烈和快速变化的市场中寻求一套实时的决策系统就显得尤为重要。特别是通过提高对商品的预测准确率来降低企业的库存，减少交货期的延误，从而保住了大量的有价值的客户。

夏普领导层对其整个供应链进行了全面诊断，提出了对包括订单管理、生产制造、仓库管理、运输和开票等全流程在内的整体无缝链接，并结合信息系统的实施，使夏普公司建立起供应和需求一体化的结构，尤其是通过对系统数据的分析、定时的连接和灵活的处理，使决策者能够比过去更加方便和有效地协调人员、设备资源和流程配置，以更加准确地满足市场的需求。夏普公司通过对供应链的一体化管理，不仅降低了库存的水平，加快了库存的周转率，降低了物料管理的成本，而且大大地提升了供应链上的价值。

供应链管理另外一个目标是提高客户的满意度。通过对供应链的整合，使夏普公司对客户的交货承诺性得到很大程度的提高，货物的交付比过去更加及时和准确。同时，供应链计划体系可以充分考虑各方面因素，如运输成本、订单执行等，从而制定出资源平衡和优化的需求预测。

（资料来源：厉嘉玲，马国龙. 供应链管理[M]. 北京：中国人民大学出版社，2011.）

讨论：

1. 根据案例，分析夏普公司通过采取什么措施保住了有价值的客户？
2. 夏普为什么要对其供应链进行诊断？
3. 夏普通过供应链改造给企业带来了什么好处？

学习目标

① 了解供应链的结构和特征；
② 了解供应链的各种类型；
③ 掌握供应链环境下的库存管理策略；
④ 掌握 JIT 采购的应用；
⑤ 了解供应商管理的意义；
⑥ 掌握 MRP 的原理及应用。

8.1 供应链及供应链管理概述

8.1.1 供应链概述

1. 供应链的定义

“供应链”一词最早来源于现代管理学之父彼得·德鲁克提出的“经济链”，而后经由迈克尔·波特发展成为“价值链”，最终日渐演变为“供应链”。根据《中华人民共和国国家标准物流术语》(GB/T 18354—2006）对供应链的定义为“生产及流通过程中，涉及将产品或服务提供给最终用户活动的上游与下游组织所形成的网链组织”。供应链不仅是一条连接供应商到用户的物流链、信息链、资金链，而且是一条增值链，物料在供应链上因加工、包装、运输等过程而增加其价值，给相关企业带来收益。所以，一条完整的供应链应包括供应商、制造商、分销商、零售商及消费者。供应链结构如图 8-1 所示。

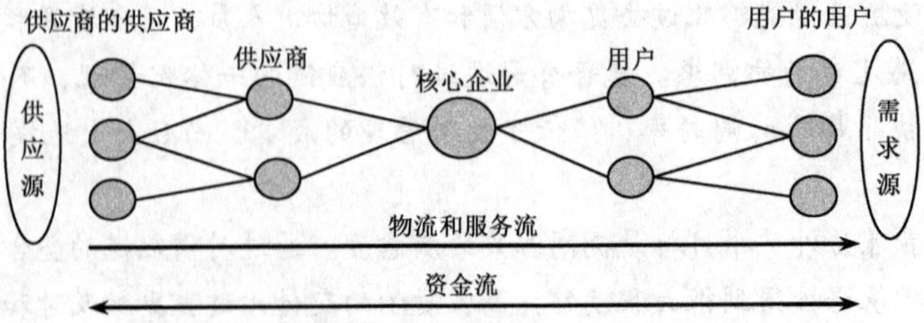

图 8-1 供应链结构

2. 供应链的特征

从图 8-1 中可以看到，供应链是一个范围更广的企业机构模式。它不仅是连接供应商到用户的物料链、信息链和资金链，同时更为重要的是它也是一条增值链。因为物料在供应链上进行了加工、包装、运输等过程而增加了其价值，从而给这条链上的相关企业带来了收益。

从供应链的结构模型可以看出，供应链是一个网链结构，节点企业和节点企业之间是一种需求与供应的关系。供应链主要具有以下特征。

（1）复杂性

因为供应链节点企业组成的跨度（层次）不同，供应链往往由多个、多类型的企业构成，所以供应链的结构模式比一般单个企业的结构模式更为复杂。

（2）动态性

供应链管理因企业战略和适应市场需求变化的需要，其中节点企业需要动态地更新，这就使得供应链具有明显的动态性。

（3）面向用户需求

供应链的形成、存在、重构，都是基于一定的市场需求发生的，并且在供应链的运作过程中，用户的需求拉动是供应链中信息流、服务流、资金流运作的驱动源。

（4）交叉性

供应链中的节点企业可以既是这个供应链的成员，同时又是另一个供应链的成员，众多的供应链形成了交叉结构，增加了协调管理的难度。

（5）增值性

增值性是产品在供应链中从上游到下游的过程中获得了产品的价值，它有赖于每个环节不同企业的贡献。

（6）利益的对立统一性

供应链中所有成员企业在共同利益的前提下有各自不同的主体利益，这些利益在很大程度上相互冲突，所以协商和利益分配是供应链永恒的话题。

（7）协调性、整合性

供应链本身就是一个群体合作、协调一致的整体，每个节点企业都是供应链中的一个节点，都要与整条供应链的动作协调一致，不能只强调自我，而要服从于全局。

（8）虚拟性

在供应链的虚拟性方面，主要表现在它是一个协作组织，而并不一定是一个现实存在的集团企业。这种协作组织以协作的方式组合在一起，依靠信息网络的支撑和相互信任关系，为了一个共同的利益，优势互补、强强联合、协调运转。

3．供应链的发展阶段

（1）物流管理阶段

早期的观点认为供应链是指将采购的原材料和收到的零部件，通过生产转换和销售等活动传递到用户的一个过程。因此，供应链仅仅被视为企业内部的一个物流过程，它涉及的主要是物料采购、库存、生产和分销诸部门的职能协调问题，最终目的是为了优化企业内部的业务流程、降低物流成本，从而提高经营效率。

（2）价值增值链阶段

进入 20 世纪 90 年代，人们对供应链的理解又发生了新的变化。由于需求环境的变化，原来被排斥在供应链之外的最终用户、消费者的地位得到了前所未有的重视，从而被纳入了供应链的范围。这样，供应链就不再只是一条生产链了，而是一个涵盖了整个产品运动过程的增值链。

（3）网链阶段

随着信息技术的发展和产业不确定性的增加，今天的企业间关系正在呈现日益明显的网络化趋势。与此同时，人们对供应链的认识也正在从线性的单链转向非线性的网链，供应链的概念更加注重围绕核心企业的网链关系，即核心企业与供应商、供应商的供应商的一切向前关系，与用户、用户的用户及一切向后的关系。供应链的概念已经不同于传统的销售链，它跨越了企业界限，从扩展企业的新思维出发，并从全局和整体的角度考虑产品经营的竞争力，使供应链从一种运作工具上升为一种管理方法体系、一种运营管理思维和模式。

4．供应链的分类

（1）内部供应链和外部供应链

根据所涉及的范围不同可以将供应链分为内部供应链和外部供应链。

内部供应链是指企业内部产品生产和流通过程中所涉及的采购部门、生产部门、仓储部门、销售部门等组成的供需网络。外部供应链则是指企业外部的，与企业相关的产品生产和流通过程中涉及的原材料供应商、生产厂商、储运商、零售商及最终消费者组成的供需网络。

内部供应链和外部供应链二者共同组成了企业产品从原材料到成品，再到消费者的供应链。可以说，内部供应链是外部供应链的缩小化，例如，对于制造厂商，其采购部门就可看作外部供应链中的供应商。内部供应链和外部供应链的区别在于外部供应链范围大，涉及企业众多，企业间的协调更困难。

（2）稳定的供应链和动态的供应链

根据存在的稳定性不同可以将供应链分为稳定的供应链和动态的供应链。

基于相对稳定、单一的市场需求而组成的供应链稳定性较强；而基于相对频繁变化、复杂的需求而组成的供应链动态性较高。在实际管理运作中，需要根据不断变化的需求，相应地改变供应链的组成。

（3）平衡的供应链和倾斜的供应链

根据供应链容量与用户需求的关系可以将供应链划分为平衡的供应链和倾斜的供应链，如图 8-2 所示。

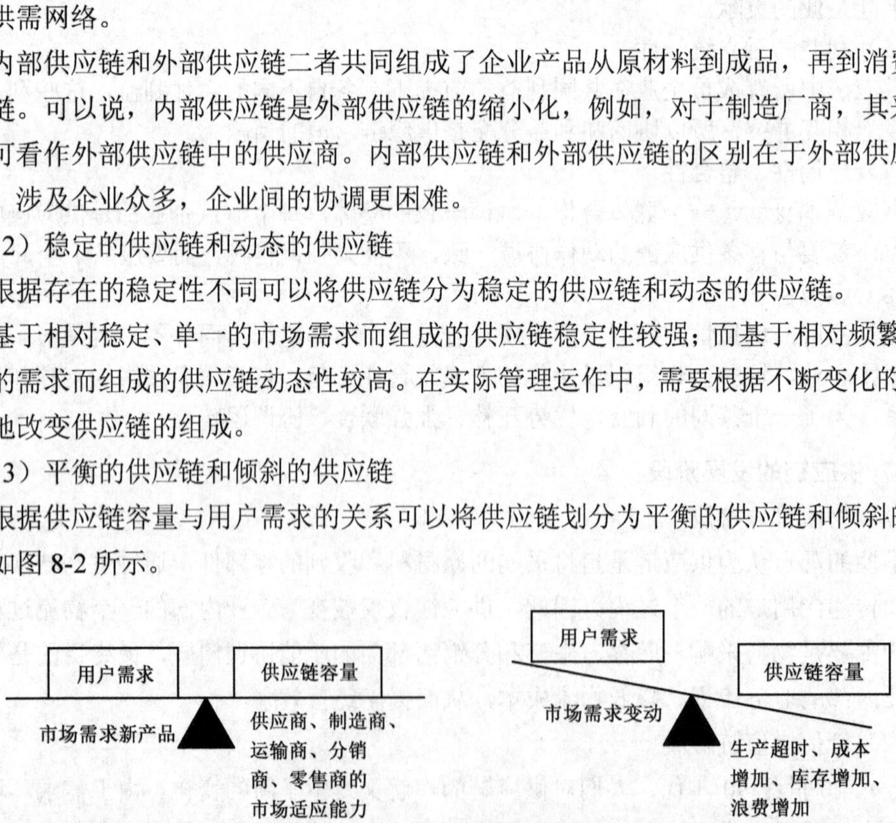

图 8-2　平衡的供应链和倾斜的供应链

一个供应链具有一定的、相对稳定的设备容量和生产能力（所有节点企业能力的综合，包括供应商、制造商、运输商、分销商、零售商等），但用户需求处于不断变化的过程中，当供应链的容量能满足用户需求时，供应链处于平衡状态。而当市场变化加剧，造成供应链成本增加、库存增加、浪费增加等现象时，企业不是在最优状态下运作，供应链则处于倾斜状态。平衡的供应链可以实现各主要职能（采购——低采购成本、生产——规模效益、分销——低运输成本、市场——产品多样化和财务——资金运转快）之间的均衡。

（4）有效性供应链和反应性供应链

根据功能模式（物理功能、市场中介功能和客户需求功能）的不同可以把供应链划分为有效性供应链和反应性供应链。

有效性供应链主要体现供应链的物理功能，即以最低的成本将原材料转化成零部件、半成品、产品，以及在供应链中的运输等；反应性供应链主要体现供应链的市场中介的功能，即把产品分配到满足用户需求的市场，对未预知的需求做出快速反应等。有效性供应链和反应性供应链的特点如表 8-1 所示。

表 8-1　有效性供应链和反应性供应链的特点

项　目	有效性供应链	反应性供应链
基本目标	以最低的成本供应可预测的需求	尽可能快地对不可预测的需求做出反应，使缺货、降价、库存最小化
制造的核心	保持高的平均利用率	配置多余的缓冲库存
库存策略	产生高收入，使整个链的库存最小化	部署好零部件和成品的缓冲库存
提前期	尽可能短的提前期（在不增加成本的前提下）	大量投资以缩短提前期
供应商的标准	以成本和质量为核心	以速度、柔性、质量为核心
产品设计策略	绩效最大化而成本最小化	用模块化设计以尽可能延迟产品差别

另外，有的学者提出“创新性供应链”的概念，主要体现供应链的客户需求功能，即根据最终消费者的喜好或时尚的引导，进而调整产品内容与形式来满足市场需求。

（5）纵向一体化供应链和横向一体化供应链

根据企业的组织结构和经营管理模式可以将供应链划分为纵向一体化供应链和横向一体化供应链。

纵向一体化供应链是企业除了拥有具有竞争优势的核心企业和业务外，还具有自己的原材料、半成品或零件供应分销网络及运输企业，形成了整体一条龙的运作。

横向一体化供应链是企业只需注重自己的核心业务，充分发挥核心竞争优势，将非核心业务交由其他企业完成，实施业务外包，运用供应链管理软件，通过电子商务将上下游企业之间的业务连接起来，更好地利用其他资源，协同经营，优势互补，以共同增强竞争实力。

（6）敏捷供应链、虚拟供应链和精益供应链

根据组合目的的不同可以将供应链划分为敏捷供应链、虚拟供应链和精益供应链。

敏捷供应链是在竞争、合作、动态的市场环境中，支持动态企业联盟的动态供需网络。

虚拟供应链使链上各环节的结合仅仅是为了利用某一特定的资源来满足特定的、暂时的需求，而不是为了长期地结合起来。

精益供应链就是消除供应链中的一切浪费环节而创建的一条物尽其用的价值增值链。

（7）盟主型供应链和非盟主型供应链

根据供应链中企业地位不同可以将供应链分成盟主型供应链和非盟主型供应链。

盟主型供应链是指供应链中某一成员的节点企业在整个供应链中占据主导地位，对其他成员具有很强的辐射能力和吸引能力，通常称该企业为核心企业或主导企业。例如，以生产商为核心的供应链（如福特汽车）；以中间商为核心的供应链（如中国香港利丰公司）；以零售商为核心的供应链（如沃尔玛、家乐福）。

非盟主型供应链是指供应链中企业的地位彼此差距不大，对供应链的重要程度相同。

5．供应链的基本结构

（1）供应商

供应商是指给生产厂家提供原材料或零部件的企业。

（2）制造商

制造商（厂家）即产品制造业。制造商是产品生产最重要的环节，负责产品生产、开发和售后服务等。

（3）分销企业

分销企业是指为实现将产品送到经营地理范围每个角落而设的产品流通代理企业。

（4）零售企业

零售企业是指将产品销售给消费者的企业。

（5）物流企业

物流企业即上述企业之外专门提供物流服务的企业。其中批发、零售、物流业也可以统称为流通业。

6．供应链的流程

供应链一般包括物资流通、商业流通、信息流通、资金流通 4 个流程。4 个流程有各自不同的功能及不同的流通方向。

（1）物资流通

物资流通主要是物资（商品）的流通过程，这是一个发送货物的流程。该流程的方向是由供货商经由厂家、批发与物流、零售商等指向消费者。由于长期以来企业理论都是围绕产品实物展开的，因此目前物资流通被人们广泛重视。许多物流理论都涉及如何在物资流通过程中在短时间内以低成本将货物送出去。

（2）商业流通

商业流通主要是买卖的流通过程，这是接受订货、签订合同等的商业流程。该流程的方向是在供货商与消费者之间双向流动的。目前商业流通形式趋于多元化，既有传统的店铺销售、上门销售、邮购的方式，又有通过互联网等新兴媒体进行购物的电子商务形式。

（3）信息流通

信息流通是商品及交易信息的流程。该流程的方向也是在供货商与消费者之间双向流动的。过去人们往往把重点放在看得到的实物上，因而信息流通一直被忽视。

（4）资金流通

资金流通就是货币的流通，为了保障企业的正常运作，必须确保资金的及时回收，否则企业就无法建立完善的经营体系。该流程的方向是由消费者经由零售商、批发商与物流企业、厂家等指向供货商。

8.1.2　供应链管理

1．供应链管理的定义

供应链管理（Supply Chain Management，SCM）是一种集成的管理思想和方法，它执行供应链中从供应商到最终用户的物流的计划和控制等职能。从单一的企业角度来看，企业通过改善上、下游供应链关系，整合和优化供应链中的信息流、物流、资金流，以获得企业的竞争优势。

《中华人民共和国国家标准物流术语》（GB/T 18354—2006）对供应链管理的定义是："对供应链涉及的全部活动进行计划、组织、协调与控制。"供应链管理是企业的有效性管理，表现了企业在战略和战术上对企业整个作业流程的优化。整合并优化了供应商、制造商、零售商的业务效率，使商品以正确的数量、正确的品质、在正确的地点、以正确的时间、最佳的成本进行生产和销售。

2．供应链管理的起源

SCM 是在 20 世纪 70 年代末，基斯·奥利弗通过和瑞典轴承、喜力啤酒、赫司特、飞利浦等客户接触的过程中逐渐形成的自己的观点。

1985 年，迈克尔·波特提出供应链管理的定义，他认为供应链管理是指在满足一定的客户服务水平的条件下，为了使整个供应链系统成本达到最小而把供应商、制造商、仓库、配送中心和渠道商等有效地组织在一起来进行的产品制造、转运、分销及销售的管理方法。

迈克尔·波特于 1982 年在《金融时代》杂志的一篇文章里阐述了 SCM 的意义，基斯·奥利弗曾经认为这个词会很快消失，但"SCM"不仅没有消失，反而很快地进入了公众领域，这个概念对管理者的采购、物流、操作、销售和市场活动意义匪浅。

在供应链管理的发展过程中，许多专家和学者提出大量的定义，这些定义反映了不同的时代背景，是在不同发展阶段上的产物，可以把这些定义大致划分为三个阶段：

① 早期的观点认为供应链是制造企业中的一个内部过程。

② 后来供应链的概念注意了与其他企业的联系。

③ 最近供应链的概念更加注重围绕核心企业的网链关系，如核心企业与供应商、供应商的供应商乃至与一切前向的关系，与用户、用户的用户及一切后向的关系。

时至今日，每个现代化的企业都能从实施供应链管理中获益，它们逐渐认识到供应链管理的重要性，同时也意识到供应链管理是一个非常复杂的过程。实施供应链管理要求供应链中的所有节点企业从战略层次和整体的角度把握最终用户的需求，通过企业相互之间有效的合作，获得成本、时间、效率、柔性等方面的最佳效果。

3．供应链管理的目标

供应链管理的目标是在满足客户需要的前提下，对整个供应链即从供货商，制造商，分销商到消费者的各个环节进行综合管理。例如，从采购、物料管理、生产、配送、营销到消费者的整个供应链的货物流、信息流和资金流，把物流与库存成本降到最小。

供应链管理就是要通过对供应链的管理和优化，最终满足客户需求，降低成本，实现利润，具体表现在 8 个方面。

1）提高客户满意度。提高客户满意度是供应链管理与优化的最终目标，供应链管理和优化的一切方式方法，都是朝向这个目标而努力的，这个目标同时也是企业赖以生存的根本。

2）提高企业管理水平。供应链管理与优化的重要内容就是流程上的再造与设计，这对提高企业管理水平和管理流程，具有不可或缺的作用，同时，随着企业供应链流程的推进、实施和应用，企业管理的系统化和标准化将会有极大的改进，这些都有助于企业管理水平的提高。

3）节约交易成本。结合电子商务整合供应链将大大降低供应链内各环节的交易成本，缩短交易时间。

4）降低存货水平。通过扩展组织的边界，供应商能够随时掌握存货信息，组织生产，及时补充，因此企业已没有必要维持较高的存货水平。

5）降低采购成本，促进供应商管理。由于供应商能够方便地取得存货和采购信息，采购管理人员可以从这种低价值的劳动中解脱出来，从事具有更高价值的工作。

6）减少循环周期。通过供应链的自动化，预测的精确度将大幅度的提高，这将导致企业不仅能生产出需要的产品，而且能减少生产的时间，提高顾客满意度。

7）收入和利润增加。通过组织边界的延伸，企业能履行合同，增加收入并维持和增加市场份额。

8）网络的扩张。供应链本身就代表着网络，一个企业建立了自己的供应链系统，本身就已经建立起了业务网络。

8.2 供应链管理策略

8.2.1 供应链管理的特征

与传统物流管理不同的是，供应链管理的核心思想是“系统”思维观和“流”思维观，即对供应链中一切活动的优化要以整体最优为目标，对各个环节的运作管理要实现像小河流水般的顺畅。

传统物流管理与供应链管理的主要特征如表 8-2 所示。

表 8-2 传统物流管理与供应链管理的主要特征

类 别	传统物流管理	供应链物流管理
存货管理	公司为主	供应链成员间协调
存货流	间断	平衡/可见
成本	公司最小	最终客户成本
信息	公司控制	分享
风险	公司为主	分担
计划	公司内	供应链成员间
组织间关系	公司内降低成本	基于最终成本的合作
绩效评价	公司内各部门	供应链全部成员

供应链管理的战略思想就是要通过成员间的有效合作，建立低成本、高效率、响应性好、敏捷度高的经营机制，从而获得竞争优势。这种战略思想的实现需要供应链物流系统从供应链战略的高度去规划与运筹，并把供应链管理战略通过物流战略的贯彻实施得以落实。

8.2.2 供应链库存管理策略

供应链管理库存管理是通过成员间的密切合作和信息共享，使供应链上各企业对库存管理职能进行必要的整合，集中管理整个供应链系统的库存，从而降低整个供应链的库存成本，以最小的成本提供最大的客户价值（包括产品和服务）。

1. 供应链上的“牛鞭效应”

“牛鞭效应”也称需求放大效应，是美国著名的供应链管理专家李效良教授对需求的信息扭曲在供应链中传递的一种形象描述。“牛鞭效应”的产生是源于供应链上的信息流从最终客户向原始供应商端传递的时候，由于无法有效地实现信息的共享，使得信息扭曲被逐渐放大，导致了需求信息出现越来越大的波动，如图 8-3 所示。由于这种需求放大效应的影响，上游供应商往往须维持比下游供应商更高的库存水平。“牛鞭效应”对供应链的运营业绩有较大的负面影响，不仅增加了成本，降低了反应能力，而且不利于在供应链内部建立合作伙伴关系，从而导致每个供应链成员都蒙受损失以至于整个供应链利润下滑。

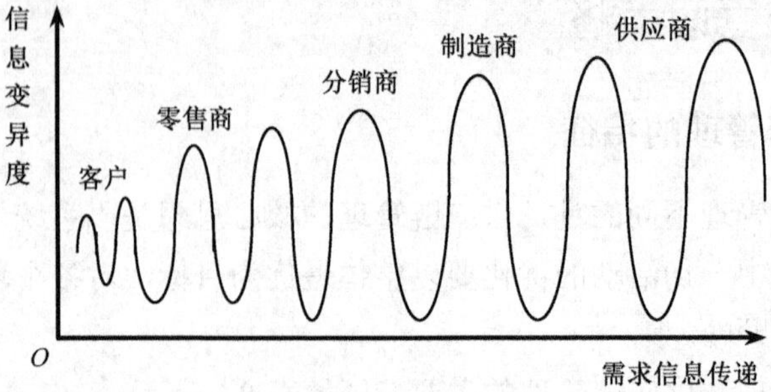

图 8-3　供应链中的"牛鞭效应"

为适应供应链管理的要求，避免供应链中"牛鞭效应"的产生，供应链库存管理策略常采用供应商管理库存、联合库存管理、第三方物流管理库存、多级库存优化与控制等。

2．供应商管理库存

供应商管理库存（Vendor Managed Inventory，VMI）有时也称"供应商库存系统"，是指供应商在用户允许下管理用户的库存，由供应商决定每种产品的库存水平和补给策略。VMI 是一种战略合作伙伴之间的合作性策略，它以系统的、集成的管理思想进行库存管理，使供应链系统能够同步优化运行。

实施 VMI 应遵循合作性、目标一致、互惠互利、持续改进的原则。

VMI 策略一般适合于：零售商或批发商没有相应的库存管理条件（如基础设施）来有效管理他们的库存；制造商实力雄厚并且比零售商市场信息量大；有较高的直接储存交货水平和规划运输水平。

3．联合库存管理

联合库存管理则是一种风险分担的库存管理模式。强调供需双方同时参与，共同制订库存计划，使供应链过程中的每个供应商、制造商、分销商都要相互协调考虑库存，保证供应链相邻各节点之间的库存管理者对需求的预期目标保持一致，从而消除"牛鞭效应"，充分体现了战略供应商联盟的新型企业合作关系。

4．第三方物流管理库存

第三方物流（Third-Party Logistics，TPL）是供应链集成的一种手段，它为客户提供各种服务如产品运输、订单选择、库存管理等。把库存管理的部分功能委托给第三方物流系统管理，可以使企业更加集中精力于自己的核心业务，第三方物流起到了供应商和客户之间联系的桥梁作用。第三方系统是一种实现物流供应链集成的有效方法和策略，它借助于自身的行业地位和专业服务水平，使企业之间的物流活动更加经济和高效化，而且提供的需求信息更为准确，提供的库存管理服务更为经济和可靠，大大增加了供应链的敏捷性和协调性，改善供应链的客户服务水平和运作效率。

5. 多级库存的优化与控制

多级库存系统根据不同的配置方式，有串行系统、并行系统、纯组装系统、树形系统、无回路系统和一般系统。多级库存控制的方法有非中心化（分布式）策略和中心化（集中式）策略两种。

8.2.3 供应链采购管理

1. 采购的定义

采购是指为满足企业内部和外部用户需求而获取物品和服务的所有必要活动。对企业来说，采购是企业供应物流中一个关键的环节。采购活动就是为组织购买原材料、供应品及零部件等的过程。采购的好坏直接影响货物在实物供应过程中的流动。

采购包括两个基本意思：一是“采”，二是“购”。对比单独的“购买”而言，采购比购买的含义更广泛、更复杂，它具有以下特点：

① 所有采购都是从资源市场获取资源的过程。

② 采购既是一个商流过程，也是一个物流过程。

③ 采购是一种经济活动。

2. 供应链环境下采购管理的特点

（1）采购管理的原则

在供应链环境下，采购工作要做到 5 个恰当，即恰当的数量、恰当的时间、恰当的地点、恰当的价格、恰当的来源。

（2）采购管理的目标

采购管理的总目标可用一句话表述：以最低的总成本为企业提供满足其需要的物料和服务。

企业采购实现对整个企业的物资供应，而其中费用最省是物资采购贯穿始终的准绳。以此为前提，采购活动必须充分考虑以下因素：

① 采购是为企业提供所需的物料和服务。

② 采购要力争最低的成本。

③ 采购应使存货和损失降到最低限度。

④ 保持并提高自己的产品或服务。

⑤ 采购要与需求一致，按订单采购。

⑥ 订货时间尽量靠近需求时间。

⑦ 按配套比例采购（材料、零件与产品的配套）。

⑧ 整体优化，综合考虑采购批量、运输和交易成本。

（3）供应链采购和传统采购的区别（见表 8-3）

表 8-3　供应链采购和传统采购的区别

项　　目	传 统 采 购	供应链采购
基本性质	基于库存的采购，需求方主动型、需求方按采购流程操作的采购方式；属对抗型采购	基于订单采购，供应方主动型、需求方无采购操作的采购方式；属合作型采购
供应商/买方双方关系	供需双方关系敌对、竞争；责任自负、利益独享；互斥型竞争、合作期限短、合作关系可变；供应商数量多且地理位置分散	供需双方关系友好，责任共担、利益共享；强调协调配合、长期合作、合作时间长；供应商数量少（甚至一个），供应商尽可能靠近
信息关系	信息封闭、保密，信息沟通是离散的	信息沟通是连续的；信息连通、共享
库存关系	需求方设立并掌握仓库、高库存、把库存视为资产	供应商掌握库存，需求方可不设仓库（甚至零库存），视库存为浪费
采购/送货方式	需求方大批量、少频次进货；单一品种整车发送	供应商小批量、多频次连续补充货物；多品种整车发送
用户需求能力	较差	较好
质量检验	检验再检验；事后把关、难度较大	无须入库检验、难度较小；供应商服务、管理质量高
产品设计流程	先设计产品后询价	供应商参与产品设计

3．零库存采购

（1）零库存采购的含义

零库存采购（Just In Time，JIT）就是将企业采购环节中的库存保持到最低的水平，甚至为零。

（2）零库存采购的基本思想

JIT 是由日本丰田汽车公司在 20 世纪 60 年代实行的一种生产方式。1973 年以后，这种方式对丰田公司渡过第一次能源危机起到了突出的作用，后引起其他国家生产企业的重视，并逐渐在欧洲和美国的日资企业及当地企业中推行开来，现在这一方式与源自日本的其他生产、流通方式一起被西方企业称为“日本化模式”。其中，日本生产及流通企业的物流模式对欧美的物流产生了重要影响。近年来，JIT 不仅作为一种生产方式，也作为一种物流模式在欧美生产及物流领域得到推行。

（3）JIT 采购的优点

JIT 采购是一种理想的物资采购方式。它设置了一个最高标准，一种极限目标：原材料和外购件的库存为零，缺陷为零。同时，为了尽可能地实现这样的目标，JIT 采购提供了一个不断改进的有效途径，即降低原材料和外购件库存→暴露物资采购问题→采取措施解决问题→降低原材料和外购件库存。这样，经过如此周而复始的优化，就可以不断地对所暴露出的一些问题进行改进，直至将库存降低到最低水平，甚至消灭库存。另外，JIT 是一个不断改进的动态过程，不是一朝一夕就可以完成的，需要企业不断的持续改善才能达到目标。

（4）JIT 采购遵循的准则

1）与传统采购面向库存不同，准时化采购是一种直接面向需求的采购模式。它的采购送货是直接送到需求点上。

2）用户需要什么，就送什么，品种规格符合客户需要。

3）用户需要什么质量，就送什么质量，品种质量符合客户需要，拒绝次品和废品。

4）用户需要多少，就送多少，不少送，也不多送。

5）用户什么时候需要，就什么时候送货，不晚送，也不早送，非常准时。

6）用户在什么地点需要，就送到什么地点。

以上 6 条既是 JIT 采购的原理，又是 JIT 采购的特点。

依据 JIT 采购的原理，企业中的所有活动只有当需要进行的时候才接受服务，才是最合算的。即只有在需要的时候，把需要的品质和数量，提供到所需要的地点，才是最节省、最有效率的。因此，JIT 采购是一种最节省、最有效率的采购模式。

（5）JIT 的实施要求企业应具备的条件

1）供应商的距离越近越好。

2）制造商和供应商建立互利合作的战略伙伴关系。

3）供需双方注重基础设施的建设。

4）企业的生产与计划应强调供应商的参与。

5）建立实施 JIT 采购策略的组织。

6）制造商向供应商提供综合的、稳定的生产计划和作业数据。

7）双方应着重 JIT 实施人员的教育与培训。

8）双方加强信息技术的应用。

（6）JIT 采购的作用

1）大幅度减少原材料和外购件的库存。JIT 采购可以降低原材料和外购件的库存，有利于减少流动资金的占用，加速流动资金的周转，同时也有利于节省原材料和外购件库存占用的空间，从而降低库存成本。

2）提高采购物资的质量。一般来说，实施 JIT 采购，可以使购买的原材料和外购件的质量相对提高。而且，原材料和外购件质量的提高，又会引致质量成本的降低。

3）降低原材料和外购件的采购价格。由于供应商和制造商属于长期订货的密切合作关系，容易消除采购过程中的一些浪费（如订货手续、装卸环节、检验手续等），就使得购买的原材料和外购件的价格得以降低。

此外，推行 JIT 采购策略，不仅缩短了交货时间，节约了采购过程所需资源（包括人力、资金、设备等），而且提高了企业的劳动生产率，增强了企业的适应能力。

8.2.4 供应商管理

供应商管理是指对供应商的了解、选择、开发、控制和使用等综合性的管理工作的总称。其中，了解是基础，选择、开发、控制是手段，使用是目的。供应商管理的目的就是要建立起一个稳定可靠的供应商队伍，为企业提供可靠的物资供应，保证企业的正常生产。

1．供应商管理的意义

（1）对于制造商/买主

降低成本（降低合同成本）、实现数量折扣和稳定而有竞争力的价格、提高产品质量和降低库存水平、改善时间管理、缩短交货提前期和提高可靠性、优化面向工艺的企业规划、更好的产品设计和对产品变化更快的反应速度、强化数据信息的获取和管理控制。

（2）对于供应商/卖主

保证有稳定的市场需求、对用户需求更好地了解/理解、提高运作质量、提高零部件生产质量、降低生产成本、提高对买主交货期改变的反应速度和柔性、获得（比非战略合作关系的供应商）更高的利润。

（3）对于双方

改善相互之间的交流，实现共同的期望和目标，共担风险和共享利益，共同参与产品和工艺开发，实现相互之间的工艺、技术和物理集成，减少外在因素的影响及其造成的风险，降低机会主义影响和投机几率，增强解决矛盾和冲突的能力，订单、生产、运输上实现规模效益以降低成本、减少管理成本、提高资产利用率。

2．供应链合作伙伴的选择

根据合作伙伴在供应链中的增值作用和其竞争实力，可以把合作伙伴分为重要合作伙伴和次要合作伙伴。

重要合作伙伴是少而精的、与企业关系密切的合作伙伴。次要合作伙伴是相对多的、与企业关系不很密切的合作伙伴。供应链合作关系的变化主要影响重要合作伙伴，而对次要合作伙伴的影响较小。

3．供应链合作伙伴选择考虑的主要因素

在选择供应商时，一般需要考虑的因素包括产品价格、质量、可靠性、售后服务、地理位置、财务状况、技术能力等，其中供应商的交货提前期、产品质量、交货可靠性和产品价格 4 个因素是选择供应商的最关键因素。

（1）交货提前期

交货提前期是指企业发出订单到收到订货之间的时间。对于需求方来说，交货提前期越短越好。供应商缩短交货提前期既可以减少需求方的库存水平，又能提高企业对其需求方的反应速度，从而可以提高供应链的客户满意度。

（2）产品质量

产品质量是指供应商的产品满足企业需求的程度，在这里是指合格产品占总产品的比重，该指标值越大越好。

（3）交货可靠性

交货可靠性是指供应商及时满足企业订单的程度，用及时交货的订单数占总订单数的比例或及时交货的产品数占订货总产品数的比例来表示，该指标值越大越好。交货可靠性和交货提前期是影响供应链敏捷度的两个重要因素。

（4）产品价格

产品价格是指企业采购的每一单位产品的价格。在现代供应链管理中，产品价格不再是选择供应商时考虑的首要因素，但仍是选择供应商的重要因素。

4．合作伙伴综合评价、选择的步骤

1）分析市场竞争环境（需求、必要性）。

2）确立合作伙伴选择目标。

3）制定合作伙伴评价标准。

4）成立评价小组。

5）合作伙伴参与。

6）评价合作伙伴。

7）实施供应链合作关系。

8.2.5 客户关系管理

1．客户关系管理的概念

广义上的客户关系管理是指在企业的运营过程中不断累积客户信息，并使用获得的客户信息来制定市场战略以满足客户个性化需求。客户关系管理是企业与它所有的物流客户之间关系的管理，具体包括计划、组织、协调和控制。

2．客户的分类

在当前市场竞争日趋激烈的情况下，企业要想获得最大程度的收益，就必须对自己拥有的客户进行有效的差异分析，并根据这种差异来区分不同价值的客户，指导企业更合理地配置有限的资源，实现客户资源价值和企业投入回报的最大化。一般根据客户对企业的价值不同，可以将客户分为潜在客户、一次性客户、长期客户、支持者和合作伙伴。针对不同价值的客户，企业可对其采取相应的计策，目的是使该客户向对企业更有利的价值发展。客户发展层次如图 8-4 所示。

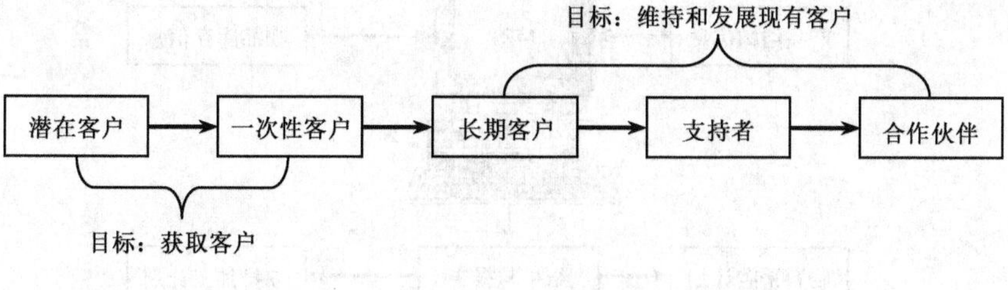

图 8-4 客户发展层次

此外，根据客户与企业的关系，也可将客户分为 5 种类型：基本型、被动型、责任型、能动型和伙伴型。在大多数类型的供应链上，核心企业往往通常是生产制造企业，因此，客户关系包括以下类型：供应商—生产商；生产商—分销商；生产商/分销商—最终用户。

3．客户关系管理目标

客户关系管理目标是使得企业与它所有的物流客户之间建立起良好的关系，为提高客户服务水平和客户满意度、扩大市场、促进销售、改进工作、提高企业经济效益提供有力支持。在供应链环境下的客户关系管理要求企业进行如下改进：

1）将最终客户与供应链连接起来。

2）对供应链进行动态管理，快速反馈客户需求信息。

3）全面管理与客户发生的各种关系。

4）与客户间保持良好互动。

5）建立一种以客户为中心，面向流程的观点。

8.3 物料需求计划（MRP）

8.3.1 MRP 概述

1．MRP 的概念

物料需求计划（Material Requirement Planning，MRP）是根据产品结构各层次物品的从属和数量关系，以每个物品为计划对象，以完工时期为时间基准倒排计划，按提前期长短区别各个物品下达计划时间的先后顺序，是一种工业制造企业内物资计划管理模式。MRP 是根据市场需求预测和顾客订单制订产品的生产计划，然后基于产品生成进度计划，组成产品的材料结构表和库存状况，通过计算机计算所需物资的需求量和需求时间，从而确定材料的加工进度和订货日程的一种实用技术。MRP 的逻辑流程如图 8-5 所示。

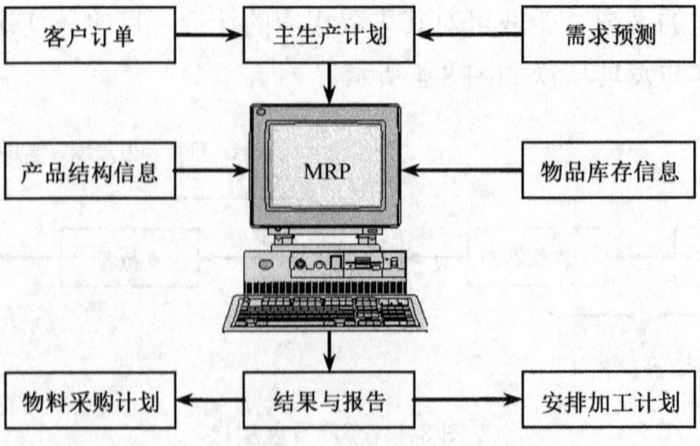

图 8-5　MRP 逻辑流程

2．MRP 的目的

从图 8-5 所示逻辑流程图上看，MRP 主要回答了 4 个问题：

① 生产什么。

② 要用到什么。

③ 已经有了什么。

④ 还缺什么，什么时候下达采购或加工计划。

这 4 个问题是任何制造业在编制计划时都要回答的问题，被人们称为“制造业的通用公式”。第一个问题指的是为了满足市场（或客户）的需求而需要出厂的产品，是独立需求件。产品的出厂计划是根据销售合同或市场预测，由主生产计划（Master Production Schedule，MPS）确定的。第二个问题指的是产品结构或某些在制造过程中必要的资源（如能源、原材料、零部件、工具等），由产品信息或物料清单来回答。物料清单（Bill of Material，BOM）是计算机可识别的产品结构数据文件，是 MRP 的主导文件。第三个问题由库存信息，即物料的可用量来回答。物料的可用量不同于手工管理的库存台账，它是一种动态信息。

3．MRP 的基本构成

（1）主生产计划（MPS）

MPS 是确定每一具体的最终产品在每一具体时间段内生产数量的计划。这里的最终产品是指对于企业来说最终完成、要出厂的完成品，它要具体到产品的品种及型号。这里的具体时间段，通常是以周为单位，在有些情况下，也可以是日、旬、月。MPS 详细规定了生产什么、什么时段应该产出，它是独立需求计划。MPS 根据客户合同和市场预测，把经营计划或生产大纲中的产品系列具体化，使之成为展开物料需求计划的主要依据，起到了从综合计划向具体计划过渡的承上启下作用。

（2）产品结构与物料清单（BOM）

MRP 系统要正确计算出物料需求的时间和数量，特别是相关需求物料的数量和时间，首先要使系统能够知道企业所制造的产品结构和所有要使用到的物料。产品结构列出构成成品或装配件的所有部件、组件、零件等的组成、装配关系和数量要求。它是 MRP 产品拆零的基础。举例来说，图 8-6 是一个自行车的产品结构图，它大体反映了自行车的构成。

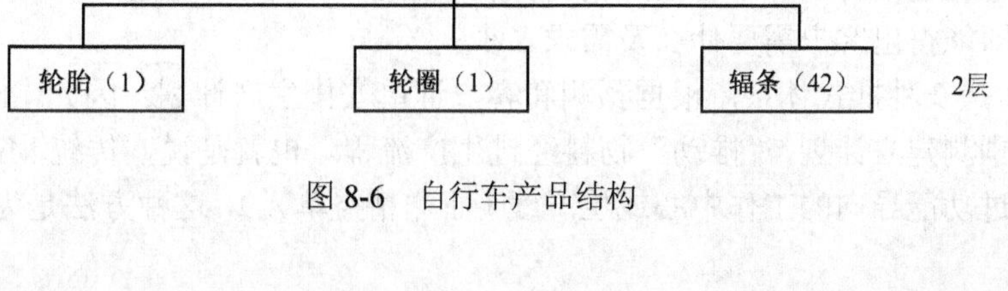

图 8-6　自行车产品结构

当然，这并不是企业最终所要的BOM。为了便于计算机识别，必须把产品结构图转换成规范的数据格式，这种用规范的数据格式来描述产品结构的文件就是物料清单。物料清单必须说明组件（部件）中各种物料需求的数量和相互之间的组成结构关系。表8-4所示就是一张简单的与自行车产品结构相对应的物料清单。

表8-4　与自行车产品结构对应的物料清单

层次	物料号	物料名称	数量	类型	成品率	ABC码	生效期	失效期	提前期
0	GB950	自行车	1辆	M	1.0	A	050101	071231	2
1	GB120	车架	1件	M	1.0	A	050101	071231	3
1	CL120	车轮	2个	M	1.0	A	000000	999999	2
2	LG300	轮圈	1件	B	1.0	A	050101	071231	5
2	GB890	轮胎	1套	B	1.0	B	000000	999999	7
2	GBA30	辐条	42根	B	0.9	B	050101	071231	4
1	11300	车把	1套	B	1.0	A	000000	999999	4

（3）库存信息

库存信息是保存企业所有产品、零部件、在制品、原材料等存在状态的数据库。在MRP系统中，将产品、零部件、在制品、原材料甚至工装工具等统称为“物料”或“项目”。为便于计算机识别，必须对物料进行编码，物料编码是MRP系统识别物料的唯一标识。库存信息至少应包括以下内容：

1）现有库存量。现有库存量是指在企业仓库中实际存放的物料的可用库存数量。

2）计划收到量（在途量）。计划收到量是指根据正在执行中的采购订单或生产订单，在未来某个时段物料将要入库或将要完成的数量。

3）已分配量。已分配量是指仍保存在仓库中但已被分配掉的物料数量。

4）提前期。提前期是指执行某项任务由开始到完成所消耗的时间。

5）订购（生产）批量。订购批量是在某个时段内向供应商订购或要求生产部门生产某种物料的数量。

6）安全库存量。为了预防需求或供应方面的不可预测的波动，在仓库中经常应保持最低库存数量作为安全库存量。

8.3.2　MRP的内容及特点

1．MRP的内容

MRP的主要内容包括客户需求管理、产品生产计划、原材料计划及库存纪录。其中客户需求管理包括客户订单管理及销售预测，将实际的客户订单数与科学的客户需求预测相结合即能得出客户需要什么及需求多少。

MRP是一种推式体系，根据预测和客户订单安排生产计划。因此，MRP基于天生不精确的预测建立计划，“推动”物料经过生产流程。也就是说，传统MRP方法依靠物料运动经过功能导向的工作中心或生产线（而非精益单元），这种方法是为最大化效率和大批量生产来降低单位成本而设计。计划、调度并管理生产以满足实际和预测的需求组合。生产订单出自主生产计划（MPS）然后经由 MRP 计划出的订单被“推”向工厂车间及库存。

2. MRP 的特点

（1）需求的相关性

在流通企业中，各种需求往往是独立的。而在生产系统中，需求具有相关性。例如，根据订单确定了所需产品的数量之后，由新产品结构文件 BOM 即可推算出各种零部件和原材料的数量，这种根据逻辑关系推算出来的物料数量称为相关需求。不但品种数量有相关性，需求时间与生产工艺过程的决定也是相关的。

（2）需求的确定性

MRP 的需求都是根据主产进度计划、产品结构文件和库存文件精确计算出来的，品种、数量和需求时间都有严格要求，不可改变。

（3）计划的复杂性

MRP 要根据主产品的生产计划、产品结构文件、库存文件、生产时间和采购时间，把主产品所有关系都做出详细的执行计划，并做出明确的规定，无一遗漏或偏差。不折不扣地按照这个计划进行，能够保证主产品出产计划的如期实现。

8.3.3 MRP 的计算

1. 制订 MRP 前具备的基本数据

第一项数据是主生产计划（MPS），它指明在某一计划时间段内应生产出的各种产品和备件，它是物料需求计划制订的一个最重要的数据来源。

第二项数据是物料清单（BOM），它指明了物料之间的结构关系，以及每种物料需求的数量，它是物料需求计划系统中最为基础的数据。

第三项数据是库存记录，它把每个物料品目的现有库存量和计划接受量的实际状态反映出来。

第四项数据是提前期，决定着每种物料何时开工、何时完工。

应该说，这 4 项数据都是至关重要、缺一不可的。缺少其中任何一项或任何一项中的数据不完整，物料需求计划的制订都将是不准确的。因此，在制订物料需求计划之前，这 4 项数据都必须先完整地建立好，而且保证是绝对可靠的、可执行的数据。

2. MRP 的基本计算步骤

1）计算物料的毛需求量。即根据主生产计划、物料清单得到第一层级物料品目的毛需求量，再通过第一层级物料品目计算出下一层级物料品目的毛需求量，依次一直往下展开计算，直到最低层级原材料毛坯或采购件为止。

2）净需求量计算。即根据毛需求量、可用库存量、已分配量等计算出每种物料的净需求量。

3）批量计算。即由相关计划人员对物料生产做出批量策略决定，不管采用何种批量规则或不采用批量规则，净需求量计算后都应该表明有否批量要求。

4）安全库存量、废品率和损耗率等的计算。即由相关计划人员来规划是否要对每个物料的净需求量做这三项计算。

5）下达计划订单。即指通过以上计算后，根据提前期生成计划订单。物料需求计划所生成的计划订单，要通过能力资源平衡确认后，才能开始正式下达计划订单。

6）再一次计算。物料需求计划的再次生成大致有两种方式，第一种方式会对库存信息重新计算，同时覆盖原来计算的数据，生成的是全新的物料需求计划；第二种方式则只是在制订、生成物料需求计划的条件发生变化时，才相应地更新物料需求计划有关部分的记录。这两种生成方式都有实际应用的案例，至于选择哪种要看企业实际的条件和状况。

3．MRP 实施的目标

1）及时取得生产所需的原材料及零部件，保证按时供应用户所需产品。

2）保证尽可能低的库存水平。

3）计划企业的生产活动与采购活动，使各部门生产的零部件、采购的外购件与装配的要求在时间和数量上精确衔接。

在实施 MRP 时，与市场需求相适应的销售计划是 MRP 成功的最基本的要素。MRP 的系统结构保证了它能有效地压缩库存，减少占有流动资金，保证生产过程的连续进行，但 MRP 也存在局限，其资源仅仅局限于企业内部，并且具有决策结构化的倾向。因此，将 MRP 与生产、销售、财务、采购、工程紧密结合在一起，形成一个全面生产管理的集成化系统是相当必要的。

职业知识检测

1. 判断题

1）横向一体化供应链是企业不仅注重自己的核心业务，还具有自己的原材料、半成品或零部件供应分销网络及运输企业，形成了整体一条龙的运作。(　　)

2）“牛鞭效应”是由于供应链上各节点无法有效地实现信息的共享，使得信息扭曲被逐渐放大而导致的。(　　)

3）供应商管理库存（VMI）是指用户在供应商允许下管理供应商的库存，由用户决定每种产品的库存水平和补给策略。(　　)

4）供应链管理的战略思想就是要通过成员间的有效合作，建立低成本、高效率、响应性好、敏捷度高的经营机制，从而获得竞争优势。(　　)

5）MRP 是一种推式体系，只能根据客户订单安排生产计划。(　　)

2. 单选题

1）供应链具有明显的动态性，特别是各节点企业都需要动态地更新，是由于(　　)。

A. 合作伙伴的重新选择

B. 产品的性质

C. 市场需求的变化

D. 竞争对手的变化

2）供应链的形成、存在、重构，都是基于（　　），并且在供应链的运作过程中，它也是供应链拉动信息流、物流、资金流运作的驱动源。

A. 用户的需求

B. 物流的需求

C. 企业的需求

D. 共同的利益

3）（　　）主要体现供应链的市场调节功能，即把产品分配到满足用户市场，服务于未知的需求。

A. 有效性供应链

B. 反应性供应链

C. 稳定性供应链

D. 动态性供应链

4）企业采购实现对整个企业的物资供应，而其中（　　）是物资采购贯穿始终的准绳。

A. 适时适量保证供应

B. 保证采购物资的质量

C. 采购要与需求一致，按订单采购

D. 费用最省

5）选择供应商的标准包括：能力、兼容性、（　　）。

A. 规模大小

B. 市场占有率高低

C. 资金多少

D. 能否投入互补性合作的资源

3. 多选题

1）供应链管理的作用有（　　）。

A. 创造竞争的成本优势

B. 创造竞争的收益优势

C. 创造竞争的时间优势

D. 创造竞争的整体优势

E. 创造竞争的空间优势

2）供应链的结构模型主要有（　　）。

A. 链状的结构模型

B. 直线型结构模型

C. 网状的结构模型

D. 曲线型结构模型

E. 环状的结构模型

3）“牛鞭效应”对供应链的运营造成的危害主要体现在（　　）。

A. 给最终用户造成巨大的损失

B. 增加了供应链的整体库存水平

C. 增加了供应链的综合运营成本

D. 降低了供应链的反应速度

E. 不利于建立供应链合作伙伴关系

4）在供应链环境下，采购管理的原则不包括（　　）。

A. 恰当的数量

B. 恰当的质量

C. 恰当的流程

D. 恰当的需求

E. 恰当的来源

注释：在供应链环境下，采购管理的原则是恰当的数量、恰当的时间、恰当的地点、恰当的价格、恰当的来源。

5）MRP 的主要内容包括（　　）。

A. 客户需求管理

B. 产品生产计划

C. 原材料计划

D. 库存记录

E. 市场销售计划

4. 简答题

1）供应链具有什么样的结构？

2）供应链管理的主要目标是什么？

3）什么是“牛鞭效应”？如何消除“牛鞭效应”？

4）JIT 采购的思想是什么？

5）MRP 的主要思想是什么？简述 MRP 的具体流程。

职业技能训练

案例 1

供应商管理的实践：戴尔、通用和丰田的对比

供应链管理的成功，首先必须认识到所有的参与者都有共同的利益。除了“零和博弈”，完全可以通过变革以帮助所有公司都增加利润率。

戴尔通过整合分散的零部件制造商和自己的组装业务，构建了虚拟的“以单定产”模式，把库存周转降低到了几天，形成自己的竞争优势。它秉承合作的理念，整合了信息技术，专注于整个供应链的效率。戴尔保证供应链的合作伙伴能够实时地收到销售预测信息和实际的订单情况，保证每个生产商的生产和需求相一致。库存透明使整个流程更加高效、可靠、低成本。

通用汽车的策略是选择相对较少的供应商，而且是交易型、长期的供应商关系。通用汽车以价格作为供应商首选指标，基于相互协作的多个方面来选择供应商，并且通用享有全部的成本削减收益，供应商达到预先设定的成本目标后可以参与收益分享。

丰田竖立了一个和通用汽车完全相反的供应商管理策略。丰田不是努力压榨供应商的利润空间，而是和所有供应商伙伴协作，寻找成本削减机会，在整个生产流程中实施削减措施。它同时让供应商至少在一定时间内能够保留部分剩下的利润。通过这种方式，供应商的激励目标和丰田保持一致。所有供应链上的企业有机会从协作中获利。

（资料来源：捷运物流网 www.csyg.net）

问题：

1. 在供应商的选择上，戴尔、通用和丰田分别是基于什么目的？
2. 戴尔、通用和丰田的供应商管理各有什么特点？

案例 2

三菱化工公司的供应链系统案例

化工行业由于其供应链管理非常复杂，每个环节都要求有一个非常严谨的供应链计划，这样企业才可以更合理地做出是否购买中间产品或最终产品的重要决策，以有效地实现贸易交换及商业伙伴之间的贸易均衡。同时，企业需要针对不同的市场需求做出具有可行性的供应安排。企业利用这些信息可以判断是否有机会捕获更多的针对某些特定产品的需求，或者是否有可能在供应紧张的情况下提高产品的价格。

三菱化工公司是由三菱卡石公司和三菱石化公司 1994 年合并而成，年销售收入达 140 亿美元。公司主要经营范围涉及石化产品、农用化学品、医药产品、塑料制品、专用化工产品。因此，对三菱化工来说，一条高度集成和完整的供应链就显得格外重要。三菱化工建立了一套完整的包括产品销售、供给、生产和筹资计划等在内的供应链业务流程，以及整个供应链的计划运行机制，和与其相适应的物流模式。

整个供应链系统包括以下 5 方面的内容。

① 需求计划设计：用统计工具、因果要素和层次分析等手段进行更为精确的预测，用包括互联网和协同引擎在内的通信技术帮助生成企业间的最新和定时的协作预测。

② 生产计划和排序：分析企业内部和供应商生产设施的物料和能力的约束，编制满足物料和能力约束的生产进度计划，并且还可以按照给定条件进行优化。各软件供应商根据不同的生产环境应用不同的算法和技术，提供各有特色的软件。

③ 分销计划：帮助管理分销中心并保证产品可订货、可盈利、能力可用。分销计划帮助企业分析原始信息，然后企业能够确定如何优化分销成本或根据生产能力和成本提高客户服务水平。

④ 物流和运输计划：帮助确定将产品送达客户的最好途径。物流和运输计划的时标是短期的和战术的。物流和运输计划对交付进行重组并充分利用运输能力。

⑤ 企业或供应链分析：以整个企业或供应链的图示模型，帮助企业从战略功能上对工厂和销售中心进行调整。有可能对贯穿整个供应链的一个或多个产品进行分析，注意和发掘到问题的症结。

供应链管理系统在三菱化工公司试点单位的实施，使得生产线的准备时间和生产物料供应提前期有了明显提高；通过整合和优化供应链中的需求和供应计划，达到了公司管理层预先设定的要求：当客户有新的需求时，可及时查阅整个供应链上的资源重新配置概况。

三菱化工公司试点单位的供应链计划员可以编制高精度的月生产、销售计划，同时可以通过系统模拟客户需求量的变化对整个供应链的潜在影响程度。高精度的月生产计划帮助公司减少浪费、降低生产成本；整个供应链上各要素的综合计划，如生产能力、可用库存量和客户对产品的特殊要求等，帮助三菱化工公司提高了客户满意度。

（资料来源：柳健. 新编物流管理案例及解析［M］. 北京：北京大学出版社，2013）

问题：

1. 结合所学知识，请谈一下三菱化工供应链系统有何特点？
2. 三菱化工的供应链体系建立为什么要首先进行试点，然后才全面推行？

案例 3

沃尔玛公司供应链管理分析

“顾客满意是保证未来成功与成长的最好投资”，这是沃尔玛数十年如一日坚持的经营理念，“让顾客满意”是沃尔玛公司的首要目标。在美国，只要是从沃尔玛购买的商品，无须任何理由，甚至没有收据，沃尔玛都无条件受理退款。

沃尔玛能够做到及时地将消费者的意见反馈给生产商，并且帮助生产商对产品进行改进和完善。过去，商业零售企业只是作为中间人，将商品从生产商传递到消费者手里，反过来再将消费者的意见通过电话或书面形式反馈到生产商那里。看起来沃尔玛并没有独到之处，但是结果却差异很大。原因在于，沃尔玛能够参与到上游生产商对生产的计划和控制中去，因此能够将消费者的意见迅速反映到生产中，而不是简单地充当传话筒。

供应商是沃尔玛唇齿相依的战略伙伴。早在 20 世纪 80 年代，沃尔玛采取了一项政策，要求从交易中排除销售代理商，直接向生产商订货，同时将采购价格降低 2%～6%，大约相当于销售代理商的佣金数额，如果生产商不同意，沃尔玛就拒绝与其合作。沃尔玛的做法一度造成与供应商的关系紧张。直到 20 世纪 80 年代末期，供应商开始全面改善与沃尔玛的关系，通过网络和数据交换系统，沃尔玛与供应商共享信息，从而建立伙伴关系。

沃尔玛把零售店商品的进货和库存管理职能转移给供应方（生产商），由生产商对沃尔玛的流通库存进行管理和控制，即采用生产商管理的库存方式（VMI）。沃尔玛让供应方与之共同管理营运沃尔玛的流通中心。在流通中心保管的商品所有权属于供应方。供应方对 POS 信息和 ASN（预先发货清单 Advanced Shipping Note）信息进行分析，把握商品的销售和沃尔玛的库存方向。在此基础上，决定什么时间、把什么类型的商品、以什么方式、向什么店铺发货。由于采用 VMI，供应方不仅能减少本企业的库存，还能减少沃尔玛的库存，从而实现了整个供应链的库存水平最小化。另外，对于沃尔玛来说，省去了商品进货的业务，节约了成本，同时能集中精力于销售活动。并且，事先能得知供应方的商品促销计划和商品生产计划，能够以较低的价格进货。这些为沃尔玛进行价格竞争提供了条件。

沃尔玛前任总裁大卫·格拉斯曾说过："配送设施是沃尔玛成功的关键之一，如果说我们有什么比别人干得好的话，那就是配送中心"。在美国，沃尔玛的 30 座配送中心服务于全国 2500 家商场，供应着 85%的商品，而其竞争对手只有 50%左右的商品实现了集中配送。如今，沃尔玛完整的物流系统不仅包括配送中心，还有更为复杂的资料输入采购系统、自动补货系统等。

供应链的协调运行是建立在各个环节主体间高质量的信息传递与共享的基础上的。沃尔玛投资 4 亿美元发射了属于自己的商用卫星，实现了全球联网。沃尔玛在全球的门店通过全球网络可以在 1 小时之内对每种商品的库存、上架、销售量全部盘点一遍，所以在沃尔玛的门店，不会发生缺货情况。通过网络系统，沃尔玛向供应商提供商业文件、发出采购指令、获取数据和装运清单等，同时也让供应商能够及时、准确地把握其产品的销售情况。沃尔玛还利用更先进的快速反应系统代替采购指令，真正实现了自动订货。该系统利用条码扫描和卫星通信，与供应商每日交换商品销售、运输和订货信息。凭借先进的电子信息手段，沃尔玛做到了商店的销售与配送保持同步，配送中心与供应商运转一致。

（资料来源：吴理门. 物流案例与分析［M］. 天津：天津大学出版社，2011）

问题：

1. VMI 的基本思想是什么？有什么作用？
2. 本案例中，沃尔玛供应链管理的成功之处主要体现在哪些方面？

第9章 国际物流

引导案例

经济全球化背景下的挑战与机遇

经济全球化使越来越多的国家被卷入其中，国际产业的重新分工布局，为国际物流发展提供了广泛的服务。从国际分工看，相互依存、优势互补的分工程度大大提高，制造业重心继续东移。原来的传统垂直分工体系是由发展中国家提供能源、资源和原材料，发达国家提供工业制成品的两极配对，现在已演变成一般发展中国家提供能源和资源，以中国为首的一些新兴经济体提供大部分工业制成品，发达国家提供关键技术、零部件、高端产品和服务，最后进行总集成或总装的格局。在出口结构上，世界制成品的出口约占总出口的70.1%，北美制成品出口占比超过73.5%，欧洲制成品出口占比达78.4%，亚洲制成品出口占比高达81.9%。中东、非洲和独联体国家2/3的出口则依赖燃油和矿产品，中南美洲农产品出口占23.8%，燃料和矿产品出口占42.4%。最不发达国家3/4的出口收入来源于初级产品，只有1/4来源于服装制成品出口。在进口结构上，发达国家是最终的消费和进口市场，美国进口占据了世界进口总额比重的15.8%，欧盟25国为39.2%，日本为4.8%，三者合计高达60%，世界货物进出口的一半以上都为10个发达国家拥有。从1995年到2015年，金砖国家的货物贸易总额占世界货物贸易总额的比重从5.91%上升到17.38%，幅度约为3倍，尤其是中国货物贸易进出口自2013年以来连续三年位列世界第一。这种新的国际分工和布局不仅决定了国际物流的走向和布局，而且决定了国际物流新的服务对象和服务内容。

（资料来源：EC中国网 www.eceb.com.cn）

讨论：

1. 结合案例，谈一谈经济全球化如何推动国际分工？
2. 经济全球化如何推动国际物流业的发展？
3. 在经济全球化趋势下，中国应该如何抓住机遇，趋利避害，发展对外贸易？

学习目标

① 了解国际物流的特点；

② 了解国际物流的现状及未来的发展趋势；
③ 掌握各种国际货物运输方式及特点；
④ 了解国际物流仓储与保税区的类别及作用；
⑤ 掌握进出口货物的报关程序。

9.1 国际物流概述

9.1.1 国际物流的概念

根据《中华人民共和国国家标准物流术语》(GB/T 18354—2006）对国际物流的定义是“国际物流是不同国家或地区之间的物流”。国际物流的实质是按国际分工协作的原则，依照国际惯例，利用国际化的物流网络、物流设施和物流技术，实现货物在国际间的流动与交换，以促进区域经济的发展和世界资源的优化配置。

国际物流的总目标是为国际贸易和跨国经营服务，即选择最佳的方式与路径，以最低的费用和最小的风险，保质、保量、适时地将货物从某国的供方传输到另一国的需方。

9.1.2 国际物流的发展

纵观全球，国际物流活动迄今为止，经历了三个阶段。

第一阶段是 20 世纪 50 年代至 80 年代初。这一阶段物流设施和物流技术得到了极大的发展，建立了配送中心，广泛运用电子计算机进行管理，出现了立体无人仓库，一些国家建立了本国的物流标准化体系等。物流系统的改善促进了国际贸易的发展，物流活动已经超出了一国范围，但物流国际化的趋势还没有得到人们的重视。

第二阶段是 20 世纪 80 年代初至 90 年代初。随着经济技术的发展和国际经济往来的日益扩大，物流国际化趋势开始成为世界性的共同问题。美国密歇根州立大学教授波索克斯认为，进入 80 年代，美国经济已经失去了兴旺发展的势头，陷入长期倒退的危机之中。因此，必须强调改善国际性物流管理，降低产品成本，并且要改善服务，扩大销售，在激烈的国际竞争中获得胜利。与此同时，日本正处于成熟的经济发展期，以贸易立国，要实现与其对外贸易相适应的物流国际化，并采取了建立物流信息网络，加强物流全面质量管理等一系列措施，提高物流国际化的效率。这一阶段物流国际化的趋势局限在美、日和欧洲一些发达国家。

第三阶段是 20 世纪 90 年代初至今。这一阶段国际物流的概念和重要性已为各国政府和外贸部门所普遍接受。贸易伙伴遍布全球，必然要求物流国际化，即物流设施国际化、物流技术国际化、物流服务国际化、货物运输国际化、包装国际化和流通加工国际化等。世界各国广泛开展国际物流方面的理论和实践方面的大胆探索。人们已经形成共识：只有广泛开展国际物流合作，才能促进世界经济繁荣，物流无国界。

9.1.3 国际物流的未来

国际物流作为国际贸易不可分割的一个部分，其发展必然和国际贸易的发展紧密相连。与国际贸易发展的趋势相似，国际物流发展的未来呈现出 3 个趋势。

1. 区域经济的发展将进一步促进区域内物流服务的兴起

区域经济的发展已经成为今天世界经济的一个特征。在欧盟、北美、东南亚、亚太和北非等地区的富有成效的经济合作活动极大地促进了这些地区的贸易与经济的发展，同时对这一地区的物流服务产生了巨大的需求。国际物流企业纷纷进驻这些地区，设立规模各异的地区物流分拨中心，适应各类层次的需求，从而大大缩短了生产和消费的距离，促进了这些地区的物流发展。

2. 贸易自由化运动将推动国际物流与国内物流的趋同

在世界贸易组织的努力下，全球贸易呈现自由化的趋势。各国的贸易壁垒正在逐渐消除，各国海关正在为优化货物进出口渠道做着不间断的努力，国际物流的瓶颈问题已经开始得到疏通。在贸易壁垒和物流瓶颈被打破的同时，国际物流与国内物流的运作方式也开始趋同，国际物流成本将进一步降低。事实上，国际物流的高度发展完全可以帮助有关国家改善口岸和贸易环境，促进该国的经济发展。

3. 跨国公司的发展将推动传统国际运输企业向物流企业转化

当今世界经济形势的又一个重大特征是跨国公司的发展。有人曾经预言，未来的世界跨国经济将超越国家经济而主导世界经济。综观当今世界主要的跨国公司，绝大多数都采取物流业务外包的手段来实现企业业务的专业化。它们寻求的是综合的一体化的物流服务，而不是传统的分离的运输和仓储服务。在跨国经济的挤压下，传统运输仓储业的发展正在经历着一场革命，而革命的结果是综合的一体化的物流供应链服务将在相当大的程度上取代分离的传统业务。

总之，全球化是世界物流发展的必然趋势。随着中国物流业的对外大门进一步敞开，我们将直接面临着国际物流业市场的激烈竞争。因此，在研究和制订我国经济结构调整的规划时必须对这一发展趋势有充分的认识，使我国物流业得到更健康的发展。

9.1.4 国际物流的特点

国际物流是伴随和支撑国际间经济交往、贸易活动和其他国际交流所发生的物流活动，国际物流是现代物流系统发展很快、规模很大的一个物流领域。随着全球经济一体化进程的不断加快，世界各国的经济得到不同程度的发展，物流基础设施的状况也有了很大的改善。这一切为国际物流的发展提供了坚实的基础。然而，与国内物流相比，国际物流却具有国际性、复杂性、风险性和标准化的特点。

1. 国际性

国际性是指国际物流系统涉及不同的国家和地区，系统的地理范围大。这一特点又称为国际物流系统的地理特征。国际物流跨越不同的地区和国家，运输距离长，运输方式多样，这就需要合理选择运输路线和运输方式，尽量缩短运输距离，缩短货物在途时间，加速货物周转并降低物流成本。

2. 复杂性

国际物流是一项复杂的工作，各国物流环境的差异性是国际物流的重要特点，尤其是物流软环境的差异。不同国家的不同经济和科技发展水平会造成国际物流处于不同科技条件的支撑下，甚至有些地区根本无法应用某些技术而迫使国际物流全系统水平下降；不同国家不同标准，也造成国际物流“接轨”的困难；不同国家的风俗人文也使国际物流受到很大局限。由于物流环境的差异，迫使一个国际物流系统需要在多个法律、人文、习俗、语言、科技、设施不同的环境下运行，无疑大大增加了国际物流的难度和系统的复杂性。

3. 风险性

国际物流的风险性主要包括政治风险、经济风险和自然风险。政治风险主要指由于所经过国家的政局动荡，如罢工、战争等原因造成货物可能受到损害或灭失。经济风险可分为汇率风险和利率风险，主要指从事国际物流必然要发生的资金流动，此外还有贸易歧视风险；自然风险则指物流过程中，可能因自然因素，如海风、暴雨等引起的风险。

4. 标准化

在国际物流活动中，要使国际间的物流畅通起来，必须执行国际统一标准。如果没有统一的标准，国际物流水平难以提高。目前，中国、美国、欧洲、日本基本实现了物流工具、设施的统一标准，这大大降低了物流费用，降低了运转的难度。如果不向国际标准靠拢，国际物流企业必然在转运、装卸、搬运等许多方面耗费时间和费用，从而降低其国际竞争力。此外，国际标准化的信息系统也是国际物流非常重要的支持手段。建立国际标准化信息系统的根本目的是对物流企业全球供应链信息实行高度集成、动态查询、快速处理和资源共享，为客户提供快捷、安全、经济、合理的服务。没有国际标准化的信息网络和网络节点上的信息化建设，国际物流企业在全球物流的运作中将寸步难行。

9.1.5 国际物流系统

1. 国际货物运输

国际货物运输是国际物流系统的核心。商品通过国际货物运输作业由卖方转移给买方。国际货物运输具有路线长、环节多、涉及面广、手续繁杂、风险性大、时间性强等特点。运输费用在国际贸易商品价格中占有很大比重。国际运输业务主要包括运输方式的选择、运输单据的处理及投保等有关方面的内容。

2. 外贸商品储存

外贸商品流通是一个由分散到集中，再由集中到分散的流通过程。外贸商品的储存地点一般是生产厂家成品库、流通仓库或各国的保税区、保税仓库等国际转运站点。尽管储存能够创造外贸商品的时间价值，但是由于商品在储存进程中有可能降低其使用价值，而且需要消耗管理资源，因此必须尽量缩短储存时间，加快周转速度。

3. 国际商品装卸搬运

货物的装船、卸船、进库、出库，以及在库内的搬、倒、清点、查库、转运、转装等都是装卸搬运的重要内容。提高装卸搬运的作业质量和作业效率，可以有效地减少国际物流各环节之间的摩擦，提高国际物流系统的效率，降低物流成本。

4. 国际商品检验

由于国际贸易和跨国经营具有投资大、风险高、周期长等特点，使得商品检验成为国际物流系统中的重要环节。通过商品检验，确定交货品质、数量和包装条件是否符合合同规定，如发现问题，可分清责任向有关方面索赔。在买卖合同中，一般都订有商品检验条款，其主要内容有检验时间与地点、检验机构、检验标准和检验证明等。

5. 国际商品包装

在国际物流系统中，商品包装主要有保护商品、方便流通、促进销售的作用。商品的商标与包装不仅反映了企业的经营水平与风格，也是一个国家综合科技文化水平的直接反映。在对出口商品包装进行设计及具体包装作业中，应将包装、储存、装卸搬运、运输等物流各环节进行系统分析、全面规划，以实现现代国际物流系统 “包、储、运一体化”的要求，从而提高整个国际物流系统的效率。

6. 国际商品流通加工

商品在流通过程中的检验与加工，不仅可以促进商品销售，提高物流效率和资源利用率，而且还能通过加工过程保证并提高进出口商品的质量，扩大出口。国际商品流通加工既包括分装、配装、拣选、贴标签、刷标记等出口贸易商品服务，也包括套裁、剪断、打孔、折弯、平整、组装、改装、服装烫熨等生产性外延加工。这些加工不仅能最大限度地满足客户的多元化需求，还能增加外汇收益。

7. 国际金融服务

金融服务是指银行和保险业及相关的金融机构提供的服务。国际物流活动是在全球范围内运作的，因此银行、保险等金融机构的介入是必需的。银行所起的作用主要是支持和服务。物流企业与全球客户间的物流业务、资源配置与资金运作比较复杂，国际物流的交易与结算往往是根据不同的支付方式，通过银行的支持来实现的。保险业主要是货物运输保险，其中包括海运、航空及陆上货物运输和邮包运输保险及人身安全、非货物运输保险等。国际金融服务是国际物流得以实现的重要平台。

8. 国际物流代理

在国际物流活动中，物流过程离不开贸易中间人，即专门从事商品使用价值转移活动的业务机构或代理人。例如，国际货物的运输是通过国际货物运输服务公司（代理货物的出口运输）来完成的。另外，如报关行、出口商贸易公司、出口打包公司和进口经纪人等，他们主要是接受企业的委托，代理与货物有关的业务。国际物流代理的存在是由于在国际物流系统中，很少有企业能单独依靠自身力量办理和完成这些复杂进出口货物的各项工作。这正是国际物流与国内物流的重要区别之一。

9．国际物流信息系统

国际物流信息系统的主要功能是采集、处理和传递国际物流和商流的信息。没有功能完善的信息系统，国际贸易和跨国经营将寸步难行。国际物流信息的主要内容包括：进出口单证的作业过程、支付方式信息、客户资料信息、市场行情信息和供求信息等。国际物流信息系统的特点是信息量大、交换频繁，传递量大、时间性强，环节多、点多、线长。电子商务的融入促进了传统运输系统、金融系统与现代信息网络相互结合，使物流服务获得新的内涵。建立完善的信息网络和高效的信息处理系统是国际物流服务活动的重要手段，也是国际物流发展的重要基础。

9.2　国际货物运输

国际货物的交换必须通过运输来实现，因此必须按照“安全、迅速、准确、节省、方便”的原则选择适当的运输方式，组织合理的运输。

目前，国际贸易运输方式主要有国际海洋货物运输、国际铁路货物运输、国际公路货物运输、国际航空货物运输、邮包运输、国际多式联运、集装箱运输等。在实际业务中，应根据进出口货物的性质、市场需求缓急、货运量大小、距离远近、运费高低、气候和自然条件、装卸港口的具体情况、国际社会的政治状况等因素的变化，选择合理的运输方式。

9.2.1　国际海洋货物运输

国际海洋货物运输又称“海洋运输”，是国际物流中最主要的运输方式。它是指使用船舶通过海上航道在不同国家和地区的港口之间运送货物的一种方式，在国际货物运输中使用最为广泛。目前，国际贸易总运量中的 2/3 以上，中国进出口货运总量的约 90% 都是利用海上运输。海洋运输按照运输船舶经营方式的不同，包括班轮运输和租船运输两种方式。

1．班轮运输

班轮运输是在不定期船运输的基础上逐渐发展起来的，它是当今国际海洋运输中不可缺少的运输方式之一。

班轮运输的特点如下：

1）船舶按照固定的船期表、沿着固定的航线和固定的港口来运输，并按相对固定的运费率收取运费，因此，它具有“四固定”的基本特点。

2）由船方负责配载装卸，装卸费包括在运费中，托运方不再另付装卸费，船货双方也不再计算滞期费和速遣费。

3）船、货双方的权利、义务与责任豁免，以船方签发的提单条款为依据。

4）班轮承运货物的品种、数量比较灵活，货运质量较有保证，且一般采取在码头仓库交接货物，为货主提供了便利的条件。

班轮运输通常适用于不定期、货量又不很大的件杂货运输。

2．租船运输

租船运输又称不定期船运输。它与班轮运输的方式不同，即没有预订的船期表，船舶经由的航线和停靠的港口也不固定，需按船租双方签订的租船合同来安排，有关船舶的航线和停靠的港口、运输货物的种类及航行时间等，都按承租人的要求，由船舶所有人确认而定，运费或租金也由双方根据租船市场行市在租船合同中加以约定。

租船运输的方式主要有定程租船、定期租船、光船租赁等。

（1）定程租船

定程租船又称航次租船，是由船舶所有人负责提供船舶，在指定的港口之间进行一个航次或数个航次的航行，承运指定货物的租船运输方式。定程租船通常适用于国际现货交易市场货物的运输。

定程租船按租赁方式的不同又可分为单程租船（又称单航次租船）、来回航次租船、连接航次租船。

定程租船的主要特点表现在：

① 船长和船员由船舶所有人指派，船舶所有人负责船舶的营运、调度、配备和管理。

② 船舶所有人负责船舶营运所支付的费用。

③ 船舶所有人出租整船或部分舱位，并按实际装船的货物数量或整船舱位包干计收运费。

④ 运费率也称“租金”，通常由双方商定。

⑤ 为激励承租人加快货物装卸速度，一般在合同中商定滞期费和速遣费条款。

（2）定期租船

定期租船又称期租船，它是船舶所有人将船舶出租给承租人，供其使用一定时期的租船运输方式。定期租船的租船人可以是石油公司、钢铁公司等具有长期稳定货运需求的货主，也可以是另一个船公司。在合同约定的租期内，承租人可以用该船运输自己的货物，也可将其加入班轮航线，也可以将其承租给其他货主。

定期租船实质上是一种劳务和财产混合租赁的船舶租赁形式，其主要特点如下：

① 船舶所有人负责配备船员，并负担其工资和伙食。

② 承租人负责船舶的营运调度，并拥有包括船长在内的船员指挥权，如果船长及船员不听从承租人指挥，则承租人有权要求船舶所有人予以撤换。

③ 承租人负担船舶营运的可变费用，船舶所有人负担船舶营运的固定费用。

④ 船舶一般以整船出租，租金按照船舶的载重吨、租期及商定的租金率计收。

⑤ 期租期间，船舶营运的风险由承租人承担，除非因为船舶自身的缘故停航。

（3）光船租赁

光船租赁又称船壳租赁，是一种单纯的财产租赁方式。船舶所有人在合同约定的期间，将合同约定的船舶交给承租人使用，不提供船员、燃料和任何其他船舶营运费用。光船租赁的承租人通常是另一家船舶公司。

光船租赁的特点有：

① 船舶所有人仅仅提供一艘适航的空船，不负责船舶的运输。

② 承租人自行配备适任的船员，并负责船舶的调度和营运。

③ 承租人在船舶营运期间是货物的承运人，自行承担船舶修理及船期延误等损失。

④ 一般以整船出租，租金按船舶的吨位、租期和租金率计算。

9.2.2　国际铁路货物运输

国际铁路货物运输在国际物流中是仅次于海运的一种主要运输方式，其最大的优势是运量较大、速度较快、运输风险明显小于海洋运输，并且能常年保持准点运营。

按营运方式不同，国际铁路运输分为国际铁路联运和国内铁路运输两种。

1. 国际铁路联运

国际铁路货物联运是指使用统一的国际联运票据，由铁路负责两国或两国以上的铁路全程运输，并由一国铁路向另一国铁路移交货物。铁路联运过程中的移交货物不需收货和发货人参加。

（1）国际铁路联运的产生和发展

19 世纪中期，有关国家签订协约开展国际铁路客货联运，1890 年欧洲国家在瑞士首都伯尔尼签订了《国际铁路运送规则》并于 1893 年开始生效。1934 年该公约修改后称为《国际铁路货物运送公约》并于 1938 年 9 月开始实行。现在参加该公约的国家以达到 30 多个，在国际铁路货物运输的影响也日益扩大。1951 年在北大西洋公约组织欧洲各国部长运输会议上，由苏联代表提议，起草并通过了《国际货协》和《国际客协》，最初有 8 个国家参加，1954 年中国、朝鲜、蒙古国正式参加，随后越南也参加进来。从此，国际铁路联运成为连接亚欧各国客货运输的重要纽带。

（2）国际铁路联运的优势

1）手续简便。国际铁路联运手续简便，方便发货人只需在发站办理一次性托运手续即可将货物运抵另一国的铁路到站。

2）充分利用了铁路运输的优势。国际铁路联运能充分利用铁路成本较低，运输连贯性强、运输风险小和不易受天气和季节变化影响等优势。采用国际铁路联运可以充分利用铁路运输优势，也便于选择运输路径，从而缩短运输时间，减少运输费用。

2．国内铁路运输

国内铁路运输是指仅在本国范围内，并按国内铁路货物运输的规定办理的货物运输。例如，出口货物经铁路运至港口及进口货物卸船后经铁路运往各地，均属国内铁路运输的范畴。

9.2.3 国际公路货物运输

国际公路货物运输是指国际货物借助一定的运载工具，沿着公路做跨及两个或两个以上国家或地区的移动过程，在国际货运中起重要的衔接作用。

公路运输在国际货物运输中作用如下：

1）公路运输的特点决定国际公路货物运输最适合于短途运输。它可以将两种或多种运输方式衔接起来，实现多种运输方式联合运输，做到进出口货物运输的"门到门"服务。

2）公路运输可以配合船舶、火车、飞机等运输工具完成运输的全过程，是港口、车站、机场集散货物的重要手段。尤其是对鲜活商品，往往能够起到其他运输方式难以起到的作用。可以说，其他运输方式往往要依赖汽车运输来最终完成两端的运输任务。

3）公路运输也是一种独立的运输体系，可以独立完成进出口货物运输的全过程。公路运输是欧洲大陆国家之间进出口货物运输的最重要的方式之一。我国的边境贸易运输、港澳货物运输，其中有相当一部分也是靠公路运输独立完成的。

4）集装箱货物通过公路运输实现国际多式联运。集装箱由交货点通过公路运到港口装船，或者相反。

另外，公路运输存在着很明显的缺点，汽车运输稳定性差，震动也较大，容易造成货物的货损货差；同时因为汽车的载重量小，不适宜装载重件、大件货物，并且公路运输的运输经济里程较短，因此不适宜长途运输，运价通常较水路、铁路高。

9.2.4 国际航空货物运输

国际航空货物运输是指由跨国航空承运人办理两国之间空运的全程运输，并承担运输责任的一种现代化运输方式。与海运、铁路运输相比，航空运输速度快，因而适用于运送鲜活商品、电子产品、精密仪器和各种急需物资。

空运方式下，航空公司一般只负责空中运输，货物在始发机场交给航空公司之前的接货、送货等业务均由航空货运公司办理并负担其间的一切风险和费用。航空货运公司可以是货主或航空公司的代理，也可以是双重代理。尽管航空运输费用较高，但由于空运比海运计费的起点低，同时既能节省包装、保险费用、又能抢行应市，所以有些货物用空运反而有利。

国际航空货物运输的主要方式有班机运输、包机运输、集中托运、急件传递、送交业务。

1．班机运输

班机运输是指在固定航线上飞行的航班，它有固定的始发站、途经站和目的站。按照业务的对象不同，班机运输可分为客运航班和货运航班。货运航班承揽货物运输，大多使用全货机。一般航空公司通常采用客货混合型飞机，在搭乘旅客的同时也承揽小批量货物的运输。

由于班机运输有固定的航线、挂靠港、固定的航期，并在一定时间内有相对固定的收费标准，对进出口商来讲可以在贸易合同签署之前预期货物的起运和到达时间，核算运费成本，对合同的履行也较有保障。因此班机运输成为多数贸易商的首选航空货运形式，主要用于急送鲜活、易腐货物、贵重货物、急需货物。班机运输目前已成为跨国公司分拨产品、半成品的主要运输主力。

2．包机运输

包机运输是指包租整架飞机或由发货人（或航空货运代理公司）联合包租一架包机来运送货物，通常可分为整机包机和部分包机两种形式。整机包机适用于运送数量比较大的商品，部分包机适用于运送多个发货人的商品。包机运输的运费较班机运输费用低，承租飞机的双方可以议定航程的起止点和中途停靠的空港。

3．集中托运

集中托运指集中托运人将若干批单独发运的货物组成一整批，向航空公司办理托运，采用一份航空总运单集中发运到同一目的站，由集中托运人在目的地指定的代理收货，再根据集中托运人签发的航空分运单分拨给各实际收货人的运输方式。集中托运的货物越多，支付的运费越低。因此，空运代理向发货人收取的运费要比发货人直接向航空公司托运低。

4．急件传递

航空急件传递是目前国际航空运输中最快捷的运输方式。它不同于航空邮寄和航空货运，而是一个专门经营此项业务的机构与航空公司密切合作，设专人用最快的速度在货主、机场、收件人之间传送急件，特别适用于急需的药品、医疗器械、贵重物品、图纸资料、货样及单证的传送，被称为“桌到桌”运输。

5．送交业务

送交业务通常用于样品、目录、宣传资料、书籍报刊之类的空运业务，由国内空运代理委托国外代理办理报关、提取、转送并送交收货人。其有关费用均先由国内空运代理垫付，然后向委托人收取。

9.2.5 邮包运输

邮包运输是指通过邮局寄送进出口商品的一种较简便的运输方式。根据各国邮政部门之间的协议，已形成国际邮包运输网。国际邮包运输具有国际多式联运和“门到门”运输的性质，而且手续简便，费用也不高。

邮包运输包括普遍邮包和航空邮包两种方式。由于国际邮包运输对每个邮包的重量和体积都有一定的限制，如每个包裹重量不得超过 20 公斤，长度不得超过 1 米，故只适用于重量轻、体积小的商品的运输。

近年来，国际快递业务迅速发展，目前主要有国际特快专递和 DHL 信使转递两种形式。

1. 国际特快专递

国际特快专递业务，简称 EMS（International Express Mail Service），由世界各国邮政联合创办，具有高速度、高质量、高效率转递国际邮件的特点。目前我国已与 80 多个国家和地区的邮政部门建立了业务联系，并与 TNT 合作办理国际快件业务，使我国的国际特快专递可通达 200 多个国家和地区。国际特快专递邮件根据内件性质，分为信函、文件资料和物品三大类。

2. DHL 信使转递

DHL 信使转递是由 Dalsey、Hilbolom、Lind 三个股东组建的敦豪国际有限公司的信使转递和民航快递服务，是国际快递行业的代表性公司，总部设在美国纽约，传递范围遍布全世界 140 多个国家和地区。

9.2.6 国际多式联运

1. 国际多式联运概述

（1）国际多式联运的概念

国际多式联运是在集装箱运输的基础上产生和发展起来的一种综合性的连贯运输方式，它一般是以集装箱为媒介，把海、陆、空各种单一运输方式有机地结合起来，组成一种国际间的连贯运输。《联合国国际货物多式联运公约》对国际多式联运所下的定义是：“按照多式联运合同，以至少两种不同的运输方式，由多式联运经营人把货物从一国境内接运货物的地点运至另一国境内指定交付货物的地点。”

（2）国际多式联运构成的要件

1）要有一个多式联运合同，明确规定多式联运经营人（承运人）和托运人之间的权利、义务、责任、豁免的合同关系和多式联运的性质。

2）必须使用一份全程多式联运单据，即证明多式联运合同及证明多式联运经营人已接管货物并负责按照合同条款交付货物所签发的单据。

3）必须是两种或两种以上不同运输方式的连贯运输。为了履行单一方式运输合同而进行的货物接送业务则不应视为多式联运，如航空运输中从仓库到机场的这种陆空组合则不属于多式联运。

4）必须是国际间的货物运输，这是区别于国内运输和是否符合国际法规的限制条件。

5）必须由一个多式联运经营人对全程的运输负总的责任。这是多式联运的一个重要特征。由多式联运经营人去寻找分承运人，实现分段的运输。

6）必须是全程单一运费费率。多式联运经营人在对货主负全程责任的基础上，制订一个货物发运地至目的地的全程单一费率，并以包干形式一次性向货主收取。

（3）国际多式联运的特点

国际多式联运最大的好处是它能集中发挥各种运输方式的优点，使国际货物运输既快捷又安全。同时它简化了手续，减少了中间环节，加快了货运速度，降低了运输成本，并提高了货运质量，为实现"门到门"运输创造了有利条件。

2．国际多式联运的主要方式

（1）河海联运

河海联运一般由船公司提供，虽然经由不同的船舶和不同的实际承运人，但是运输合同只有一份，运费标准统一，承运人即运输合同签发人。典型的有我国长江流域各港口对海外各港口的联合运输；欧洲莱茵河各港口对世界各港口的货物运输；美国密西西比河及五大湖地区对世界各地港口的运输。

（2）海铁联运

海铁联运是目前运用较多的一种多式联运方式，又称为陆桥运输。国际上比较有名的海铁联运陆桥运输有北美大陆桥、西伯利亚大陆桥、新亚欧大陆桥（由我国的连云港至荷兰的鹿特丹）等。

（3）海公联运

几乎所有的海运集装箱都涉及公路运输。海公联运可以认为这是目前国际多式联运的最普遍方式。

（4）公空联运

空运一般无法将货物直接送往货主的仓库，总需要使用公路运输实现门到门服务。提供这种门到门服务的航空承运人就可以被认为是在开展公空联运。公空联运是目前得到广泛应用的一种方式。

3．经营国际多式联运业务的基本条件

国际多式联运是综合运用多种运输方式以完成国际货物运输的一种运输组织形式。多式联运经营人、通达国内外的各种运输方式、进出口货物是构成国际多式联运的 3 大要素，也是开展国际多式联运必备的条件。而作为经营国际多式联运业务的国际多式联运经营人，在经营该项业务中，除了应具备多式联运所需要的技术能力，对自己所签发的多式联运单据确保其流通性，并作为有价证券在经济上有令人信服的担保信誉外，还必须具备以下基本条件：

① 具有开展多式联运的集装箱货运站。

② 拥有国内外联运网点。

③ 实行单一的多式联运费率。

④ 具有较完善的多式联运组织制度。

⑤ 具备完善的运输管理信息系统。

⑥ 具备得到国际承认的多式联运单证。

⑦ 有一支具备专业知识的人力资源队伍。

4．国际多式联运的优越性

（1）进一步明确专业分工

对于货主而言，由于多式联运经营人提供“门到门”的多式联运服务，免去了货主与物流环节中众多经营人办理复杂手续的烦恼，可以集中精力开展生产或贸易活动，对于强化专业分工，提高社会劳动效率有明显的作用。

（2）有利于出口商资金周转

在传统货物运输条件下，货主要等到货物装船以后，才能从船公司或其代理处取得提单，进行结汇。而在多式联运条件下，货主在自己仓库门口将货物交给多式联运经营人后，就可以获得多式联运单据，在当地办理结汇，缩短了结汇的时间，加快了资金的周转。这一优点对于地处内陆的出口商尤为明显。

（3）提高货物运输效率

在利益驱动下，多式联运经营人在接收货物以后，凭借自己在运输领域的专业知识，在集中多方货主的货物的情况下，可以充分利用自身的运输资源高效率地完成运输任务。多式联运经营人的优势就在于此。

（4）货运安全

根据《联合国国际货物多式联运公约》的规定，多式联运经营人将承担远远大于海运承运人的责任，因此他将比海运承运人更加关心运输途中货物的安全，其关心的方法和途径也比货主更为专业，防范风险的手段也更加有效。

9.2.7 集装箱运输

1．集装箱运输的概念

集装箱运输是以集装箱作为运输单元进行货物运输的一种现代化的运输方式，如图9-1所示。它可适用于海洋运输、铁路运输及国际多式联运。与其他运输方式相比，集装箱运输提高了装卸效率及运输质量，简化了货运手续，降低了货运成本，因此越来越成为一种被普遍采用的重要运输方式。集装箱运输使传统海运中的“港至港”原则转化为“门至门”原则，为国际多式联运及大陆桥运输提供了物质基础。

图 9-1　各种集装箱运输方式

2．集装箱运输的特点

（1）高效益的运输方式

1）简化包装，大量节约包装费用。为避免货物在运输途中受到损坏，必须有坚固的包装，而集装箱具有坚固、密封的特点，其本身就是一种极好的包装。使用集装箱可以简化包装，有的甚至无须包装，实现件杂货无包装运输，可大大节约包装费用。

2）减少货损货差，提高货运质量。货物装箱并铅封后，途中无须拆箱倒载，一票到底，即使经过长途运输或多次换装，不易损坏箱内货物。集装箱运输可减少被盗、潮湿、污损等引起的货损和货差，深受货主和船公司的欢迎，并且由于货损货差率的降低，减少了社会财富的浪费，也具有很大的社会效益。

3）减少营运费用，降低运输成本。集装箱的装卸基本上不受恶劣气候的影响，船舶非生产性停泊时间缩短，又由于装卸效率高，装卸时间缩短，对船公司而言，可提高航行率，降低船舶运输成本；对港口而言，可以提高泊位通过能力，从而提高吞吐量，增加收入。

（2）高效率的运输方式

传统的运输方式具有装卸环节多、劳动强度大、装卸效率低、船舶周转慢等缺点。而集装箱运输完全改变了这种状况。

1）普通货船装卸，一般每小时为 35 吨左右，而集装箱装卸，每小时可达 400 吨左右，装卸效率大幅度提高。同时，由于集装箱装卸机械化程度很高，因而每班组所需装卸工人数很少，平均每个工人的劳动生产率大大提高。

2）由于集装箱装卸效率很高，受气候影响小，船舶在港停留时间大大缩短，因而船舶航次时间缩短，船舶周转加快，航行率大大提高，船舶生产效率也随之提高。

集装箱的出现提高了船舶运输能力，在不增加船舶数量的情况下，可完成更多的运量，增加船公司收入，高效率产生高效益。

（3）高投资的运输方式

集装箱运输虽然是一种高效率的运输方式，但是它同时又是一种资本高度密集的行业。

1）船公司必须对船舶和集装箱进行巨额投资。根据有关资料表明，集装箱船每立方英尺的造价约为普通货船的 3.7～4 倍。集装箱的投资相当大，开展集装箱运输所需的高额投资，使得船公司的总成本中固定成本占有相当大的比例，高达 2/3 以上。

2）集装箱运输中的港口的投资也相当大。专用集装箱泊位的码头设施包括码头岸线和前沿、货场、货运站、维修车间、控制塔、门房，以及集装箱装卸机械等，耗资巨大。

为开展集装箱多式联运，还需有相应配套设施建设，这就需要兴建、扩建、改造、更新现有的公路、铁路、桥梁、涵洞等，这方面的投资更是惊人可见，没有足够的资金开展集装箱运输，实现集装箱化是很困难的。

（4）高协作的运输方式

集装箱运输涉及面广、环节多、影响大，是一个复杂的运输系统工程。集装箱运输系统包括海运、陆运、空运、港口、货运站，以及与集装箱运输有关的海关、商检、船舶代理公司、货运代理公司等单位和部门。如果互相配合不当，就会影响整个运输系统功能的发挥，如果某一环节失误，必将影响全局，甚至导致运输生产停顿和中断。因此，要求搞好整个运输系统各环节、各部门之间的高度协作。

（5）适于组织多式联运

由于集装箱运输在不同运输方式之间换装时，不须搬运箱内货物而只需换装集装箱，这就提高了换装作业效率。在换装转运时，海关及有关监管单位只需加封或验封转关放行，从而提高了运输效率。正因为集装箱适宜于不同运输方式之间的联合运输，从而能最终实现货物的“门到门”。

此外，由于国际集装箱运输与多式联运是一个资金密集、技术密集及管理要求很高的行业，是一个复杂的运输系统工程，这就要求管理人员、技术人员、业务人员等具有较高的素质，才能胜任工作，从而充分发挥国际集装箱运输的优越性。

9.2.8 国际货运代理业务

国际货物交易大都远隔重洋，交易双方必须借助一定的运输方式和不同的交通工具才能实现商品的转移。在实践过程中，货主必须选择最佳的运输方式和运输工具、最好的承运人，以最低廉的运费实现货物的安全、便捷运输并节省费用，降低成本。事实上限于货主的人力、物力、财力等资源和限制，很难做到这一点，甚至会由于不熟悉托运、提货、储存、报关和保险等环节的流程而造成损失，国际货运代理行业由此应运而生。

国际货运代理人以货主利益为出发点，在长期实践中积累了丰富的代理经验，由于他们熟悉运输业务，了解各个环节的特点、情况，以及与有关的部门、机构如海关、商检、港口与船公司、银行、仓库等建立了密切的业务关系和广泛的联系，因而具备接受货主委托代办各种货物运输的有利条件，从而被誉为“国际贸易运输的设计师和执行人”。

根据我国 1995 年 6 月 29 日公布的《中华人民共和国国际货运代理业管理规定》，国际货运代理业被定义为：“接受进出口业务货物收货人、发货人的委托，以委托人的名义或以自己的名义，为委托人办理国际货物运输及相关业务并收取服务报酬的行业”。由此可见，国际货运代理业属服务性行业，它的国际组织为国际货运代理协会联合会，简称菲亚塔（FIATA），该组织成立于 1926 年 5 月 31 日，其总部设在瑞士首都伯尔尼。

根据 FIATA 的资料介绍，国际货运代理具有如下作用。

1）运用专门知识，以最安全、最迅速、最经济的方式组织运输。

2）在世界各贸易中心建立客户网和自己的分支机构，以控制全部运输过程。

3）在运费、包装、单证、结关、领事要求及金融等方面向企业提供咨询。

4）把小批量的货物集中为成组货物，使客户从中受益。

5）货运代理不仅组织和协调运输，而且影响运输方式的创新和新运输路线的开发。

我国的国际货运代理从 20 世纪 80 年代以来发展迅速，根本原因在于改革开放以后，我国对外贸易额不断增长，货运量不断扩大，运力和运量的矛盾日益突出，原有的外贸运输体制不再适应新形势的发展需要。因此，国务院对国际海洋运输管理做了改革，对国际货运代理业实行放开经营的政策。这对国际货运代理业的蓬勃发展，提升管理水平，改进服务质量，起到了积极作用。

9.3 国际物流仓储与保税区

国际物流中心是指国际物流活动中商品、物资等集散的场所。就大范围国际物流而言，某些小国家或地区可能成为物流中心，如中国香港、新加坡等就具有国际物流中心的地位；其次，自由贸易区、保税区等具有一般意义上的物流中心的功能。就小范同而言，港口码头、保税仓库、外贸仓库或超级市场等都可以成为物流中心。当前人们所说的国际物流中心多指由政府部门和物流服务企业共同筹建的具有现代化仓库、先进的分拨管理系统和计算机信息处理系统的外向型物流集散地。

9.3.1 国际物流仓储的地位和作用

国际物流仓储同外贸运输一样，都是对外贸易及国际物流不可缺少的环节。不论是发达国家，还是发展中国家，仓库在各国的国民经济中，在国际间的生产、分配、交换、消费过程中，或者说在一国范围和世界范围的商品生产和商品流通过程中，都有着重要的地位和作用。外贸仓库不仅负担着进出口商品储存保管的任务，而且还担负着出口的加工、挑选、整理、包装、刷唛、备货、组装和发运等一系列的任务。仓库是对外贸易运输的基地，要把仓储和运输紧密地结合起来，做到储运结合，以路促运，力争外贸商品早出口、多出口、早结汇、多收汇。仓库还要根据库存商品的变化和库存时间的长短、周转的快慢等资料，及时向有关部门提供信息，发现问题，并协助解决，从而起到促生产，促收购、促出口，促进外贸企业改善经营管理，以充分发挥仓库工作的能动作用。

9.3.2 国际物流仓库的分类

1. 按照仓库在商品流通中的主要职能分类

（1）口岸仓库

口岸仓库大都设在商品集中发运出口的沿海港口城市，其主要职能是售出口岸和内地对外贸易业务部门收购的代运出口商品和进口待分拨的商品。口岸仓库因此又称周转仓库。

（2）中转仓库

中转仓库大都设在商品生产集中的地区和出运港口之间，主要职能是按照商品的合理流向，收储转运本地区和外地经过口岸出口的商品。

（3）加工仓库（工厂）

加工仓库的特点是将商品加工业务和仓储业务结合在一起，主要职能是对某些出口商品进行必要的挑选、整理、分装、改装和适应流通需要的加工，以方便储存运输，更好地满足国际市场的需要。

（4）储存仓库

储存仓库的主要职能是用于储存代销的出口商品，援外的储备物资，进口待分拨和出口业务需要的物资等。

2. 按储存商品的性能及技术设备分类

（1）通用仓库

通用仓库是用以储存一般没有特殊要求的工业品或农用品的仓库。在各类对外贸易仓库中，通用仓库占比重最大。

（2）专用仓库

专用仓库是专门用于储存某一类商品的仓库。在保养技术设备方面相应地增加了密封、防虫、防霉、防火及监测等设施，以确保特殊商品的质量安全。

（3）特种仓库

特种仓库是用于储存具有特殊性质，要求使用特别保管设备的商品，一般指化学危险品、易腐蚀品、石油及部分医药商品等。这类仓库配备有专门的设备如冷藏库、保温库、危险品仓库等。

3. 按仓库管理体制分类

（1）自用仓库

自用仓库一般属于各外贸进出口企业，由他们自己经营管理。

（2）公用仓库

公用仓库一般由专业仓储企业经营管理，为各进出口专业公司的商品流通服务。

（3）保税仓库

保税仓库是根据有关法律和进出口贸易的规定，专门保管国外进口而暂未纳进口税的商品的仓库，由海关统一进行监督和管理。保税仓库如图 9-2 所示。

图 9-2　保税仓库外景

9.3.3　保税仓库与保税区

1. 保税仓库概述

随着国际贸易的不断发展，贸易方式日益多样化，出现了进口原材料、配件进行加工装配后复出口，补偿贸易，转口贸易，期货贸易等灵活的贸易方式。如果进口时要征收关税，复出时再申请退税，手续过于烦琐，必然会加大货物的成本，增加国际贸易的风险，不利于发展对外贸易。建立保税仓库可大大降低国际贸易风险、有利于鼓励进口、鼓励外国企业在中国投资。保税仓库是非常重要的投资环境之一。

保税仓库的设立需要专门批准，外国货物的保税期一般最长为两年，在这个时期中可存放在保税仓库中。这期间，经营者可以找到最适当的销售时机，一旦实现销售，再办理关税等通关手续。如果两年之内未能销售完毕，则可再运往其他国家，保税仓库所在国不收关税。

2．保税仓库允许存放的货物范围

（1）缓办纳税手续的进口货物

缓办纳税手续的进口货物主要包括进口国工程、生产等需要，由于种种原因而造成的预进口货物，储存在保税仓库内，随需随提并办理通关手续，剩余的货物免税退运；也包括进口国情况变化、市场变化，而暂时无法决定去向的货物，或者是无法做出最后处理的进口货物。这些货物都需要在保税仓库存放一段时间。如果条件变化，需要实际进口再缴纳关税和其他税费，这就使进口商将纳税时间推迟到货物实际内销的时间。

（2）需做进口技术处置的货物

有些货物到库后，由于不适于在进口国销售，需换包装装潢、改包装尺寸或做其他加工处理，则可入保税仓库进行这一技术处置，待到符合进口国的要求再内销完税，不符合的则免税退返。

（3）来料加工后复出的货物

为鼓励“两头在外”的国际贸易战略的实施，对有些来料加工，又是在保税区或保税仓库完成的，加工后该货物复出口，则可存放于保税仓库。

（4）不内销而过境转口的货物

有些货物或内销无望而转口，或者在该区域存放有利于转口，或者无法向第三国直接进口而需转口，这类货物则可存放于保税仓库中。

保税仓库在国际物流中，不仅适于进口货物，也可用于出口货物。

3．保税仓库的类型

（1）专业性保税仓库

专业性保税仓库是由有外贸经营权的企业，经海关批准而建立的自管自用的保税仓库。

（2）公共保税仓库

公共保税仓库是具有法人资格的经济实体，经海关批准建立的综合性保税仓库。这类保税仓库一般不经营进出口商品，只为国内外保税货物持有者服务。

（3）保税工厂

保税工厂是整个工厂或专用车间在海关监督管理下口产品的工厂。

（4）海关监管仓库

海关监管仓库主要存放已进境而所有人未来提取的货物或行李物品，或者无证到货、单证不齐、手续不完备及违反海关规程、海关不予放行、需要暂存海关监管仓库等候海关处理的货物。海关监管仓库的另一种类型是出口监管仓库，专门储存已对外成交，并已结汇，但海关批准暂不出境的货物。

4. 保税区

为达到吸引外商进行贸易和加工等业务活动的目的，一个国家或地区在其管辖的区域内划出一个非关境的区域范围，实施特殊的经济优惠政策，这就是广义的经济特区的含义。经济特区的主要形式有自由港及自由贸易区、保税区、出口加工区等。

保税区是指一个国家在其境内划出一个专门区域由海关实行特殊方式的监管。我国保税区从其性质、功能及运作方式上看，基本上类同于自由贸易区、自由港等自由经济区形式，只是其地理范围一般较小。

保税区具有进出自由、关税豁免的特点，具体说来有 4 个特点：

① 设立在关境之外，设立标志或实行隔离措施。

② 符合规定的商品可以自由进出。

③ 外国商品进入时免缴关税，但从自由贸易区转入关境时需要报关并缴纳关税。

④ 进入自由贸易区的外国商品可自由加工、混合后再出口。

9.3.4 国际化生产

生产全球化是经济全球化的主要特征。第三次科技革命推动了国内分工向更深层次发展，各国在生产领域的合作愈加紧密。在生产全球化的进程中，跨国公司扮演着重要的角色。因为跨国公司是国际化的生产体系，它与外界的交换，母公司和子公司、子公司与子公司之间的交换都具有跨越国境的性质，因此跨国公司不仅广泛深入地进入了国际市场，而且把外部市场转变为公司的内部市场。

企业在全球化范围内组织生产具有如下优势：

（1）国际化生产比在一国国内组织生产，通过产品出口的方式进入国际市场更能接近消费者的需求

随着国际时尚和流行周期的缩短，以及随着市场的扩大和更多的季节性、风俗性、时令性消费进入国内市场，国际市场消费者的购买模式呈现出多样化、个性化的趋势，这不仅要求企业建立起柔性的生产体系与之相适应，更重要的是能及时对这种市场需求的变化做出反应。而国际化生产体系与国际市场的紧密结合则顺应了这一要求。

（2）国际化生产能充分利用世界上各个国家和地区的生产要素优势以降低生产成本，使企业资源达到最佳的配置

全球范围内由于自然条件和经济发展的不平衡，各个国家和地区所拥有的生产要素（包括资本技术、劳动力、土地、自然资源、信息、管理等）存在着一定的差异。只有将本国的优势生产要素和他国的优势与本国的弱势或相对弱势生产要素相结合，才能弥补国内生产要素的不足而获得更大的利益。

（3）国际化生产可以避开东道国的贸易壁垒限制，更顺利地进入国际市场

一般说来，各国为了保护本国市场会采取一定的贸易保护措施，最常见的贸易壁垒主要有关税壁垒和非关税壁垒，当企业通过产品出口的方式进入东道国时可能会遭遇贸

易障碍，但是生产要素的进入往往不受贸易壁垒的限制。因为企业生产要素尤其是资本要素的输出是为世界上绝大多数国家所欢迎的。为了吸引外资，很多国家都采取了相应的优惠政策及措施，如设立自由贸易区、保税区、出口加工区等，国际化生产可以绕过贸易壁垒的限制、顺利地进入国际市场。

（4）国际化生产可以降低运输、储存、搬运、装卸等物流费用，降低成本，提升产品的国际竞争能力

企业通过国际化生产可以在更接近市场的地方组织生产，缩短产品从生产者到达消费者手中的运输里程并减少环节，从而大大地节约物流费用。

9.4　进出口货物的通关

9.4.1　海关的性质及任务

《中华人民共和国海关法》（以下简称《海关法》）第二条规定："中华人民共和国海关是国家的进出关境监督管理机关"。这一规定明确了海关的性质及其活动范围：海关是国家主权的象征，是对进出境运输工具、货物、物品等进行监管的国家行政机关。《海关法》中明确规定了海关具有海关监管、征税、查缉走私、编制海关统计 4 项任务。

9.4.2　进出口货物报关的程序

1．申报

《海关法》明确规定："进出口货物必须经过设立海关的地点进境或出境。"进出口货物的发货人应当如实地向海关进行申报，校验进出口许可证、征减、免税及放行的依据。申报时要做到内容正确、单证齐全有效，对国家限制进出的货物，没有进出口许可证不予放行。

申报是进出口通关程序的第一道环节，它的质量高低直接影响整个货物通关能否顺利进行，因此海关对进出口货物的申报资格、申报时间、申报单位等均做了明确规定。

关于进出口货物的报关期限，《海关法》第十八条规定："进口货物的交货人应当自运输工具申报进境之日起 14 日内，出口货物的发货人除海关特准以外应当在装货的 24 小时之前，向海关申报。进口货物的收货人超过前款规定期限未向海关申报的，海关征收滞报金，进口货物的收货人自运输工具进境之日起超过 3 个月未向海关申报的，其进口货物由海关提取变卖处理，所得价款扣除运输、装卸、储存等费用和税费后，尚有余款的，自货物变卖之日起 1 年内，经收货人申请，予以发还，逾期无人申请的上缴国库。"

2．查验

查验是国家赋予海关的一项权力，也是通关程序中不可缺少的一个重要环节。通过对所申报的进出口货物的实际核对，确定单货和证货是否相符，有无伪报、瞒报、错报的走私违规行为，为征税和编制海关统计提供了保障和依据。

海关查验是一种常规性检查，不以走私行为为前提。进出口货物除了海关总署予以免检者外，其他均需接受海关检查。查验时，进出口货物的收发货人或其代理人必须到场，并负责搬移货物，开拆和重封货物的包装。在查验过程中，若发生损坏，海关赔偿实际的损失，赔偿金一律以人民币支付。

3．征税

海关对核查无误的进出口货物，根据《中华人民共和国关税条例》的规定和《中华人民共和国海关进出口税则》规定的税率，分别征收进口税和出口税。应纳税款是在确定单货相符的基础上，依据对货物的正确分类，确定货物所适用税率及完税价格后计算得出。其基本公式为：

应纳关税金额=完税价格×适用税率

《海关法》规定：“进口货物的完税价格应当以海关审定的以正常成交价格为基础的到岸价格作为完税价格，出口货物以海关审定的正常离岸价格扣除出口税为完税价格，关税税率按原产国别原则选用普通税率和优惠税率。我国入世后，和世界贸易组织成员国之间互相使用最惠国税率，即优惠税率。”

4．放行

《海关法》第二十条规定，“除了海关特准之外，进出口货物在收发货人缴清税款或提供担保后，由海关签印放行。”

9.4.3 进出口货物的关税减免

根据《海关法》的有关规定，关税减免包括法定减免、特定减免和临时减免三种类型。

1．法定减免

法定减免是指按照《海关法》、《进出口关税条例》和《进出口税则》的规定给予减免税。

这类减免在货物进出境时不需要事先进行特别审批，只要符合法律、法规的有关规定，即可依法减免关税并予以放行。

2．特定减免

特定减免是政策减免。对于特定地区、特定用途、特定贸易性质和特定资金来源的进出口货物，根据国家政治、经济政策的需要，国务院制订减免税规定实行减免。享有特定减免税的进出口货物，其收发货人或其代理人必须在货物进口前按规定程序向海关申请，对符合条件的经海关批准，核发减免税证明。

3．临时减免

《海关法》第四十二条规定：“对法定减免和特定减免外的一些特殊原因需予以减免关税，可以由海关总署或海关总署会同国务院财政部门按照国务院的规定审查批准予以临时减免。”临时减免实行一案一批，专文下达，通知口岸海关办理减免税手续。

职业知识检测

1. 判断题

1）国际物流的国际性是指国际物流系统涉及不同的国家和地区，这体现了国际物流系统的地理特征。（　　）

2）班轮运输的“四固定”指的是固定的轮船、固定的航线、固定的港口、固定的运费。（　　）

3）在租船运输中，定程租船由租船人负责船舶的营运，定期租船由船东负责船舶的营运。（　　）

4）国际铁路货物联运是指使用统一的国际联运票据，由铁路负责两国或两国以上的铁路全程运输，并由一国铁路向另一国铁路移交货物。（　　）

5）国际货运代理人只能以自己的名义为委托人办理国际货物运输及相关业务。（　　）

2. 单选题

1）国际物流的复杂性是指国际物流通信系统设置的复杂性、物流基础设施的差异性、法规环境的差异性和（　　）。

A. 地理环境的差异性

B. 消费习惯的差异性

C. 各国货币的差异性

D. 商业现状的差异性

2）在国际物流的各种货物运输方式中，占国际贸易总运量最大的、最主要的运输方式是（　　）。

A. 国际海洋货物运输

B. 国际铁路货物运输

C. 国际公路货物运输

D. 国际航空货物运输

3）国际多式联运是在（　　）的基础上产生和发展起来的一种综合性连贯运输方式。

A. 公路运输

B. 铁路运输

C. 集装箱运输

D. 水路运输

4）企业通过全球范围内组织生产可以实现的优势不包括（　　）。

A. 更接近消费者需求

B. 可以提高产品质量

C. 企业资源达到最佳配置

D. 可以避开贸易壁垒

5）在国际物流系统中，国际金融服务主要包括（　　）。

A. 银行服务和保险服务

B. 银行服务和租赁服务

C. 保险服务和租赁服务

D. 证券和中介融资服务

3. 多选题

1）与国内物流相比，国际物流具有的特点有（　　）。

A. 生产性

B. 国际性

C. 时效性

D. 复杂性

E. 风险性

2）国际物流的总目标是为国际贸易和跨国经营服务，为保证国际物流的效率和效益，必须做到（　　）。

A. 选择最佳的方式与路径

B. 最低的费用

C. 最小的风险

D. 努力拓展国际市场

E. 保质、保量、适时地运输货物

3）国际物流的风险性主要包括（　　）。

A. 政治风险

B. 不定期储存

C. 经济风险

D. 先进后出

E. 自然风险

4）海洋运输按照运输船舶经营方式不同，包括（　　）。

A. 近海运输

B. 班轮运输

C. 远洋运输

D. 租船运输

E. 沿海运输

5）与其他运输方式相比，集装箱运输的优点在于（　　）。

A. 提高了装卸效率

B. 提高了运输质量

C. 简化了货运手续

D. 降低了货运成本

E. 投资小

4. 简答题

1）简述国际物流的特点。

2）简述国际物流系统的组成。

3）简述各种国际货物运输方式的特点。

4）简述国际物流仓储与保税区的类别及各自的作用。

5）试述进出口通关的程序。

职业技能训练

案例 1

国际海洋运输方式选择案例

华诚公司是以出口自行车为主营业务的国际外贸公司，目前公司的业务特点为成交量小、批次多、交货港口分散。华诚公司欲将其出口海运业务交给深杰租船货代公司承担，但是双方在选择班轮运输还是租船运输的问题上争论不休。

问题：

1. 班轮运输与租船运输各适合什么业务特点？

2. 你认为华诚公司应该选择哪一种运输船舶经营方式？为什么？

案例 2

中日两国集装箱运输的发展对比

在运输中使用集装箱可以提高装卸效率，减轻劳动强度；缩短货物在途时间，加快车船的周转；节省货物运输的包装，简化理货手续；减少货物运输费用。既然集装箱有那么多的优越性，那么发展集装箱运输业是物流必不可少的。随着运输业务的不断扩展，集装箱运输也须有很大的进步。中国集装箱运输的发展趋势表现在以下几个方面：

1. 集装箱船舶趋向大型化。对规模经济的不断追求和造船技术的提高使航线营运船型日益大型化。现在已有一些大型的集装箱船舶投入使用，将来会有更大的集装箱船舶投入使用。

2. 集装箱码头趋向深水化、大型化和高效化。随着船舶的大型化，要求有自然条件良好的深水港与之配套，因此集装箱码头规模的扩大、码头的高效化和深水化已成为港口的必要条件。

3. 船舶挂靠港口减少，促进港口的建设，运输网络的形成。

4. 集装箱运输与信息化的结合。集装箱运输的特点是快捷，这种快捷需要先进的信息技术作为支撑，目前我国的航运业大力推广的电子数据交换技术适应了这种需求。

5. 特种集装箱的比例有明显的增加。随着使用集装箱运输货物种类的增加，特种货物的数量也在增加，因此特种集装箱的增长幅度也比较大。

相对于中国集装箱运输的发展趋势，日本集装箱运输的发展趋势有以下几个方面：

1. 加快国际航运中心建设。目前，日本港口外贸集装箱化率已达到 90%以上，但一些集装箱港口多属区域性航运中心，离国际航运中心地位还有很大差距。近年来，日本中央政府、地方政府与港口管理者一道，正在加快国际航运中心建设。

2. 完善集装箱码头信息化建设。随着亚洲经济的迅速发展和各国集装箱运输竞争的加剧，日本正在通过完善信息化，建设新一代高规格的集装箱码头。

3. 重视地方港集装箱运输。日本在争相建造超大型集装箱船舶的同时，更在一定程度上重视中小型集装箱船的保有量，以确保支线港集装箱运输的正常运行。

4. 发展海、陆、空多式联运机制。近年来，随着日本亚洲运输“准国内化”战略的实施及国内各区域物流管理水平和运输现代化程度的不断提高，集装箱货物运输的海陆空多式联运机制得以实现，“门对门”的运输越来越为承运人采用。

5. 充分发挥民间企业活力。充分发挥民间企业活力，是近年日本促进集装箱运输业发展的重要对策之一。首先，在集装箱港口码头建设上，实施投资多元化；其次，未来集装箱运输的发展也会多元化，越来越完善，从而逐渐减少运输费用、节约成本，提高货物的安全和质量，推动物流业的快速发展。

（资料来源：智库中国网 www.think.china.com.cn）

问题：

1. 结合案例，试总结国际集装箱运输未来发展趋势。

2. 如何理解集装箱多式联运与现代物流之间的关系？

3. 如何理解集装箱运输的系统工程性？

案例 3

日本邮船公司的多式联运服务

日本邮船公司（NYK）作为世界上著名的班轮公司之一，是传统的海运服务公司，该公司自 1896 年起便开始经营欧洲和远东的“港至港”服务。海运是 NYK 的主业，它拥有一支由 322 艘船舶组成的船队，每年承运 7 千多万吨货物。

航运业的利润下降和动荡，使 NYK 开始重组和改变其经营战略，由单一的“港至港”服务转向更加细致周到的“多式联运”服务。

NYK 集团提出了一个面向 21 世纪的公司战略，内部称为“NYK21”。“NYK21”的目标是使公司发展成为一个超越海上运输的全方位综合物流公司，也就是成为一个可以提供更广泛的服务种类的超级承运人。NYK 战略之一是计划首先通过其下属子公司在空运、货代、仓储和公路运输的运作上的协调一致，来实现其战略联盟。

NYK集团的目标是加强货运服务、物流活动、空运和陆上运输，使其占NYK年收入的30%（目前占10%）。NYK努力建立一个围绕海、陆、空服务的多式联运体系，以实现其目标。该战略的核心部分在于NYK不断在世界主要地区发展其物流中心。1991年，NYK从联合承运集团（United Carriers Group）收购了三个欧洲运输和物流公司作为其在欧洲建立物流网络体系的一部分。

NYK的物流中心遍布全球，并且不断有新的中心建立。这些中心经营的远远不止仓储服务，NYK将它们看作集中向客户提供一定程度的物流服务的中心，如存货管理和订单处理。NYK物流中心的经营理念是积极向客户推销，提供客户集中存货控制的好处，以达到缓解存货紧缺和减少运输设备的目的。每个中心均有陆、海、空运输的专业人才和自己的货物集中与分送网络。NYK认为信息技术是现代物流的重要基础，并且使每个中心互相联网以提供全球货物跟踪。

一些NYK物流中心甚至向客户提供更为广泛的物流服务。以新加坡中心为例，物流中心为日本电子产品制造商提供"物料需求计划服务"（MRP），NYK认为这是一个物流提供者尚未开发的巨大领域。

MRP服务涉及将零件清单、卖方、日期和定单次数与主要生产计划相匹配，以保证生产进程能有最低费用和即定的物料。这种即定即到的服务可以建立在以及时生产（JIT）为经营理念的零库存的基础上。很明显，当零件数和卖方增加时，MRP系统的复杂程度也随之增加。

NYK认为，制造商与有经验的物流专家订立MRP合同，就可以获得优势。主要生产计划可以转换到NYK的电脑系统，MRP就能同时执行，而且购货订单可以以NYK享有或不享有货物所有权的方式发到卖方手中。这样的系统对于客户来说具有下列好处：

· 避免了采购安排和烦琐的文件。
· 避免了与卖方进行货币结算。
· 将人力释放到别的生产任务上。

过去，NYK有广泛的地理覆盖范围，但仅经营有限的服务。要在竞争中成为超级承运人，就必须在一些领域里加入复杂的技术，如存货管理和产品配送。NYK公司战略目标的确野心勃勃，然而，NYK的全球能力及与许多有实力的制造商的牢固关系表明：他们在走向明日超级承运人的道路上正迈着坚定的步伐。

（资料来源：日本邮船公司官网 www.nykline.com.cn ）

问题：

结合案例，你认为NYK的哪些策略是值得借鉴的？

参考文献

[1] 曾剑，王景锋，邹敏．物流管理基础［M］．北京：机械工业出版社，2011．
[2] 崔介何．物流学概论（第五版）［M］．北京：北京大学出版社，2015．
[3] 厉嘉玲，马国龙．供应链管理［M］．北京：中国人民大学出版社，2011．
[4] 王之泰，沈慧民，王伟．物流基础［M］．北京：高等教育出版社，2008．
[5] 柳健．新编物流管理案例及解析［M］．北京：北京大学出版社，2013．
[6] 李东贤．采购与供应链案例［M］．北京：机械工业出版社，2013．
[7] 田源．物流管理概论［M］．北京：机械工业出版社，2014．
[8] 牛鱼龙．亚洲物流经典案例［M］．重庆：重庆大学出版社，2006．
[9] 郭汝惠，柳健．电子商务实用教程［M］．北京：电子工业出版社，2010．
[10] 李春英．国际贸易理论与实务［M］．北京：中国人民大学出版社，2009．
[11] 卢国志，董兴林，杨磊．新编电子商务与物流［M］．北京：北京大学出版社，2007．
[12] 吴理门．物流案例与分析［M］．天津：天津大学出版社，2011．
[13] 郑称德．采购与供应管理［M］．北京：高等教育出版社，2005．
[14] 方虹．物流企业管理［M］．北京：高等教育出版社，2005．
[15] 方芳．运输管理［M］．北京：高等教育出版社，2005．
[16] 李万秋．仓储管理［M］．北京：高等教育出版社，2005．
[17] 赵启兰，刘宏志．库存管理［M］．北京：高等教育出版社，2005．
[18] 于淼．供应链管理［M］．北京：高等教育出版社，2006．
[19] 李佑珍等．运输管理实务［M］．北京：高等教育出版社，2008．
[20] 邬星根等．仓储与配送管理［M］．上海：复旦大学出版社，2005．
[21] 林自葵，刘建生．物流信息管理［M］．北京：机械工业出版社，2006．
[22] 刘俐．现代仓储运作与管理［M］．北京：北京大学出版社，2004．
[23] 赵启兰．库存管理［M］．北京：电子工业出版社，2009．
[24] 崔介何．现代物流管理教程［M］．北京：华文出版社，2008．
[25] 李向文．物流信息管理概论［M］．北京：清华大学出版社，2010．